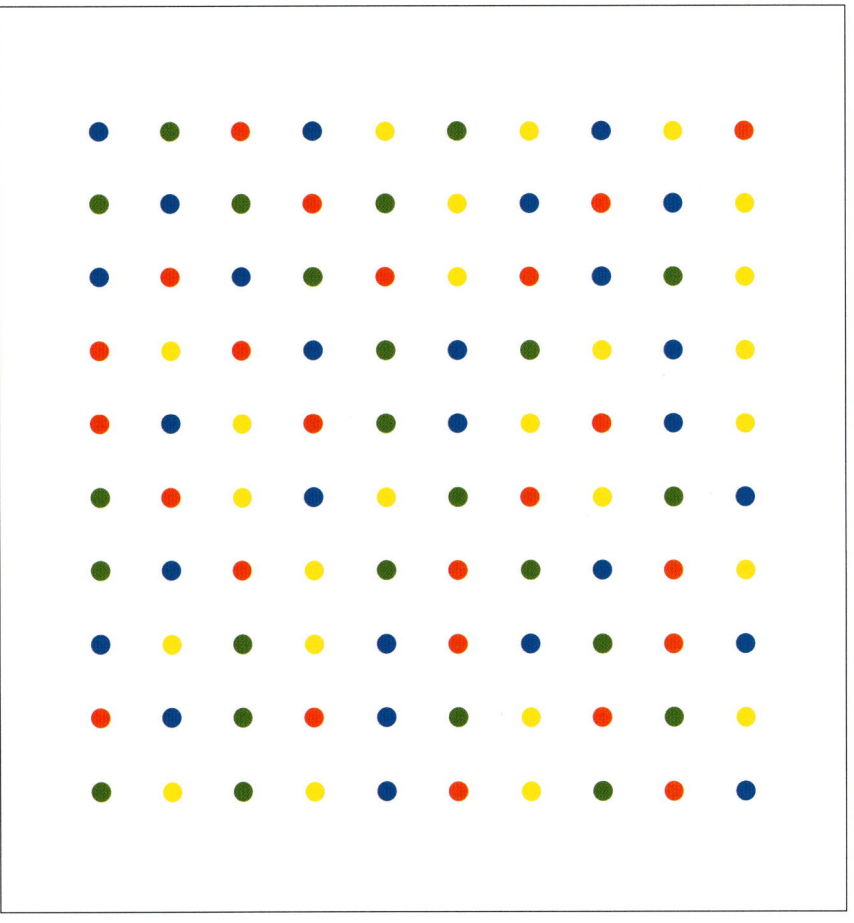

1 ● ストループ・テスト（Stroop Color-Word Test）検査用図版（Bカード）
　（浜，1969）
テストの練習用には最上段の1行を使用する（第5章参照）。

きいろ	あか	あお	きいろ	みどり	あか	あお	あか	あお	きいろ
あお	きいろ	きいろ	あお	あか	あお	きいろ	みどり	みどり	あか
あか	みどり	みどり	あか	みどり	みどり	みどり	きいろ	あか	みどり
みどり	あお	あお	きいろ	きいろ	きいろ	あか	あか	きいろ	みどり
きいろ	あか	みどり	きいろ	あお	みどり	あか	みどり	みどり	あお
あお	みどり	あか	あか	みどり	あか	みどり	あお	きいろ	きいろ
あか	きいろ	きいろ	あか	あお	きいろ	あお	きいろ	みどり	みどり
きいろ	あお	あか	あお	みどり	みどり	きいろ	あお	あお	あか
みどり	あか	きいろ	あお	きいろ	あお	あか	みどり	あか	あお
あお	あか	あお	みどり	あか	きいろ	あお	あお	きいろ	あか

2 ● ストループ・テスト（Stroop Color-Word Test）検査用図版（Cカード）
（浜，1969）
テストの練習用には最上段の1行を使用する。
なお，Aカードはこのカード（Cカード）と同じ内容で文字の色が黒一色となっている（第5章参照）。

新心理学ライブラリ **17** 梅本堯夫・大山　正監修

感情心理学への招待

感情・情緒へのアプローチ

濱　治世・鈴木直人・濱　保久 共著

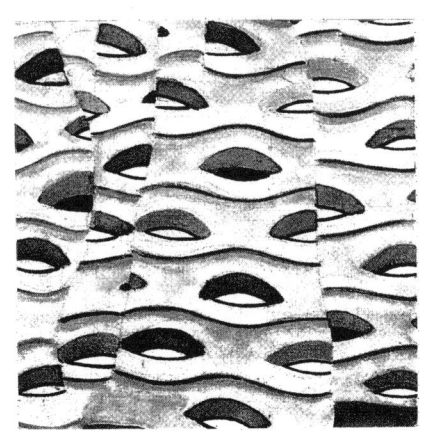

サイエンス社

監修のことば

　「心」の科学である心理学は近年目覚ましい発展を遂げて，その研究領域も大きく広がってきている。そしてまた一方で，今日の社会においては，「心」にかかわる数々の問題がクローズアップされてきており，心理学は人間理解の学問としてかつてない重要性を高めているのではないだろうか。

　これからの心理学の解説書は，このような状況に鑑み，新しい時代にふさわしい清新な書として刊行されるべきであろう。本「新心理学ライブラリ」は，そのような要請を満たし，内容，体裁について出来るだけ配慮をこらして，心理学の精髄を，親しみやすく，多くの人々に伝えてゆこうとするものである。

　内容としては，まず最近の心理学の進展——特に現在発展中の認知心理学の成果など——を，積極的に採り入れることを考慮した。さらに各研究分野それぞれについて，網羅的に記述するというよりも，項目を厳選し，何が重要であるかという立場で，より本質的な理解が得られるように解説されている。そして各巻は一貫した視点による解説ということを重視し，完結した一冊の書として統一性を保つようにしている。

　一方，体裁面については，視覚的な理解にも訴えるという意味から，できるだけ図版を多用して，またレイアウト等についても工夫をして，わかりやすく，親しみやすい書となるように構成した。

　以上のようなことに意を尽くし，従来にない，新鮮にして使いやすい教科書，参考書として，各分野にわたって，順次刊行してゆく予定である。

　学際的研究が行われつつある今，本ライブラリは，心理学のみならず，隣接する他の領域の読者にも有益な知見を与えるものと信じている。

監修者　梅本　堯夫
　　　　大山　正

まえがき

　感情心理学の萌芽は，遠くは古代ギリシャの時代にみられるといえよう。人間の心を知・情・意に三分割する考え方は人々の常識になっていて，哲学や文学は，この伝統的流れの中で精緻な省察をすすめてきたのである（心理学がヴントによって哲学から独立したのは1879年のことである。彼が世界で最初の実験心理学研究室を創設した記念すべき年であった）。心理学が従来の記述的方法から脱皮して，行動を対象とする科学として出発して以来，感情・情緒（情動）の研究は，ティチナー，ジェームズらによってアカデミックな心理学の歴史の中で幕が開かれたのである。初期行動主義者のワトソンも，ソ連のパヴロフの古典的条件づけの研究に影響を受けて，恐怖をはじめとするすべての情緒反応の条件づけ可能性を論じたのである。わが国においても，心理学研究（それ以前の心理研究も含めて）の初期の文献をひもどくと，当時の日本の研究者たちがいかに早くから感情・情緒（情動）の実験心理学的研究に意欲を注いでいたかを改めて知ることができる。

　ところが1920年代後半から，行動主義的心理学の台頭により，実験心理学者たちからは，感情・情緒（情動）などは主観的なものなので客観的測定が難しく，非科学的な対象であるという批判が高まり，感情研究は衰退の一途をたどることとなった。ダーフィやマイヤーのようにエモーションという用語はいずれ心理学から消えてしまうだろうと予言する人々も現れたほどである。そのことばのとおり，第2次世界大戦後の20～30年間，アメリカで評価を得た情動研究は，ニール・ミラーの恐怖・不安の動機づけ実験のみであった。しかしながら，1970年になると，時まさにダーウィンの古典的名著，『人及び動物の

表情について』が発表されてから100年の節目に感情の表出研究が一挙に再燃し，それと呼応して情緒（情動）を中心とした感情研究は復活し，今日の目ざましい発展をみるに至ったのである。

　本書の第1章では，このような感情研究の潮流を展望し，つづいて第2章では感情刺激とその反応を感情喚起説を視点として検討する。さらに第3章と第4章では，感情・情緒（情動）の心理学とは何かを各論的に論じ，その測定方法の問題を取り上げる。また，発達心理学，産業心理学（社会心理学を含めて）における感情・情緒（情動）の問題を第5章と第6章において論考する。

　もちろん，これだけで感情・情緒（情動）に関する研究が十分とり扱われたとはけっして思わない。感情研究の幅はひろく奥深いのである。

　本書の執筆をお薦め下さった本ライブラリ監修者の梅本堯夫先生と大山　正先生には心から御礼のことばを申し述べたい。両先生の有益なご助言と寛容なお励ましのおかげでようやく上梓の日を迎えることができた。

　松山義則先生は著者たちを感情心理学研究へと動機づけ下さった恩師である。同志社総長としてご多忙にもかかわらず，本書のためにいろいろご示唆頂いたことに心から感謝を申し上げたい。

　出版にあたり，サイエンス社の清水匡太氏には終始，ご厚意とご協力を頂いた。深甚の謝意を表したいと思う。また飯塚真一氏にも大変お世話になった。御礼申し上げる。

　2001年　重陽の日に

著者　濱　　治世
　　　鈴木直人
　　　濱　保久

目　次

まえがき……………………………………………………………… i

第1章　感情・情緒（情動）とは何か　1

1.1　感情と情緒（情動）………………………………………… 2
1.2　感 情 の 位 相 ………………………………………………… 4
1.3　感情・情緒（情動）を測定する3つの尺度 ……………… 10
1.4　心理学草創期における感情研究 …………………………… 12
1.5　現代の感情・情緒（情動）研究の潮流 …………………… 24
1.6　基本感情説と次元説 ………………………………………… 32
1.7　社会構成主義の立場からの感情 …………………………… 52
　　 参 考 図 書………………………………………………………… 62

第2章　感情・情緒（情動）の喚起機制　63

2.1　ヤングの感情喚起理論 ……………………………………… 64
2.2　視覚的刺激による感情喚起 ………………………………… 82
2.3　聴覚刺激による感情喚起 …………………………………… 92
2.4　味覚刺激による感情喚起 …………………………………… 96
2.5　嗅覚刺激による感情喚起 …………………………………… 98
2.6　イメージによる感情喚起 …………………………………… 100
　　 参 考 図 書………………………………………………………… 106

第3章 情動の心理学　107

- 3.1　情動と行動 …………………………………… 108
- 3.2　情動と生理的反応 …………………………… 112
- 3.3　心理学的尺度と生理的尺度 ………………… 120
- 3.4　感情の側性化 ………………………………… 130
- 参 考 図 書 ……………………………………… 136

第4章 感情・情緒（情動）の伝達と測定　137

- 4.1　感情と表情 …………………………………… 138
- 4.2　感情と音声 …………………………………… 152
- 4.3　その他の非言語的行動 ……………………… 162
- 4.4　非言語的行動と人格特性との関係 ………… 170
- 参 考 図 書 ……………………………………… 174

第5章 感情・情緒（情動）の発達　175

- 5.1　感情・情緒（情動）の発達心理学的研究 ……… 176
- 5.2　情緒の発達研究の歴史 ……………………… 178
- 5.3　ストループ・テストによるコンフリクトの発達的研究 … 180
- 5.4　子どもの情緒に関する異文化間研究 ……… 182
- 5.5　乳児における気質と情緒 …………………… 188
- 5.6　三世代同居家族の中で育まれる子どもの情緒 ……… 190
- 参 考 図 書 ……………………………………… 202

第6章 社会・産業場面における感情・情緒（情動）　203

- 6.1　社会場面における感情 ……………………… 204
- 6.2　産業場面における感情 ……………………… 222
- 参 考 図 書 ……………………………………… 236

目　次　　　　　　　　　v

付　　表……………………………………………………… 239
引用文献……………………………………………………… 257
人名索引……………………………………………………… 279
事項索引……………………………………………………… 283

感情・情緒（情動）とは何か

　本章では，ヴント，ティチナー，ジェームズらに始まる心理学の草創期から現代に至るまでの，感情・情緒（情動）研究の発展と潮流について展望している。とくに，ミラー，ワトソンらによる新行動主義者の提唱した説をはじめ，プルチックらの心理進化説，ラザラスの評価説，イザードの分化情動説，エクマンの神経文化説など最近の感情・情緒に関する諸説をできる限り多く概観するよう試みた。また，感情の位相についても言及している。

1.1 感情と情緒（情動）

古代ギリシャでは人間の心を知・情・意の3つに分ける考え方が一般的であり，この伝統的流れは現在でも心理学の分野で受け継がれている。日本語で「情」にあたる言葉としては感情，情緒，情動，情感などがあるが，それぞれがどう違うのかと問われれば，明確な返答はできない。近代に入ってからはリボー（Ribot, 1896）が『情操の心理学』（*La psychologie des sentiments*）を著し，アメリカの心理学者ラックミック（Ruckmick, 1936）が『感情と情緒の心理学』（*Psychology of feeling and emotion*）を著すなど感情と情緒に関しては，さまざまな理論や意見が提出されてきたが，紙幅の都合上詳細はガーディナーら（Gardiner et al., 1937：矢田部・秋重訳，1964）の著書に譲りたい。

感情（feeling）とは，広義には経験の情感的（affective）あるいは情緒的（emotional）な面を表す総称的用語である。感情（feeling）は，何かに触れるという皮膚組織からくる感覚的印象を含んでいる。たとえば秋風が肌に触れてすがすがしい気持ち，という心の状態を表すのを感情と呼んでいる。矢田部・秋重（1964）は，emotion を情緒（情動）と訳し，affection を情動と訳したが，emotion は motion という言葉の含みもあり，情動とよぶこともできる。大山（1986）は『心理学用語事典』で情動とよんでいる。動物を対象とした研究では，たしかに情緒という邦訳は不適切である。八木（1966）は emotion を情緒と訳し，読みも正しく「じょうしょ」とするよう指摘している。本書でも感情過程（affective process）という言葉が使われているが，affection と feeling は混同されることも少なくない。中国の心理学事典では affection は情感と訳されている。

情緒（情動）は，急激に生じ短時間で終わる比較的強い感情をいう。たとえば，怒り，恐れ，愛などである。また，感情と情緒（情動）に加えて**気分**（mood），**情操**（sentiment），**情熱**（passion）がある。気分は長時間持続的に生じる比較的弱い感情状態であり，情操は文化的価値に関連する学習を通して獲得されるものである。情熱は激しい強烈な感情をさす場合がある。

BOX1.1　感情語と時間

　感情に関する現象を記述する用語として，情緒（情動）（emotion），感情（feeling, affection），気分（mood），人格特性（personality trait）がある。これらの用語の使用は時間を基礎に考えることができる。

　「情緒（情動）」は，ある刺激や要求の変化によって一過性の急激な表出や自律反応系の変化を伴って生じる現象で，秒ないしは分の単位での現象である。

　「感情」という用語は，広義には「情動（情緒）」，「気分」，「情操」を含む包括的な用語であるが，狭義には，「快―不快」を両極とし，さまざまな中間層をもつ状態と定義される。「feeling」という語の根底には，感情には感覚が関係しており，何かに触れたときに感じるようなものという意味を含有している。一方，「affection（affect）」は"影響"を受けるという意味を含んでいる。心理学草創期，ヴントやティチナーたちは，感性や感情は感覚を通して生じると考えてきた。このような狭義の意味での感情は数時間あるいは日の単位の現象であると考えられる。

　「気分（mood）」は，明るい気分，暗い気分というように，数日から数週間の単位で持続する，弱い感情であると考えることができ，性格や気質との関係が強い。さらにこうした傾向が数カ月や数年というように長い経過で持続する場合，それは「人格特性（personality trait）」と呼ばれる。図1.1 はオートレイとジェンキンスによる感情関連語が使われる時間の違いである。時間や感情語の分類が若干異なるが，参考にしていただきたい。

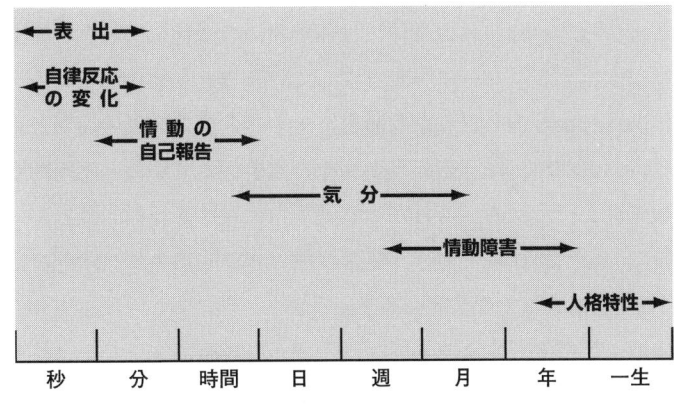

図1.1　感情に関連する語の時間的推移
（Oatlay & Jenkins, 1996）

1.2 感情の位相

感情には「内外の環境刺激に対する認知的評価（cognitive appraisal）」「**感情状態**（emotional state）」「**感情体験**（emotional experience）」「**感情表出**（emotional expression）」の4つの位相があるとする考えが一般的である。図1.2はこの4つの位相を図示したものである。このような各位相は，感情が多次元的な現象であり，主観的な状態の側面，適応行動をとるべく生体を準備する生物学的・生理学的反応の側面，機能的な側面，そして社会的な現象としての側面をもつことを反映している。

1.2.1 感覚入力に対する認知的評価

視覚，聴覚，体性感覚，味覚，嗅覚など外部から生体に与えられる刺激は感情喚起刺激として生体に働きかけ，さまざまな感情を喚起する。感情は，外からの刺激によって惹起されるだけでなく，かつての感情体験の想起によっても引き起こされる。このような外的環境や内的環境の変化は中枢神経系に入力され，認知的評価が行われる。

脳に入ったあらゆる感覚情報がつねに感情体験や感情表出を引き起こすわけではなく，あるときには非常に強い感情反応が生じ，またあるときには何も生じないこともある。われわれの身体には体内環境の変化に応じ，外界情報に対する応答性が変化するニューロンが存在していることも知られている。つまり脳では身体の内外から加えられた刺激を，そのときの体内環境情報と比較し，その生命維持および種属保存の観点からその重要性，すなわち感情的意義を決定する情報処理が行われる。これが「感覚入力に対する認知的評価」の過程であり，この内的な過程にもとづき「感情状態」が作り出され，内的な「感情体験」，外的な「感情表出」が発現される。

この感情の生起に先行する認知的評価の考えに対し，マーフィとザイアンス（Murphy & Zajonc, 1993）は，快（笑い）と不快（怒り）の表情をプライミング刺激（先行して呈示される刺激）として閾下（4ミリ秒）と閾上（1秒）で呈示し，その後に呈示した漢字（西欧人には中性刺激）に対する選好を調べる

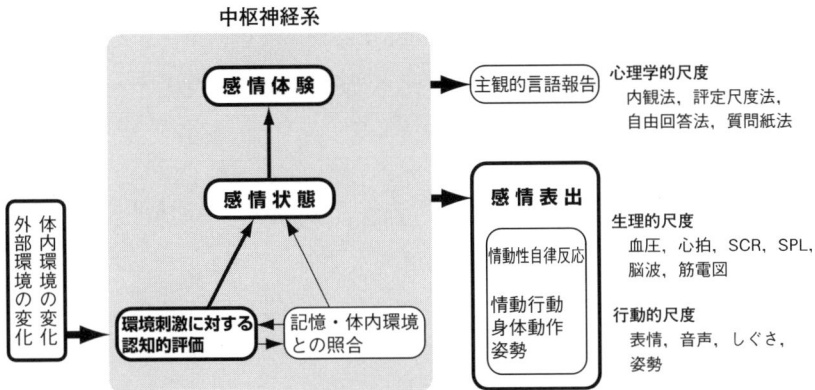

図 1.2　感情の位相

表 1.1　感情研究が等閑視されてきた理由

- 感情は複雑であいまいな現象である。
- 感情をうまく操作することはできないし，感情を操作的に定義することが難しい。
- 感情は主観的な現象であり，感情的経験は個人的なものである。
- 個人にとっての感情喚起刺激が他人にとって必ずしも喚起刺激とならない。
- 主観的経験は繰返し経験され，観察されるものではない。

近代心理学の分野になじまない

表 1.2　多次元現象としての感情

- 感情は主観的な状態である。
- 感情は適応行動をとるべく生体を準備させるための生物学的・生理学的反応である。
- 感情は機能的なものである。
- 感情は社会的現象である。

感情プライミングの実験を行った。その結果，閾下刺激条件では先行して呈示される表情の快─不快によって漢字に対する好みが影響されるが，閾上刺激条件ではその効果が認められないことを見出した。この結果にもとづき，マーフィとザイアンスは感情と認知はそれぞれ独立したシステムであり，感情の生起には必ずしも高次の認知活動の関与が必要ではなく，最小限の刺激入力でも感情は喚起しうると主張した（**BOX1.2**）。

ザイアンスの主張は1980年の論文（Zajonc, 1980）にさかのぼるが，この主張に対し，感情喚起には認知的過程が不可欠であるとするラザラス（Lazarus, 1984）との間で論争が展開された（**ラザラス─ザイアンス論争**）。この論争は，ザイアンスが知覚のレベルをも認知とみなし，快─不快，好き─嫌いなどの比較的未分化な事象に対する定位づけを感情と定義しているのに対し，ラザラスはザイアンスのような基本的事象の価値づけは1次評価（primary appraisal）とよび，より高度に分化した感情を視野に入れて感情と評価の関係を論じている。これは両者の感情と認知という言葉の定義に違いがあることが原因であろう（遠藤，1996；Conelius, 1996；小川・鈴木，1998）。

1.2.2　感情状態

感情状態とは「ある刺激，ある状況の認知に対して生じる，身体的あるいは神経生理学的活動の特定の変化」と定義される仮説構成概念である（Lewis, 1993）。感情状態に関しては2つの考え方がある（Lewis, 1993）。

一つはイザード（Izard, C.），トムキンス（Tomkins, S. S.），デビッドソン（Davidson, R. J.），エクマン（Ekman, P.）らの，「感情状態は特定の生理的変化，行動変化と結びついている」という主張である。これは感情状態と感情表出が1対1対応することを仮定するものである。たとえば，デビッドソンとフォックス（Davidson & Fox, 1982）は，快の感情状態は左前頭部，不快の感情状態は右前頭部の活性化と対応しているとする前部誘意性モデルを提唱している。また，エクマンらは怒り，恐れ，悲しみの感情では，喜び，驚き，嫌悪に比べて心拍数が増加することや，怒りの感情において皮膚温度の上昇がもっとも大きいことを指摘して自律反応の変化と感情が対応していることを示して

BOX1.2 感情プライミングの実験

マーフィとザイアンス（Murphy & Zajonc, 1992）は，プライミング刺激（先行刺激）として表情写真（男女の満足と怒りを表す表情写真）を4ミリ秒（閾下刺激）あるいは1,000ミリ秒（閾上刺激）呈示した後，漢字（外国人にとっては中性刺激）を呈示し，その漢字が「好き」か「嫌い」かを，実験参加者に判断させた。

結果は，図1.3 (a) のように，閾下刺激である4ミリ秒の呈示条件では，満足（ポジティブ）表情をプライミングされた後では漢字を好きなものとして評価し，怒りの表情を4ミリ秒プライミングされた後では，嫌いなものとして評価された。一方，1,000ミリ秒の閾上呈示条件では，このような違いは認められなかった。

マーフィとザイアンスはこの説明として，ポジティブあるいはネガティブな感情と認知との関係を図1.3 (b) のように仮定することで説明している。つまり，閾下刺激の4ミリ秒では十分な認知がなされず，プライミング刺激のもつ感情価がそのまま漢字の評価に反映されてしまうが，1,000ミリ秒の場合では漢字そのものに対する評価が行われるため，プライミング刺激の影響はみられなくなる。

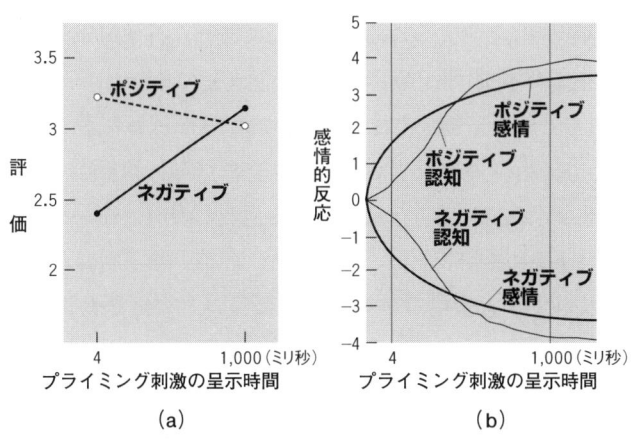

図1.3 感情プライミング実験の結果とその解釈
（Murphy & Zajonc, 1993を改変）

いる（Levenson et al., 1990）。しかし感情と自律反応の一義的な関係を報告した有名なアックス（Ax, 1953）の実験は，その後の追試では両者の関係を見出せないように，むしろ両者の関係がみられないとする場合のほうが多いことをカチオッポらは指摘している（Cacioppo et al., 1993）。

　第2の考え方は感情状態は特定の生理的変化や行動変化と結びつくものではなく，認知活動と関係があるとするシャクターとシンガー（Schachter & Singer, 1962）やマンドラー（Mandler, 1975），そしてオートニーら（Ortony et al., 1988）の社会構成主義の考え方である。この考え方では感情と内的状態との間には結びつきがない，あるいはあってもきわめて弱いものであると主張する。たとえば，シャクターとシンガーはある感情状態が特定の生理的喚起と結びつくのではなく，その生理的喚起に対する意味づけが感情状態を生じると考え，オートニーらは思考の結果，感情状態が生じると主張した。またフリドルンド（Fridlund, 1991）はボーリング・ゲームでストライクを出したときに微笑むのはストライクを出した瞬間ではなく友人のほうに振り返ったときであるとして感情状態の社会的な関係性を強調している。

1.2.3 感情表出

　感情表出は客観的にとらえられる身体反応であり，科学的分析の対象となるものである。表出は内的状態（感情状態）の顕在化であり（Ekman & Friesen, 1974），これをもとに感情体験の他の個体への伝達が行われる。感情は攻撃行動，防御行動，表情，姿勢変化などのさまざまな情動行動や血圧，呼吸の変化，瞳孔反応，立毛などの情動性自律反応などを通して表出されるが，人間は社会的動物であるがゆえに感情表出はごまかしや，隠蔽，自己制御といった自己防衛，あるいは文化的・社会的経験や道徳観に従い，表出を調整する**表示規則**（display rules）が働くため感情状態との対応は往々にしてあいまいなものとなる（**BOX1.3**）。従来感情表出は表情や姿勢，音声，ジェスチャーなどの非言語的行動および自律反応を対象として研究がなされてきた。この中でも表情に関する研究はエクマンやイザードを中心に非常に多くの知見を得ている。姿勢に関する研究，とくに子どもの姿勢，運動，活動と感情に関する関係はあまり研

BOX1.3　表示・解読規則（display and decoding rules）

われわれは必ずしも感じたままを表情などで表出するわけではない。とくに社会的状況ではわれわれは表示規則（display rules）とよばれる文脈情報，すなわち男であるとか女であるとか，人前であるとか，状況とか，文化的もしくは個人的に定められた感情表出の管理の下で表出を行っている（Ekman, 1972 ; Ekman & Friesen, 1975 ; Saarni, 1982）。

たとえば，アメリカでは男性は人前で泣き顔を見せないし，女性は怒りを示してはいけないと教えられ，日本では男性は人前で歯を見せて笑うものではないと教えられる（中村，1996）。年少の幼児でさえ，プレゼントをもらったら，にっこり微笑むという行動をとるべきであるということを理解している。このように表示規則は大人だけが示すものではなく，6歳児くらいには獲得されるといわれる。表示規則には3つの種類があるといわれる（Josephs, 1994）。

●向社会的表示規則

　他者の感情を思いやる表示規則。たとえば，他人の気分を悪くさせないため，その人の欠点を見つめたり，あげつらったりしないようにする。

●自己保護的表示規則

　自分自身の自我水準を守る表示規則。たとえば歯医者の治療中泣くと弱虫と思われるので泣かないようにする。

●自己中心的表示規則

　表出をコントロールすることで自己の不利益をさけ，利益をもたらそうとする表示規則。たとえば罰を回避するような行動。

　解読規則は，状況（文脈）によって，ある表出行動が影響を受けているであろうことをふまえて，他者の感情を判断する規則を指す。たとえば，男性は人前では泣かないというのは表示規則であるが，普段と変わらない顔をよそおっているか。それは男性であり，人前であるためで，本当は悲しくて，心の中で泣いているのだろうという推測は解読規則にあたる。

究されていない。また，音声は他者に感情を喚起させる力は大きいと考えられているが，感情と音声の関係についてはまだ研究の余地が多く残されている。

1.3 感情・情緒（情動）を測定する3つの尺度

感情・情緒（情動）を測定する方法としては3つの尺度が考えられる（**図1.2，表1.3**）。

第1は，主観的な感情経験を調べる方法であり，**心理的尺度**とよばれる。心理的尺度には内観法，リッカート法，評定尺度（SD）法，自由回答法，質問紙法などがある。得られたデータは因子分析法，多次元尺度構成法（MDS）などの多変量解析法を用いて解析され，感情の潜在因子，あるいは次元を求めることができる。心理的尺度は，故意もしくは無意識の嘘や隠し立て，思い違い，表示規則（display rules）の影響は免れえない。しかしながら，すべての人に一定の感情を喚起する共通の喚起刺激は存在せず，ある個人内においてさえも同一刺激がつねに同じ感情を喚起するとは限らない。このように感情経験は主観的なものであり，当事者がどのように感じているかは主観的な報告に頼らざるをえない。

第2は外的反応を基礎とした測度で**行動的尺度**とよばれる。行動的尺度としては表情，言語的行動，姿勢，態度，しぐさ，音声，個人空間（personal space），空間行動などさまざまな非言語的行動が対象となる。とくに表情に関する研究はエクマンやイザードによる符号化システムの開発以来，多くの知見を得ている。また最近ではモーフィングや平均顔を用いた研究が盛んになっている。音声に関する研究も古く，その起源はダーウィンまでたどることができる。しかしながら感情と音声との間の関係はまだ明確ではない。姿勢と感情に関する研究は非常に少ない。田中（1998）は，快の感情喚起時には後傾姿勢，不快感情の喚起時には前傾姿勢がとられることを報告している。

第3は血圧，心拍数などの生理的（内的）変化を対象とするもので**心理生理的尺度**という。心理生理的尺度には血圧（SBP, DBP, MBP），心拍（HR），皮膚電気反射（SCR, SCL, SPR, SPL），皮膚温度，血流量など自律神経系

1.3 感情・情緒（情動）を測定する3つの尺度

BOX1.4　情緒と動機との関係

　動機（motive）と動機づけ（motivation）は，生活体の行動を理解するうえで情緒と同様に重要な概念である。人間のもつ動機は，ふつう，酸素を求める欲求，空腹，渇き，性などの生理的な過程と密接な関係をもつ欲求から，金銭欲，名誉欲，あるいは価値，イデオロギーを守る意欲など，社会的・精神的動機まできわめて多様である。このような動機が原動力となって，人間の行動が始発され，展開するのである。
　マレー（Murray, E.J., 1964：八木訳, 1966）は，動機をホメオスタシス性動機，性的動機，内因的動機，社会的動機，情緒的動機に分類している。情緒的動機は，情緒が動機的機能を果たし，行動を惹きおこす原動力となるものである。たとえば，恐怖という情緒は，危険な状況から逃げだす反応を動機づける働きをもつであろう。

表1.3　感情・情動の測定方法

1. 自分が主観的に感じているもの（快―不快の主観的な感情体験）を調べる方法——**心理的尺度**
   - 内観法
   - リッカート法
   - 評定尺度法
   - 自由回答法
2. 行動あるいは表情表出，姿勢など外的反応を基礎とした研究——**行動的尺度**
   - 言語的行動………言語表出
   - 非言語的行動……表情，姿勢，態度，音声，さまざまな行動，個人空間などの対人行動
3. 血圧，心拍数などの生理的（内的）変化を対とする研究——**生理的尺度**
   - 自律神経系（autonomic nervous system；ANS）にもとづく反応
     →自律反応（＝不随意反応）
     　血圧（SBP, DBP），心拍，血流量，容積脈波
     　皮膚電気反射（SCR, SPL），皮膚温度
   - 中枢神経系（central nervous system；CNS）にもとづく反応
     →骨格筋反応（＝随意反応）
     　脳波，呼吸，筋電図

(autonomic nervous system；ANS) の活動にもとづく不随意な自律反応を測定するものと，脳波や筋電図，呼吸などのように中枢神経系 (central nervous system；CNS) の活動にもとづく骨格筋反応（随意反応）を測定するものとに分けられる。感情喚起時における心理生理学的測定に関する知見は多く，数々の報告がなされているが，各感情喚起時にいかなる心理生理学的な反応が生じるかに関して明確な関係は見出されていない。

1.4 心理学草創期における感情研究

1.4.1 ヴントの説

　ヴント (Wundt, W. M.) は，実験心理学を確立し，心理学史上大きな足跡を残したが，感情・情動研究においても優れた先駆者であった。彼の感情・情動に関する文献を詳細にたどると，その考え方の変遷を知ることができる。

　ヴントは，初期のころは「感情は他の精神過程の一属性にすぎず感覚の情調 (emotional tone) である」と述べている (1874)。そして感情の方向を快—不快，興奮—沈静，緊張—弛緩の3次元に分類した。

　ティチナー (Titchener, 1908) によると，ヴントは感受性の鋭い人であったので，感情の3次元説は彼自身の体験から生まれたものであるという。ヴントは，1874年に努力感情という概念を提出し，これは緊張と興奮の混合されたものであると述べた。また，色と音に対する自分の感情反応について「黄色は私の心を活性化させ，青色は沈静化させる」と述べている。筆者は感覚と感情の関係について強い関心をもち，後述するような実験的研究を進めてきているが，125年も前にヴントがこのような言葉を残したことを知り，驚きを感じる。

　ヴントは1874年には感情は感覚の属性ではないと明言したが，1880年には，感情は感覚の役割をもつと変更している。また彼は19世紀の初頭には『民族心理学』(*Völkerpsychologie：Eine Untersuchung der Entwicklungsgesetze*) 10巻を著すことに没頭している。ヴントは『生理心理学』(*Grundzüge der physiologischen Psychologie*) (1910) の第6版を出版し，感情 (affection) と情動 (emotion) の2つの基本的仮説を提唱した。彼は感情・情動が身体的変化と相関のあるこ

1.4 心理学草創期における感情研究

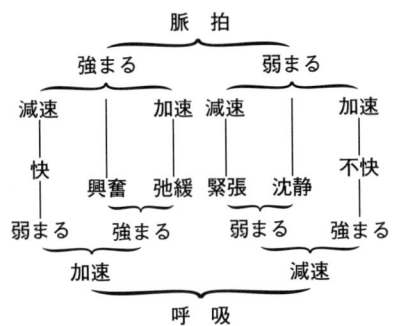

図1.4 ヴントの感情の3方向説の生理学的根拠 (Wundt, 1910)

ヴントは1890年代のはじめには、感覚あるいは表象から比較的独立した簡単感情を認めて、快―不快の一方向のみを考えていた。ところが1896年の論文では、快―不快、興奮―沈静、緊張―弛緩の3方向説を提唱し、快―不快は感情の質的次元を、興奮―沈静は感情の強度の次元を、そして緊張―弛緩は感情の時間的次元を表すと述べている。1900年代になると、ヴントは、快―不快は強度を表し、興奮―沈静は時間的次元を表すとして、従来の考え方を修正している。図1.4は、ヴントがレーマン (Lehman, 1892) の生理学的実験結果にもとづいて、感情の3方向説を立証しようとしたものである。また、図1.6は、ヴント自身の実験結果にもとづいて作成した感情の3方向説と時間的変化を示している。

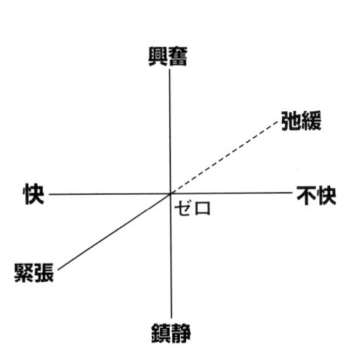

図1.5 感情の3方向説の模式図 (Wundt, 1910)

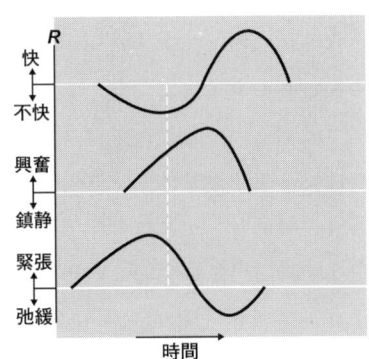

図1.6 感情の3方向説と時間的推移 (Wundt, 1910)

とに気づき，それ以降この仮説を検証する実験的研究が開始された。彼がレーマン（Lehmann, 1892）の生理心理学的実験データを利用して感情の3方向説（**図 1.4**）を立証したこともその一例である。

1.4.2 ティチナーの説

ティチナー（Titchener, 1899）は，「感情は，器官の刺激に対して喚起されるものである」と主張した。しかしその刺激に対してどのように感情が喚起されるのかという過程についてはふれていない。ただ注目すべきことは，彼は感情という概念を，たとえば「固く閉じる」というように触覚的にとらえようとした点である。また，「飽きを感じる」というように内部感覚的な側面も指摘している。ティチナーの特記すべき貢献は，触覚と感情（affection）の関係をはじめて取り上げたことである（1908）。彼はヴントの感情**三方向説**を否定し，**図 1.7** に示すような**触ピラミッド**（1920）というきわめて独創的なモデルを発表した。彼のモデルでは，くすぐったさ（擽感；tickle）を頂点におき痒感（itch），痛感，圧感覚などが配置されている。明るい圧（bright pressure），鈍い圧（dull pressure）などもティチナーの独創的なものである。浜（1998）は，この着想に同調しいくつかの実験的研究を報告している。ティチナーの触ピラミッド過程は，その後ネイフ（Nafe, 1924；1927）に引き継がれた（**表 1.4**）。

ネイフ（1924）は，ティチナーの明るい圧と鈍い圧の考え方にもとづいて，多種の知覚刺激を被験者に与えて，内観報告をさせた。

ネイフは明るい圧と鈍い圧は身体に定位することはないと論じた。しかし一方，彼は快—不快が身体感覚に帰属するものであるならば明るい圧と鈍い圧は身体器官の興奮として身体の一部に定位することもありうるとして，この点では明白な結論は出されていない。

ホイジングトン（Hoisington, 1928）は，日本からの留学生堀口純一郎（堀口は帰国後，1930年の日本応用心理学会第3回大会委員長を務めていることが大山 正教授による日本応用心理学史の研究からわかった）がコーネル大学において，感情経験と身体の定位づけの問題に取り組んでいることを述べている。そして，堀口は，ウィッターバーグシンポジウムにおいて，鈍い圧は身体の内

1.4 心理学草創期における感情研究

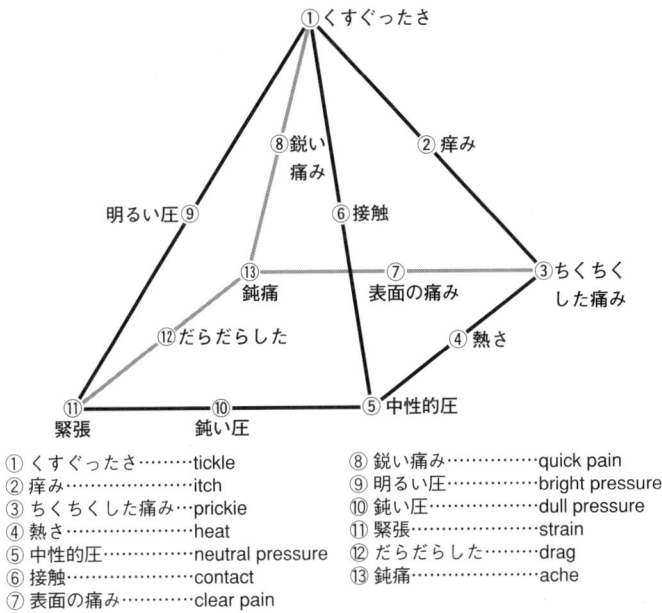

① くすぐったさ……………tickle
② 痒み………………………itch
③ ちくちくした痛み………prickle
④ 熱さ………………………heat
⑤ 中性的圧…………………neutral pressure
⑥ 接触………………………contact
⑦ 表面の痛み………………clear pain
⑧ 鋭い痛み…………………quick pain
⑨ 明るい圧…………………bright pressure
⑩ 鈍い圧……………………dull pressure
⑪ 緊張………………………strain
⑫ だらだらした……………drag
⑬ 鈍痛………………………ache

図1.7 触ピラミッド（Titchener, 1908）

表1.4 明るい圧と鈍い圧（Nafe, 1924）

- 知覚経験は，程度の差はあるが，感情的である。
- 快感情の増大は，明るい圧の増大であり，不快感情の増大は，鈍い圧の増大ととらえることができる。
- 明るい圧は希薄であり，拡散的である。それに対し，鈍い圧は稠密で集中的な感覚である。
- 感情の構成成分は，知覚の構成成分と同時に，刺激にたいして喚起されるらしい。
- 快感情は漸次現れ，不快感情は最初から一定の強さで現れる。

1.4.3 ジェームズの説

ジェームズ（James, W.）は，1884年に，「情緒とは何か」（*What is emotions?*）を発表し，「身体的変化は，実際に喚起している刺激的な事柄（状況）に直接追随して生じこれらの身体的変化が生じているときに，その変化を感じるわれわれの感情（feeling）がすなわち情緒である」と主張した。彼のこの主張は刺激的状況または事実の知覚が情緒を喚起し，続いて身体的表出が生じるという従来の常識的な考え方をくつがえすものであった。「悲しいから泣く」のではなく，「泣くから悲しくなる」のである。クマを見ると，まず逃げるという身体的変化が生じ，この反応が恐れの感情を引き起こすというのである（図1.8）。これまでの常識的な考え方では，クマを見て恐ろしく感じ，続いて逃げるという行動が生じるのであるが，刺激状況に対して生じる末梢の身体的変化にともなって感情が現れるのである。1890年に出版された『心理学原理』（*The principles of psychology*）の中で，ジェームズは情緒を，悲嘆，恐れ，怒り，愛のような，より大まかで一般的な情緒（coarser emotions）と，知的感情，審美感情のような，より繊細な情緒（subtler emotions）に分類し，前者は比較的強い身体的変化を生じるが，後者は身体的反応が弱いと論述した（図1.9）。彼は，自分の新しい説は繊細情緒には適合しにくいと断っている。また，1894年の論文では，身体的変化を生じる刺激は単に個々の対象（たとえばクマ）のみでなく，全体的状況（たとえば鎖につながれていないクマ）であると補足説明をしている（James, 1884）。ジェームズは，自分の最初の論文より1年遅れて発表されたランゲ（Lange, C.G.）の説に強い共感を示した。これはランゲの情緒の末梢説が，偶然にも彼の考え方とほとんど一致していたからである。この他，ダーウィン（Darwin, 1872）の情緒の表出に関する進化説に強い関心を示し，一方，心の状態を原始論的物活論（atomistic hylozoism）の立場から，微小な心粒の集まりであるとする心的微粒説（mind-dust theory）と，心的素材であるとする心料説（mind-stuff theory）を主張したスペンサー（Spencer, 1870）の情緒についての考え方を批判している。

図 1.8　逃げるから怖い（ジェームズの考え）

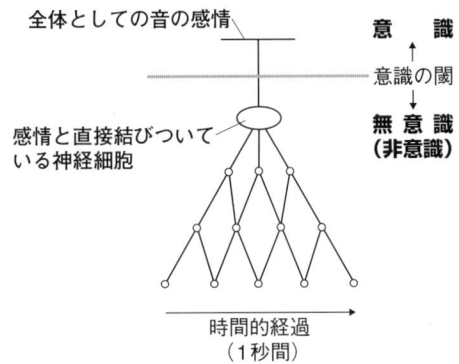

図 1.9　ジェームズの感情説（James, 1890）

ジェームズはスペンサーが心料説にもとづいて唱えた情緒説を修正した。スペンサーは，たとえば 2 万ヘルツ（可聴閾上限）の音の場合，2 万個の聴神経が刺激され，これに呼応して 2 万個の感情が生じた後に，はじめて一つの意識状態として統合されると考えている。しかしジェームズは，意識にのぼる以前の心料という知覚されない単位は存在しなくて，統合は意識閾下で生じ 2 万ヘルツの音は，神経細胞の段階で統合されると考えたのである。

1.4.4 ランゲの説

ランゲの情緒理論は前述のジェームズの考え方と類似しているため，**ジェームズ-ランゲ説**とよばれることが多い。ランゲは身体的反応の強いものとして，悲しみ，喜び，恐れ，怒りをあげ，これを情緒（emotion）と名づけた。一方，身体的反応の弱いものとして，愛，憎しみ，軽蔑，嫉妬をあげ，これを感情（feeling）あるいは情熱（passion）と名づけた。ジェームズは愛を身体的反応の強いものの中に分類しているが，ランゲは弱いものとして分類している（Lange, 1885）。ランゲのもっとも強い関心は，種々の情緒反応と身体的反応の型との対応関係を明らかにすることにあった。すなわち典型的な身体反応型として随意筋と血管や内臓などの不随意筋をあげ，このそれぞれに機能亢進，機能減退，協調の三通りの反応を考えた。**表 1.5** は主要情緒と身体的反応の関係をまとめたものである。ランゲはこれらの身体変化の中でもとくに血管系の変化を強調したので，彼の説は**血管運動理論**（vasomotor theory）とよばれている。

1.4.5 リボーの感情自律理論

リボー（Ribot, 1896）は，ランゲが情緒の中に喜びと悲嘆を入れたことに反論した。これらを情緒に分類するならば，情緒には身体的快と身体的不快も含まれるべきで，特殊化するものではないと考えたからである。これに対し，恐れ，怒り，愛，自己感情（self-feeling），自己本位の情緒（egoistic emotion），性的情緒などは，原始的感情とよぶべきものでそれぞれ異なった特徴をもつと主張している。リボーの理論のもう一つの特徴は**感情自律理論**（autonomous theory of feeling）であり，感情，情緒を表象や観念と区別したことである。これまでの経験の中で感情，情緒と関連のあった事柄に関する記憶の想起のみが可能であるというのである。

リボーは，原始的感情は低次なものから高次なものへ高められるとし，これを高次の情操（higher sentiments）とよんだ。この情操は，文化，芸術，宗教，道徳の高い域に達することができるが，それには修行が必要であると述べている。このような考え方にはフランスの精神主義的心理学の影響がみられ，当時

表1.5　主要情緒とその身体的反応（Lange, 1885）

情　緒	身体的反応
失　望	随意筋の機能減退 　だらっとして，憔悴し切った感じ
悲しみ	随意筋の機能減退　＋　血管収縮 　うなだれる　　　　　　　顔色が青くなる 　ゆっくりと歩く　　　　　寒気 　眼輪筋の弛緩　　　　　　肺の毛細血管が収縮して胸が痛む
恐　れ	随意筋の機能減退　＋　血管収縮　　　　　＋　不随意筋の痙攣的収縮 　声が出ない　　　　顔面蒼白になる　　　　　　　立毛筋の収縮→鳥肌が立つ 　　　　　　　　　　極端な場合は頭皮の血管収縮　心拍の上昇→心臓麻痺 　　　　　　　　　　により白髪になる　　　　　　膀胱の収縮→放尿
困惑・羞恥	随意筋の機能減退　＋　協調不能 　はずかしさをともなう場合，　随意筋失調のためにどもる 　床に沈んでいくような感じ　　持っているものを落とす 　　　　　　　　　　　　　　　自分で自分の足につまずく 　　　　　　　　　　　　　　　血管失調のために顔が青くなったり赤くなったりする
緊張感	随意筋の機能亢進　＋　不随意筋の痙攣的収縮 　じっとしていられない　　動悸 　動きたくなる　　　　　　悪寒 　　　　　　　　　　　　　発熱
喜　び	随意筋の機能亢進　＋　血管拡張 　動作が生き生きとする　　皮膚が紅潮する 　とびはねる　　　　　　　暖かい感じがする 　踊る 　顔面筋の収縮→微笑・笑い声が高くなる
怒　り	随意筋の機能亢進　＋　血管拡張　　および　　協調不能 　殴る　　　　　　　　鼻血　　　　　　　　　　　随意筋協調不能のために 　顔面筋の収縮　　　　額・首・手の動脈の緊張・充血　何かを殴ったりするが， 　眉間にしわをよせる　　　　　　　　　　　　　　　狙いが不正確

の欧米における実証主義的心理学とは異なっている。しかし彼は，ジェームズやダーウィンの実証的考え方にも共鳴していたことを特記すべきであろう。

1.4.6 ワインバウムの説

ワインバウム（Waynbaum, 1907）は，人が外界の刺激を知覚し，それが情緒中枢に到達して，情緒を生起する経過を2つに分けて説明している。その経路は図1.10に示される。第1の経路は外界の刺激が末梢の知覚神経を通って知覚器官の中枢に入り，そこから大脳皮質の上位相に到達する経路である。第2の経路は，外界の刺激が知覚されてのち，大脳皮質のほうに向かわずに情緒中枢に向かう経路である。外界の刺激（対象）に対応する表象が欠けるときに，知覚はこの第2の経路を通って，情緒中枢に働きかけ，強い情緒を生じるのである。このように情緒の中枢は，外界からの直接の通路と，さらに上位の大脳皮質からの通路との要に位置するもので，ワインバウムはこれを「生命の真の中枢」と名づけた。

ワインバウム（1907）はさらに，このようにして生じる情緒反応は，生活体の生存に必要な適応規制であると論じた。この点では，ダーウィンの進化説に近いといえるが，特記すべきことは，情緒反応の中でもとくに顔面表出を取り上げ，人の顔面表出は，脳血流の調節機能の役目を果たすと主張した点である。彼によると，微笑したり，涙を流したり，顔をしかめたりする顔面表出行動は，脳内血流量の急激で過度な変動（増減）を調節するための生理的過程なのである。たとえば，人が深い悲しみを体験しているときには，われわれの眼輪筋，口輪筋，皺眉筋，前頭筋などの筋肉は収縮し，顔面の静脈や動脈を圧迫して，血流量を制御し，脳内血流量を調節するのである。またわれわれが日常，経験することであるが，喜びで感極まったときに涙が出ることや，おかしくて笑いころげるときに涙が出ることは，実は，ワインバウムの説によると，脳内血流量の上昇を防ぐための適応規制なのである。

このようなワインバウムの考えは情緒の血管理論とよばれ，ランゲの血管運動理論と共通点もあるが，ランゲの理論ほどには一般に知られていない。しかし最近，ザイアンス（Zajonc, 1984）はワインバウムの説を取り入れ，**感情血**

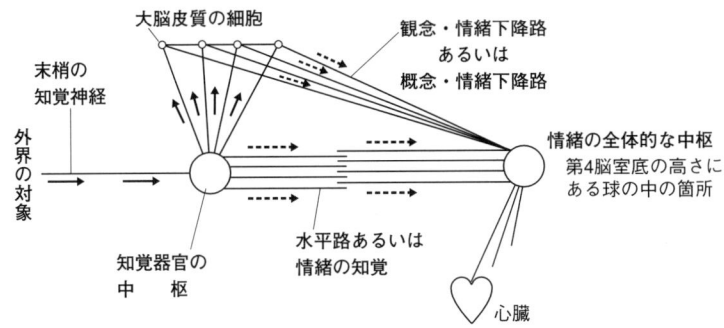

図 1.10 感情の生起経路 (Waynbaum, 1907)

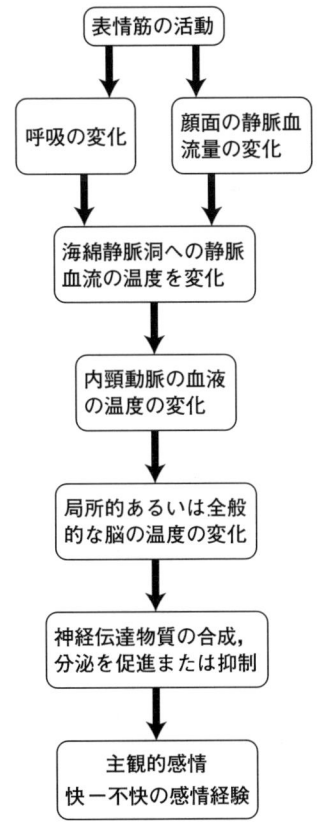

図 1.11 ザイアンスの感情血流理論 (Zajonc et al., 1989)

流理論（vascular theory of emotional efference）を提唱した。彼は顔面筋の活動にともなう顔の表情の変化が顔面および脳内の血管系の温度に作用し，特定の感情を喚起すると考えた（**図1.11**）。

1.4.7　キャノンの視床説

　ジェームズ-ランゲ説に対してもっとも鋭い批判を投げかけたのはキャノン（Cannon, 1915；1931；1932）である。彼は1915年の著書の中で，動物実験をとおして，情緒経験は視床（現在の視床下部に相当）からの神経興奮の生起によると主張した。彼の反証は次の5つに要約される。
(1) ジェームズらのいうように身体的反応に続いて情緒が生じるにしては，内臓器官の反応はあまりに緩慢である。
(2) 内臓を中枢神経から完全に切り離しても情緒反応を示す。
(3) アドレナリンの注射などによって人工的に内臓の変化を生じさせても，恐れやその他の情緒反応はまったく生じない。
(4) 内臓は比較的感覚の鈍い器官である。
(5) いろいろの型のストレス刺激によって喚起される情緒的状態と非情緒的状態における生理学的反応の変化はきわめて類似している。

　キャノンは**図1.12**のように情動の生起を説明した。外からの刺激を受容器が受容するとそこで生じたインパルスは経路1を通り，さらに1′を経て大脳皮質に伝達される。もし刺激が十分に強い場合あるいは，皮質から視床下部に対する大脳皮質の抑制が解除されることにより（経路3），視床に「パターン化された反応」（視床の興奮）が生起する。それが遠心的には2を経て内臓，骨格筋へ送られ，情動表出を惹起し，求心的には，大脳皮質へ伝達されて情動体験が生じる。キャノンのいう情動とは視床に対する皮質抑制過程からの解放現象なのである。バード（Bard, 1928）がこの解放現象を実験的に検証したので**キャノン-バード説**ともよばれている。

1.4 心理学草創期における感情研究

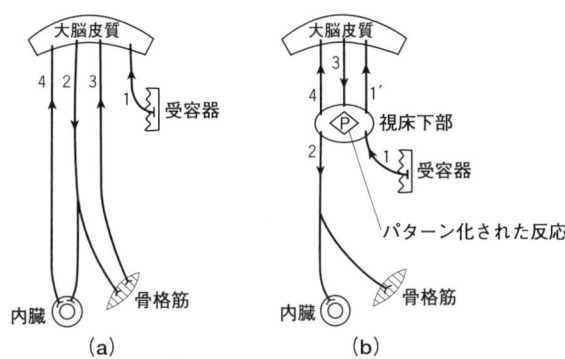

図 1.12 ジェームズーランゲ説 (a) およびキャノン―バード説 (b) による神経結合の図式 (Cannon, 1931)

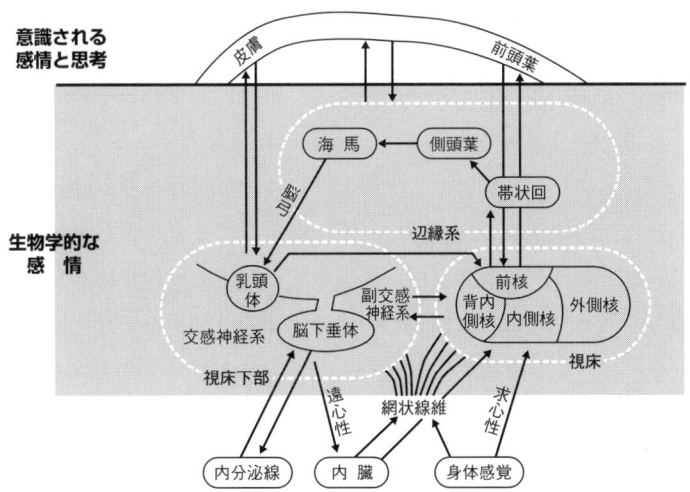

図 1.13 パーペッツの情動回路 (Krainess, 1963)

1.5 現代の感情・情緒（情動）研究の潮流

現代の感情および情動に関する研究には大きく分けて，①ダーウィン（Darwin, C.）を開祖とする「進化論学派」，②ジェームズ（James, W.）を開祖とする「生理心理学派」，③キャノン（Cannon, W. B.）を開祖とする「神経学派」，④アーノルド（Arnold, M. B.）を開祖とする「認知学派」，そして⑤フロイト（Freud, S.）を開祖とする「力動学派」の5つの流れがある。

1.5.1 ダーウィンを開祖とする「進化論学派」

進化論学派の研究者たちは，感情は神経化学的なシステムの活動にもとづくものであり，このシステムは生存競争の必要性により作り出されてきた進化の産物であるとする。すなわち感情は生存にとって必要であるから進化の過程にもとづいて存在しているものであり，各感情には特定の身体的兆候があると考える。ダーウィン（Darwin, C.）は，1872年に有名な著書『人及び動物の表情について』（*The expression of the emotions in man and animals*）を著した（**BOX1.5**）。この著はベル（Bell, 1806）が著書『表情の解剖と哲学』（*Anatomy and philosophy of expression*）において「ヒトの顔の筋肉の一部は他の個体にその心因状態を伝えるべくヒトという種に唯一特権的に与えられたものである」（遠藤, 1996）と主張したことに対し，動物とヒトの表情には近似性があり，動物から人間につながる進化論的な連続性（continuum）があることを主張したものであった。つまりダーウィンは，ヒトの表情が生態学的に適応的価値があったから進化の過程を通して残ってきたと主張したわけではなかった。

しかしながら，その後プルチック（Plutchik, R.）やエクマンなどのダーウィンの流れを継ぐ新ダーウィン主義の研究者たちは，感情が生命維持あるいは種の保存に果たしてきた寄与を考慮しなければ感情を理解しえないと考え，ダーウィンの主張を曲解し（Conelius, 1996；遠藤, 1996），進化の過程を根拠とした。この立場は，現在ではフェイシャル・フィードバック（facial feedback）仮説を唱えたトムキンス（Tomkins, 1962；1963），分化情動理論のイザード（1971；1977），心理進化説のプルチック（1980），神経文化論のエクマン（1972），

BOX1.5　ダーウィンの唱えた3つの原理

　ダーウィン（1872/1965）は『人及び動物の表情について』（*The expression of the emotions in man and animals*）の中で，音声をともなう表情を人間と動物に共通するものとしてとらえ，3つの原理を呈示した。

● 有用な連合的習慣の原理（the principle of seviceable associated habits）
　　歯をむき出すなどの動物の「怒り」の表情は，本来は敵を噛むための行動の一部であり，また，人が示す「嫌悪」の表情は，本来は口入れたまずいものや異様なものを吐き出すときの顔の動きであり，それが比喩的に嫌なものと結びつき「嫌悪」の表情が生じるようになった。このように「我々の様々な有用な動作は，ある心の状態（感情や欲情）と連合して習慣的となり，あらゆる特殊な場合において有用と否とに関わらず遂行される」とする。つまり彼は感情表出が感情の伝達のために進化したのではないと考えていた。

● 反対の原理（the principle of antithesis）
　　ある心理状態は有用な連合的習慣を導く。そしてそれとは反対の心理的状態が誘発されると，それがたとえ有用でなくても反対の性質をもった運動（movement）を遂行しようとする強い不随意的傾向が生じる。そしてその運動はある場合きわめて表出的である。

● 神経系の直接作用の原理（the principle of the direct action of nervous system）
　　筋肉を震わすことや苦痛で泣く，怒りで叫ぶといった行動を説明する原理。興奮した神経系において生み出されたエネルギーが意思や一部分は習慣から独立して溢れだし（overflows），身体に直接作用し，身体の震えや発汗，泣き，怒りによる叫びが生じるというものである。

　ダーウィンの観察は現代の知識からすると問題はあるとしても，きわめて詳細で，非常に示唆に富んでいる

進化的原型行動理論（evolutionary prototype theory）のシェーバーら（Shaver et al., 1992），活動傾向を主張したフライダ（Frijda, 1986）などに受け継がれている。この立場からの研究はこれまで多くの蓄積を行ってきており，人間のもっている複雑な感情の分類や感情の基本次元について多くの情報を提供している。なお，この立場に対して，感情の生物学的基礎を詳しく考慮していないとするバック（Buck, 1985）の批判もある。

1.5.2　ジェームズを開祖とする「生理心理学派」

有名な「泣くから悲しい」とする感情の末梢説を提唱したジェームズは，感情を心理学的に研究した最初の研究者であろう。ジェームズの説は同時期に感情体験における心臓血管系や内臓系の重要性を強調したランゲの説とともにジェームズ-ランゲ説（1.4.4）とよばれる。この説は，神経学派のキャノンによって否定され，一時期衰微したが，シャクターとシンガー（1962）の**2要因理論**（two factor theory）または**帰着理論**（attribution theory），トムキンス（1962；1963）のフェイシャル・フィードバック仮説（facial feedback hypothesis）（**BOX1.6**）の提唱以来再考され，新ダーウィン主義と合体してさまざまな学説を生み，現在の心理学的感情理論の中心的存在になっている（イザードの分化情動理論，エクマンの神経文化論，ザイアンスの感情血流理論，アーノルド（Arnold, 1945）の**感情の力動説**，ラザラス（1966）の**感情の対処説**など）。

この立場の感情理論は，基本的な感情（基本感情）があることを想定する。感情は生体の生存にとって必要であるため進化の過程を経て残ってきた。したがってマクドゥガル（McDougall, W., 1926）の本能論にみられるごとく，各本能には各基本感情が存在し，各基本感情にはそれぞれ独特の生理的反応，表情，表出があると考える。このような立場に対し，さまざまな立場からの論争，批判がなされている。まず第1の論争点は，エクマンとラッセル（Russell, J.A.）の表情認識の普遍性が存在するかどうかに関する論争である。もう一つは，社会構成主義の立場からの感情の生理学的要素と認知に関する批判である（1.6参照）。

BOX1.6　トムキンスのフェイシャル・フィードバック仮説

　表情と感情経験そして生理反応との関係をフィードバックの立場から系統的に説明を行ったのがトムキンスの**フェイシャル・フィードバック仮説**である。彼は「感情は顔面部位にある筋肉と腺の生得的な反応パターンの感覚フィードバックの結果として生じる」という仮説を立てた。彼が顔に注目したのは顔が身体の中でも非常に高い密度で受容器と効果器が備わっている部位であり，他の部位に比べ，非常に速く表情筋の反応が生じるためである。彼は特定の表情筋の組合せによる表情パターンは，即座に脳にフィードバックされ，それに応じた感情を喚起すると考えた。

　フェイシャル・フィードバックに関する実証的研究の結果は混沌としている。一般的には快—不快，喜び—悲しみなどの刺激を被験者に呈示する際に，被験者の表情を抑制させたり，誇張させたりして生理的状態や主観的状態が変容するかどうかで調べる。ランゼッタら（Lanzetta et al., 1976）は被験者に電気ショックを与え，皮膚電気伝導水準（SCL）と主観的な痛みを測定したところ，表情を抑制するとSCLと主観的な痛みが低下し，表情を誇張するとSCLと主観的な痛みが上昇したことを報告している。しかしながらトゥランジュとエルスワース（Tourangeu & Ellsworth, 1979）は被験者に恐れ，悲しみの表情，片目を閉じて頬を膨らませ，口をすぼめる中性の表情を2分間維持する条件と，自然に表情を表す条件で刺激の映画を見せ，心拍と皮膚電位反応，主観的状態を測定した。その結果，映画の内容と被験者の感情経験，生理的状態には強い関連が生じたが，操作された表情の種類との関係は見出されなかった。

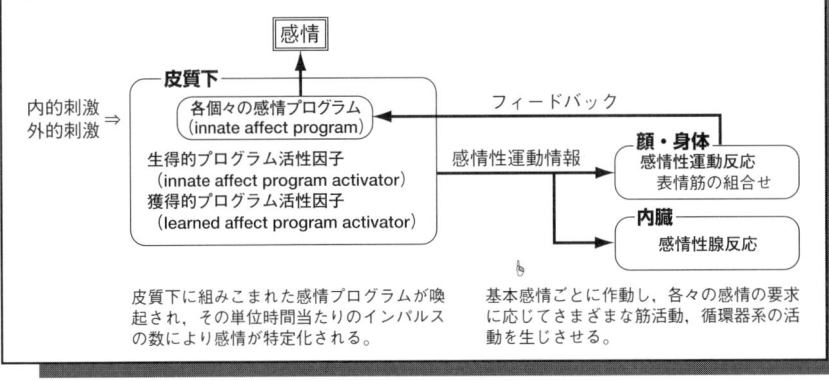

1.5.3 キャノンを開祖とする「神経学派」

キャノン（1927）は，感情は感覚受容器からの情報にもとづき，新皮質からの視床に加えられていた抑制の解放現象であるとする視床説（この当時，視床下部という概念がなく，現在の解剖学的分類では視床下部に相当）を唱えた。この説は感情体験を生じる場所は視床下部であるとする彼の弟子のバード（Bard, 1928）の説とともにキャノン-バード説とよばれる。その後，身体的反応は視床下部が司るが，感情の体験は大脳辺縁系（以下，辺縁系），とくに帯状回が重要な役割を果たすとするパーペッツ説（Papez, 1937，図1.13），感情における爬虫類的脳（脳幹，中脳，大脳基底核（R complex））の役割を強調したマクリーンの**三位一体説**（MacLean, 1968；1990）などに継承された。しかしこの立場の研究は，心理学的観点よりも生理学的な神経回路網の研究や脳の生理学などの神経組織の解明に重点が移ってしまった感がある。

最近，ルドゥ（LeDoux, 1987）は，**感情の2経路説**（dual pathway theory，図1.14）を提唱した。ルドゥによれば感情の処理経路には扁桃体を中心とする辺縁系を経由する経路と，新皮質を経由し**扁桃体**に収斂する2つの経路がある。前者は感情喚起刺激に対し，大雑把ではあるが迅速に応じる自動的な感情的計算処理回路であり，後者は複雑な評価の過程を経て行われる高次な認知的計算処理回路である（遠藤，1996）。感情的な意味をもつ可能性のある感覚器からの情報は，刺激に対する高次の認知的処理が行われる前に辺縁系のレベルで反射的に処理が行われることがありうる可能性をルドゥは指摘している。通常はこの経路に対し，新皮質を経由した高次認知評価を経た入力が加えられ，感情表出が調節される。しかし刺激が強烈であったり急激であると辺縁系の経路から強力な表出が命令されてしまい，新皮質からの調節はもはや行われなくなる。これが情動行動の暴発であり，情動行動が適切性を欠くことが多いのはこの調整が難しいためである。なお，ルドゥの2経路説はザイアンスとラザラスの立場の違いをうまく説明している。

1.5.4 アーノルドを開祖とする「認知学派」

認知的アプローチは，感情はその環境をヒトがどのように評価するかによっ

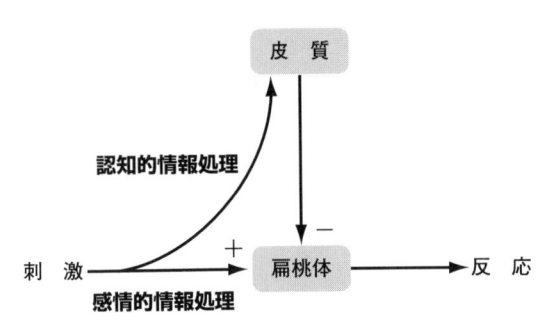

図 1.14　ルドゥの2経路説を単純化した図

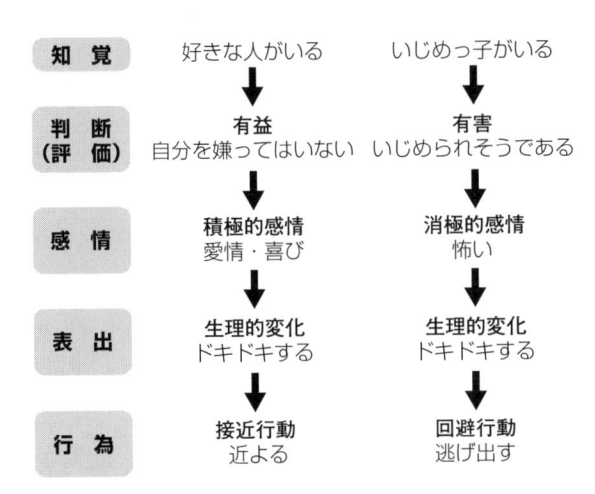

図 1.15　感情の連鎖（Arnold, 1960）
例は筆者による。

て引き起こされると考える。この認知と感情の関係の研究はアーノルドの研究を先駆けとして始まったが，現在の感情研究におけるもっともホットな分野である。

アーノルド（1960）はダーウィンの説もジェームズの説も感情の喚起過程に関する十分な説明がなされていないことを指摘し，感情は刺激の知覚—評価（有益か，有害か）—感情（肯定的感情，否定的感情）の過程を経て喚起されるとし，評価の重要性を強調した（**図 1.15**）。彼女はまた，個人の過去の経験と目標が状況を評価する際の重要な側面であると考え，それぞれの評価にもとづいて生じた感情はそれと関連した独特の身体反応を生じ，行動を引き起こす動機づけとしての機能をもつと主張した。感情の認知的理論の多くは，特定の感情は特定の評価パターンにもとづいて生じることを想定している。

アーノルドの考えを発展させたものがラザラス（1991）の**認知—動機づけ関係理論**（cognitive-motivational-rerational theory）である。ラザラスは感情を「生体が知覚した環境に対する反応」であるととらえ，「ある状況に対してくだした有益か，有害かという評価にもとづき，その状況に『対処』するために生体を準備し，起動させるもの」と考える。このような意味で感情は動機づけ的であり関係的であると主張する。認知論学派の伝統的な研究はオートレイとジョンソン-レアード（Oatley & Johnson-Laird, 1987）のコミュニケーション理論，ローゼマン（Roseman, 1984）の認知構造理論に受け継がれているが，他方では「人間の感情を理解するためには社会的文脈の中で考えることが絶対である」と考えるエイブリル（Averill, 1980）らの社会構成主義の研究を導いた。

1.5.5 フロイトを開祖とする「力動学派」

幼児期の母親，父親との愛憎体験がその人の人格の形成に関係し，またそれを歪め，後々の経験ではその人格の歪みを修正できないことを指摘し，ヒステリーなどの神経症が強い感情的な体験に起因することを主張した。人間の感情的混乱や，人間関係のこじれからくる感情的障害に取り組み，一定の成果をあげている。

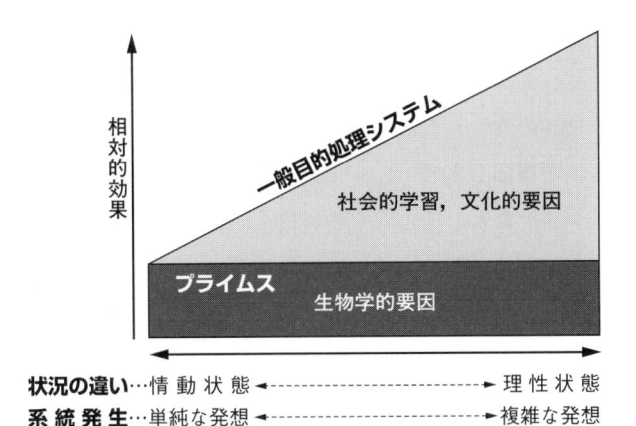

図 1.16 バックの感情のグローバル理論

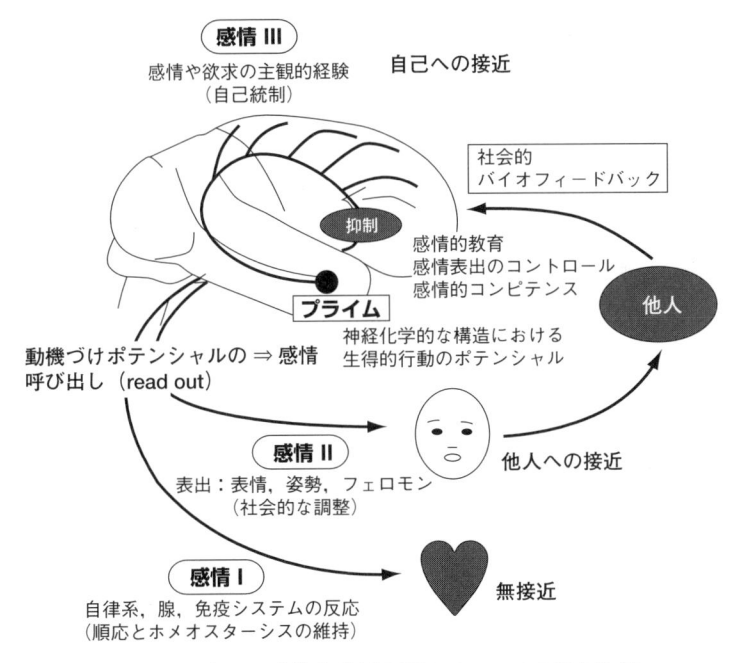

図 1.17 バックの感情呼び出しモデル（Buck, 2000を改変）

1.5.6 バックの感情のグローバル理論——感情の呼び出しモデル

バック（Buck, 1985）は，多くの生物学的知見を包括した感情のグローバル理論を提唱している。彼は「動機づけと感情は表裏一体のものであり，感情は個体の維持，種族の維持を目的とする脳の動機づけシステムの状態に関する一種の状況報告，**呼び出し動作**（read out）である」と主張する。彼は，行動のコントロールシステムとして，特定の目的を処理し，生物学的，系統発生的で，特定の神経化学的構造と関係する一次的動機づけ－感情システムであるプライムス（Primes；primary motivation-emotion system）と一般の目的処理システムがあり，プライムスがあがるにともない一般目的処理システムの比重が増加すると考える。このプライムスは，生得的で柔軟性のない反射，固定的な行動パターンを示す本能，主観的に経験された感情により生体に知らされた身体的欲求である動因，身体的状態を知らせ，行動を引き起こす感情，刺激を探索し，環境を操作することを目的とした動機づけであり，認知的発達の基礎となる効果性の動機といった段階をもっており，個人の発達レベルでは幼児から大人，下等動物から高等動物，皮質下から新皮質での処理が必要となる機能，観念的なものから論理的なものというように段階をもって配列されると考える（図1.16）。

1.6 基本感情説と次元説

1.6.1 基本感情

感情には**基本感情**が存在するという考え方は，基本的にダーウィンの進化論の考えにもとづいている。つまり，各感情は人間が生存していくうえで必要であるため，進化の過程を経て残ってきたものであるとする考え方である。この考えをさらに進めると，感情は普遍的なものであり，その感情により生じる表出およびその解読は各民族，各文化に共通の要素をもつと考えられる。たとえば，本能学者であるマクドゥガル（McDougall, 1926）は「各本能には各基本感情の存在が仮定され，ある感情が引き起こす身体変化は，その本能行動を遂行するために効果のあるような表出がなされる」と主張した。このように，基

BOX1.7 基本感情の基準

エクマン（1992）によれば以下の9つすべての基準が，基本感情と他の類似した感情を区別する基準になる。エクマンはこの基準にもとづき，基本感情として喜び，驚き，怒り，恐れ，嫌悪，悲しみのいわゆるビッグ6をあげている。

① 表情や発声など明らかに他と区別できる独特の「表出シグナル」を備え，それが社会的文化の違いによらず普遍的に観察されること。
② 霊長類をはじめとする他の動物にも類似した表出が観察されること。
③ 他の感情と明確に区別できる特異的な生理反応パターンを備えていること。
④ 感情を引き起こす事象に対する反応パターンにある程度の共通性，普遍性がみられること。
⑤ 生理的な反応パターンや表出の反応パターンなどの反応システム間に一貫した相関関係があること。
⑥ 刺激に対し急速に，生体が意識する前に生じること。
⑦ 通常はきわめて短時間（数秒以内）に終結すること。
⑧ 自動化された無意識的な評価のメカニズムに結びついて発動されること。
⑨ あくまでも無意識的に，自発的に生じるものであること。

表1.6　各研究者により提唱された基本感情

		数	喜び	愛	予期	興味	恐れ	不安	驚き	嫌悪	軽蔑	怒り	憎しみ	悲しみ	苦悩	羞恥	その他
Descartes	1650	4		愛					驚き				憎しみ	悲しみ			
James	1884	4		愛			恐れ					逆鱗		悲嘆			
McDougall	1926	7		慈愛			恐れ		驚嘆	嫌悪		怒り					服従, 高揚
Watson	1930	3		愛			恐れ					怒り					
Woodworth	1938	(6)	(喜び) 喜び	陽気			恐れ 苦しみ		驚き	嫌悪	軽蔑	怒り 決断		(苦しみ)			
Arnold	1960	11		愛			恐れ			嫌悪♯		怒り	憎しみ	悲しみ			希望, 絶望 勇気, 拒否 欲望
Mowrer	1960	2	快楽												苦痛		
Izard	1971	10	楽しみ			興味	恐れ		驚き	嫌悪	軽蔑	怒り			苦悩	羞恥	罪
Plutchik	1980	8	喜び		受容 予期		恐れ		驚き	嫌悪		怒り		悲しみ			
Ekman	1982	6	喜び				恐れ		驚き	嫌悪	(軽蔑)	怒り		悲しみ			
Gray	1982	4	喜び				恐怖	不安				逆鱗					
Panksepp	1982	4			予期		恐れ					逆鱗					パニック
Weiner	1984	2	幸福											悲しみ			
Tomkins	1984	9	楽しみ		予期	興味	恐れ		驚き	嫌悪		怒り			苦悩	羞恥	
Shaver et al.	1987	6	喜び	愛			恐れ		驚き			怒り		悲しみ			
Johnson-Laird & Oatley	1989	4	幸福					不安		嫌悪		怒り					

快楽：pleasure　　恐れ：fear　　驚き：surprise　　愛：love
楽しみ：enjoyment　　恐怖：terror　　驚き：wonder　　慈愛：tender-emotion
喜び：joy　　陽気：mirth　　嫌悪：disgust　　受容：acceptance
幸福：hapiness　　決断：determination　　嫌悪♯：aversion

本感情を想定することは各感情に応じた特有の身体徴候をともなうと考える。また，デカルト（Descartes）をはじめ，多くの研究者は，「本質的な感情として基本感情があり，それが結合したり，混合することで違った感情が生起する」と考えており，現代感情研究の主流的立場となっている。

福井（1990）は基本感情の基準としてイザードの考えを紹介している。すなわちイザードは，①生得的な神経回路の独自のパターン，②表情および感情表出のための神経・筋肉パターン，③主観的もしくは現象学的に識別可能な特徴があることの3つをあげ，基本的な感情は，社会的・文化的な違いにより，表出され，意識される強度などに違いはあるが，その普遍的な共通性は経験的に確認できると主張した。また同時にイザードは，基本感情は①ある特定の身体反応や対処行動と対応しないで，有機体の全体反応を引き起こし，基本感情が純粋に1つだけ生じることは少なく，他の基本感情と結合して別の感情パターンを作ってしまうこと，②1つの感情の出現時間が非常に短く，次から次へと違った感情が連続して生じるため，実験的な研究が困難であること，③基本感情は同じであっても文化差や性差によって表出の違いが生じること，など基本感情を単独で研究することの困難性を指摘している。

表1.6は代表的な基本感情を示したものである。基本感情は各研究者によってさまざまであり，一貫性はないが，喜び，恐れ，驚き，嫌悪，怒り，悲しみの6感情は比較的よく取り上げられている。なお昔の研究者たちが愛をあげていたのに対し，最近では幸福，喜びなどに変化している。また憎しみ，不安，羞恥を基本感情とする研究者が少ないのも特筆すべきであろう。

1.6.2 代表的な基本感情説

1. プルチックの感情の立体構造モデル——心理進化説

アインシュタイン医科大学の臨床心理学者であるプルチック（Plutchik, 1980）は，「感情は進化という観点から考えるべきであり，現存する種のもつほとんどすべての特性は，生存していくうえで何らかの価値をもっている。もし価値のない特性があったとすればそれは自然淘汰されていく」とする進化論にもとづいた考えをもとに，マンセルの色彩立体，精神分析学を取り入れ，**心理進化**

1.6 基本感情説と次元説

刺激事象

推定された認知

感情
強度：強（8.5＜評価）

強度：中（7＜評価＜8.5）
基本感情（太字）

強度：弱（4＜評価＜7）

行　動

機能・効果

図 1.18　プルチックの心理進化説
（Plutchik, 1980）

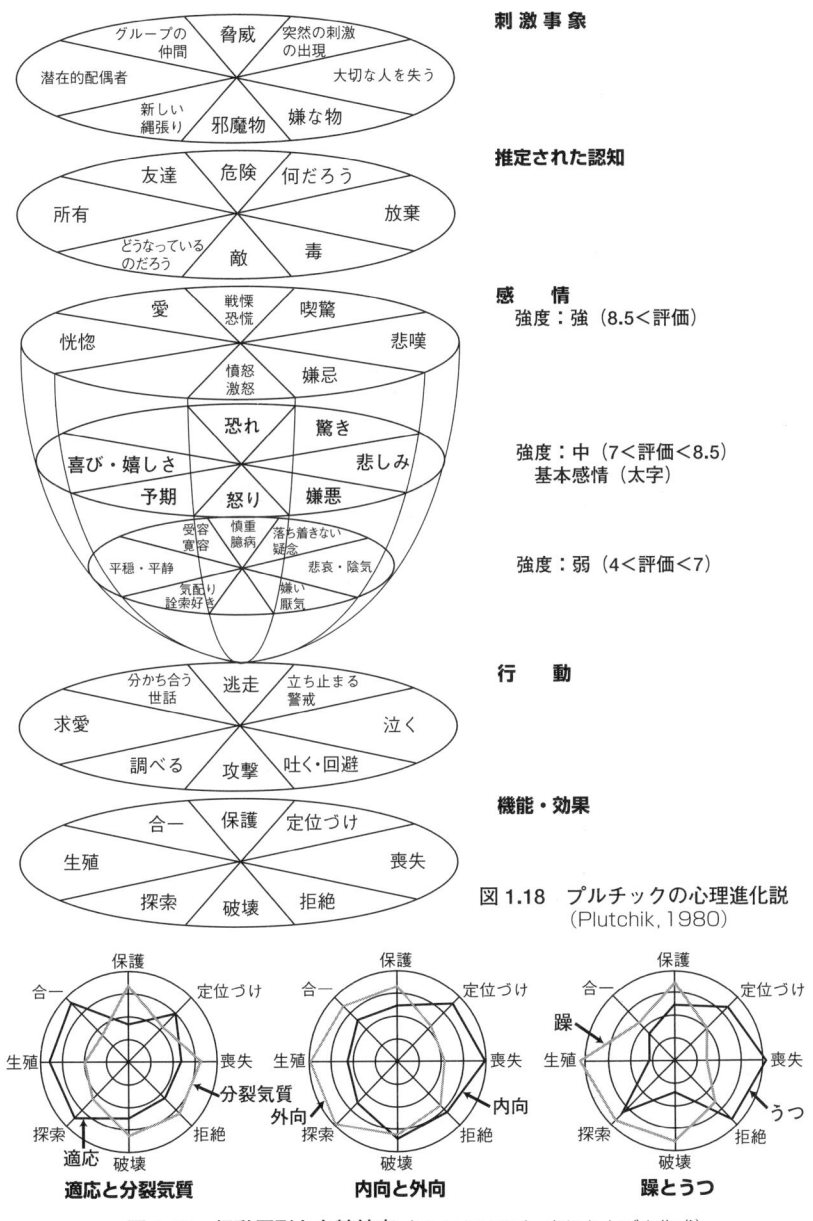

適応と分裂気質　　内向と外向　　躁とうつ

図 1.19　行動原形と各精神病（Plutchikのデータにもとづき作成）

説を提唱した。この説は基本感情説の代表的なものである。彼は，感情は進化段階における順応行動であり，動物にとって感情反応は生命維持，種族保存に必要な基本的・原型的行動パターンであると考える。このため，感情はすべての動物（細菌や微生物をも含む）に存在し，表情，生理反応といった全身的反応として表出される。このように動物の感情も生存していくうえで何らかの意味をもっており，感情がどのように適応的な機能を果たしているかを明らかにしていくことが感情の基本を理解するうえで有効であり，そのためには感情の研究は内観による研究法だけでなく，生理的な指標と対にして感情反応をみるべきであると主張した。

プルチックは，「ヒトの行動には8種類の**行動の原型**（prototype）があり，それに対応する純粋感情（基本感情）がある。これらの基本的行動原型は2つずつの対になって両極を形成し，純粋感情は色相が円環に配置されるように**円環**（circumplex）**構造**をもち，類似した感情は隣接した位置に布置される」と考えた。また赤色と黄色が混じると緑色になる混色現象のように感情にも**混合感情**があり（**図1.20**），両者の中間的な感情が形成され，われわれが日常よく経験するものは混合感情であるとした。なお両極に位置する基本感情は補色の関係にあり，もし両感情が時間的に接近して存在する場合はコンフリクトの状態になる。また，色彩立体の彩度の違いのように感情にも強度の違いがあることをあげている。**図1.18**に示したようにプルチックの立体構造モデルは刺激事象とその認知，それにもとづく感情の生起と行動の生起，および行動の結果としての機能あるいは効果という一連の過程から成り立つ。プルチックは「感情はこのように複雑な諸反応の連鎖全体にかかわるものであり，個体の生命の危機のような場合の問題に対処するときにこの連鎖が働く」と考えた（**図1.18**）。

2. エクマンの神経文化説（neural culture theory）

新ダーウィン派の感情研究の代表としてはエクマンとイザードがあげられる。トムキンスの兄弟弟子である彼らは，結果として違う理論を構築したが，エクマンもイザードもともにダーウィンと同様，異文化間で感情が普遍的であることを証明することに精力を注いできた。

エクマン（1972）は進化論の立場に立ち，感情は生活体が生存するうえで，

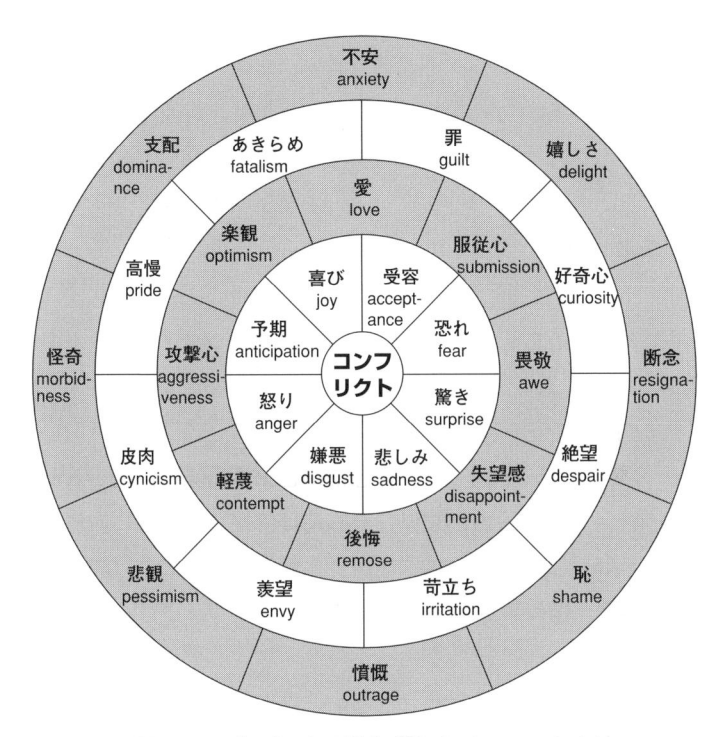

1.6 基本感情説と次元説

図 1.20 プルチックの混合感情 (福井, 1990を改変)

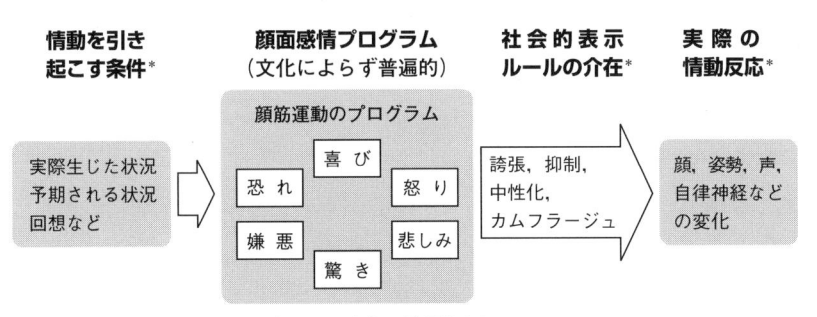

図 1.21 エクマンの神経文化説 (Ekman, 1972)

*は部分的に文化に特異的なもの。

必要に応じて適応価の高いものが進化し、遺伝的に組みこまれてきたものであると仮定した（**図1.21**）。また彼はジェームズ主義の立場から、感情には少なくとも6つの基本感情があり、それぞれ特定の刺激事象で起こり、個別の表情と生理的反応のパターンが生じると主張し、「今や普遍性の証拠は否定できないものとなった」とまで述べている。彼は基本感情として恐れ（fear）、驚き（surprise）、怒り（anger）、嫌悪（disgust）、悲しみ（sad）、喜び（happy）をあげたが、最近、嫌悪の代わりに軽蔑（contempt）をあげている。エクマンとその共同研究者たちは、基本感情にはその感情特有の表情が存在するという立場から、各感情に特有の表情の動きを、44の**アクション・ユニット**で符号化するためのシステムであるFACS（Facial Action Coding System）を開発した（Ekman & Friesen, 1978）。そしてFACSにもとづき各アクションユニットを動かす訓練を行った表出者に各感情を表出させた写真集（*Pictures of Facial Affects*, Ekman & Friesen, 1976）を作製した。エクマンらはこの写真を使い、さまざまな民族に呈示し、その普遍性が得られたと主張した（**表1.7**）。

3. イザードの分化情動理論

イザード（1971）は、文化の違い、性の違いによってさまざまに表出される感情の違いは見かけ上のものであり、感情には普遍的な共通性があり、経験的に確認できる基本感情が存在するという立場を主張している。彼はプルチックと同様、感情は人類の進化の過程において重要な位置を占めていたために存在しているものであるとする進化論の立場をとり、「生誕時にすでに基本感情は存在していて、それが成長にともない顕在化してくる」と考えた。イザードは基本感情を10に分類したが、その分類にはダーウィンの影響が強くみられる。

4. 基本感情説に対する疑問

基本感情説に対する疑問は遠藤（1996）がその著書の中で的確に指摘している。ここでは遠藤氏の指摘を参考に若干の意見を追加したい。

基本感情説では、感情は生活体が生存するうえで必要に応じて進化し、獲得され、遺伝的に組みこまれたものであり、基本感情が存在することを前提としている。しかしながら**BOX1.7**で示したように、研究者によって2〜10の基本感情があげられており、その内容は一致していない。もし感情がダーウィン学

表1.7 強制選択法による各文化圏における表情の解読
(Ekman et al., 1987)

国名あるいは地域	幸福	驚き	悲しみ	恐れ	嫌悪	怒り
エストニア	90	94	86	91	71	67
ドイツ	93	87	83	86	61	71
ギリシャ	93	91	80	74	77	77
香港	92	91	91	84	65	73
イタリア	97	92	81	82	89	72
日本	90	94	87	65	60	67
スコットランド	98	88	86	86	79	84
スマトラ	69	78	91	70	70	70
トルコ	87	90	76	76	74	79
アメリカ	95	92	92	84	86	81

表1.8 自由回答法による各文化圏における表情の解読
(Fridlund, 1994)

文化あるいは地域	悲しみa	恐れ	嫌悪b	怒り
西洋社会				
アメリカ人c	60.1	59.6	49.0	66.4
ギリシャ人c	49.6	70.8	48.7	47.1
イギリス人c	63.5	58.9	46.4	56.6
フランス人c	59.3	62.3	46.8	53.7
カナダ人d	70	62	66	78
ギリシャ人d	75	87	68	63
中央値	61.8	62.2	48.9	59.8
非西洋社会				
日本人d	80	14	56	48
孤立した非西洋社会				
フォア族e	negl	30	negl	49
バヒネモ族e	negl	negl	negl	?

a：イザードの結果は苦悩（distress）。
b：イザードのデータは嫌悪と軽蔑をたしたもの。
c：イザード（1971）より。
d：ラッセル・鈴木・石田（1993）より。
e：ソレンソン（1976）より。
negl：報告なしかごくわずか。

派の主張するように進化の過程において必要に応じて獲得されてきたものであるなら，なぜこのように一致しない結果になるのか。さまざまな研究者が主張する基本感情というのは，さまざまな側面をもつ感情をそれぞれの立場から切り取ったものにすぎない。それゆえ，それが種々の民族，ひいてはプルチックのいうように全生物に共通の普遍性をもつという指摘には無理がある。基本感情説の大きな根拠となっているのは，表出された感情や表情の解読の正当率が各民族において高いことである。ところがこれらの実験の多くはさまざまな感情，表情表出を6～10感情カテゴリーに還元して評価を求める強制選択法によるものである。この方法だと選択肢が少なく，必然的に正当率が高くなる。なお，強制選択法を用いたとしても**表1.7**に示すように表情によっては必ずしも正当率が高くない表情がある。とくに悲しみ，恐れに対する評価はアメリカ以外では50～60％にすぎない。この原因をエクマンらは**表示規則**（display rules）という概念を用いて説明している。表示規則というのは文化，社会，道徳観などが感情の表出や判断に影響するという構成概念である（**BOX1.3**参照）。この基本感情の普遍性の問題に対してラッセル（Russell, J.A.）が疑義を提出し，現在両者の間で激しい論争が行われている。**表1.8**はエクマンやその共同研究者であるマツモト（Matsumoto, D.）がFACSにもとづき作成したPictures of Facial AffectsやJACFEEに収録されている表情写真に対し自由回答法を用いて行った表情の解読実験の結果である（Fridlund, 1994）。自由回答ではきわめて正当率が低く，この結果からは各表情が各民族に普遍的であるとはいい難い。

感情の普遍性の問題に関してはその他の例からも疑問が提出されている。たとえば，南洋のある島には鳥の鳴き声で感情を表現する民族（カルリ族）がいる。これは明らかに感情の伝達であるが，はたして汎文化的なものであろうか。エクマンは認識と表出において異文化間で共通な普遍的な感情の側面に「感情」を限定している。しかしカルリ族の感情表出は特殊だが明らかに感情表出を示すものであるが，これが汎民族的な感情表出とは考えられない。

これに加え，遠藤（1996）は，基本感情の「基本性」についての疑問を指摘している。つまり，多くの研究者が「怒り」と「苦痛（distress）」を同等に扱っ

BOX1.8　フライダの活動傾向理論

進化論にもとづく感情理論の一つにフライダ（Frijda, 1986）の「**活動傾向**」の理論がある。フライダは嫌悪での皺眉筋の収縮，恐れにともなう心拍数の増加といった感情と結びついた活動傾向，あるいは反応の準備状態は，進化の過程で種にとって重要であった出来事に対する適応反応として形成されたものであると論じた。**表1.9**にフライダによる10の活動傾向のリストを示した。フライダによると，さまざまな情動と結びついた活動傾向は人の環境における出来事の認識あるいは評価と密接に関連している。特定の種類の環境に対する反応の準備は，人が環境について下す判断にもとづいて生じる。

表1.9　活動傾向とその機能および感情の関係（Frijda, 1986）

活動傾向 (action tendency)	機　能 (function)	感　情 (emotion)
接　近 (approach)	完了行動を可能にする (permits consummatory behavior)	欲　望 (desire)
回　避 (avoidance)	防　御 (protection)	恐　怖 (fear)
共　存 (being-with)	完了活動を可能にする (permits consummatory activity)	楽しみ，信頼 (enjoyment, confidence)
注　目 (attending)	刺激に対する方向づけ (orientation to stimuli)	興　味 (interest)
拒　絶 (rejecting)	防　御 (protection)	嫌　悪 (disgust)
関心を払わない (nonattending)	選　択 (selection)	無関心 (indifference)
好戦的（攻撃／脅迫） (agonistic：attack/threat)	奪　還 (regaining control)	怒　り (anger)
妨　害 (interrupting)	再適応 (reorientation)	衝撃，驚き (shock, surprise)
支　配 (dominating)	一般的制御 (generalized control)	傲　慢 (arrogance)
服　従 (submitting)	2次的制御 (secondary control)	卑　下 (humility)

ているが,「苦痛」をともなわない「怒り」はあるのか,またその場合,「苦痛」は「怒り」よりも基本的ではないのか。また「フラストレーション」を基本感情とする研究者は少ないが,それを引き起こす条件は「怒り」を引き起こす条件の中に必ず含まれている。そのときなぜ「怒り」が基本感情で「フラストレーションが」基本感情ではないのか。またエクマンは他の生物種との連続性を基本感情の基準の一つとしているが,より多くの種に共通の感情ほど基本感情といえるのか。これらの例を指摘し遠藤は基本感情に対する疑念を提出している。

　分類説では,各感情はそれぞれ特定の刺激事象で起こり,その基本感情にともなう特有の表情と生理的な反応パターンがあることを主張している。この根拠は,ジェームズの理論からもたらされるものと考えられる。しかしながら,プルチックは多くの感情は基本感情としては生じず,混合感情として生じることが多いと主張する。もし分類説が正しいなら,混合感情にも特定の表情が生じ,特定の生理反応が生じることになるが,カチオッポら（Cacioppo et al, 1993）も指摘するように,これまでの心理的事象と生理的事象の関係でそのような明確な対応関係はみられていない。

　感情という問題を扱う場合,1個の全体としての取扱いではなく,また身体的様相,言語的表現,音声など個々の感情と関連づけるのではなく,全体としてみていくアプローチが必要と考える。また,この分類説の考えには時系列的変化の重要性が欠けている。感情を考える場合,その感情の起こった状況,文脈が重要な意味をもつ。われわれは,文脈を通じて,相手の感情の変化を知っているのであって,一表情（多くの場合は 最大表出された）をとらえて相手の感情を認知しているのではない。

1.6.3　代表的な感情の次元説

1. 次元説の起源

　次元説の立場では,感情は離散的に特定できるものではなく,次元上の1つのベクトルとして表されると考える。古くは感情の三方向説を唱えたヴント（Wundt, W., 1.4.1参照）や三情動説を唱えたワトソン（Watson, J. B.）にその起源をもつと考えられる。たとえば,今ここに1つの花瓶が置かれている。

BOX1.9 行動理論的情動論（ワトソンの説）

ワトソン（Watson, J. B.）は行動主義の創始者であるが，彼は**条件性情動反応**（conditioned emotional response）という説を提唱した。彼はレイナー（Rayner, R.）とともにこの仮説を検証するため，アルバート坊やを対象に後に広く知られることとなった実験を行った（Watson & Rayner, 1920）。

9カ月児のアルバートは，はじめ白ネズミをそばに置かれても少しも怖がらず白ネズミの体をさわったりしていた。11カ月齢になったアルバートが白ネズミと遊んでいる最中に，背後から鉄棒を金づちで叩いて大きな音をたてることを数回繰り返すと，彼は大きな音をきくと同時に白ネズミから遠ざかり，ついには泣き出すようになった。ワトソンはさらに白ウサギを用いて同様の実験を行ったが同じ結果を得た。すなわち，この実験は，恐怖の感情は条件づけられ，しかも般化することを示したのである。

ワトソンは「*Psychological Review*」（1913）で，心理学の対象は行動であり，その理論的目標は行動の予測と制御であると主張した。彼のこの考え方は心理学を哲学から袂をわかって実験科学として打ちたてたヴントの流れに沿うものといえよう。ワトソンの「行動主義者から見た心理学」（Watson, 1930：安田訳，1968）では彼の見解が的確に述べられている。当初はあまりに急進的すぎて，多くの心理学者から敬遠されたが，当時有力であった精神分析学に対し客観的でないという批判が強まる中でしだいに受容されるようになった。

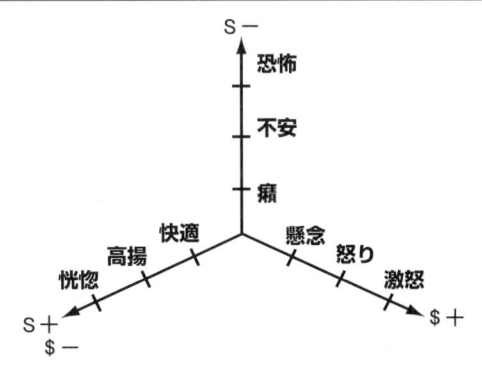

図1.22 ミレンソン（1967）の感情強度の3次元モデル

花瓶にはさまざまな模様が施されている。この花瓶をある一方向から見たときと他方向から見たときとは見え方が違う。しかし花瓶は1つであり，見え方が変わったからといって同じ花瓶に違いがない。この花瓶のように同じ感情も見る角度，すなわち文脈や状況が違えばその感情のとらえ方が変わり，ある場合にはまったく違った感情に感じられることがある。このように，たとえば「怒り」という感情には特定の決まったパターンがあるのではなく，単にあるベクトルの方向と大きさをもつ状態を「怒り」とラベリングしただけであり，状況，文脈によっては「恐れ」などの違った感情と認識されうるとする考え方が**次元説**（dimensional theory）である。

　行動主義の創設者であるワトソンは出生時にすでに恐怖（fear），怒り（rage），愛（love）という3つの感情があると主張する。ワトソンは感情刺激は生体を一時的にカオスの状態にさせるが，本能的反応はカオス的にはならないとして感情反応と本能的な反応を区別した。ワトソンの基本的に3つの感情反応があるとするこの考えは分類説にも受け継がれ，基本感情という概念として現在にも影響を与えている。実際には，ワトソンは言葉の混乱を避けるために3つの感情をX，Y，Zとラベリングするべきであると主張した（Strongman, 1995）。彼によれば，X反応（恐怖）は幼児から突然支えを取り去ったり，大きな音を与えたり，幼児が寝入ったときや目覚めたときに突然刺激を与えたりすることが原因となる。このとき幼児は大きな呼吸，しがみつき，目を閉じる，口をすぼめる，泣き叫ぶなどの恐怖反応を生じる。Y反応（怒り）は幼児の運動を妨害することに起因し，絶叫や泣き叫び，身体の硬直，手足をばたばたさせる，息を止めるなどの反応を生じる。Z反応（愛）は，身体の性感帯への優しい刺激で生じ，微笑，喉をクックッと鳴らす，気持ちのよい声を出すなどの反応が生じる。ワトソンはこの3つの根源的感情は生得的に存在するものであり，この根源感情がもとになり恐怖条件づけの例のようにさまざまな感情が条件づけられて獲得されていくと考えた。

　ミレンソン（Millenson, 1967）はワトソンのX，Y，Z反応を**条件性情動反応**（conditioned emotional response；CER）の文脈の中に位置づけた。たとえば有害な無条件刺激をもたらす（S−）条件刺激（CS）はポジティブなオペラ

1.6 基本感情説と次元説

BOX1.10　新行動主義の情動説

　1930年代に入ると，ワトソンの**行動主義**はS-R図式から，有機体（O）をその中間に入れたS-O-R図式へと修正され，さらに，強化説が発展した。ここでは，**新行動主義**の理論化を進めてきた人々の中で，とくに情緒理論に関連のある研究者の説について簡単に紹介する。

　トールマン（Tolman, 1923）は，情緒は反応と刺激の相互関係によって喚起するもので動因的性格をもつと力説した。たとえば，怒りの場合は，ほとんどの反応は刺激を克服すること，あるいは破壊することのための動因として働くというのである。

　スキナー（Skinner, 1990：浜・松山監訳, 1998）は，最晩年の論文で「感情の科学のアウトライン」と題して強化の随伴性の理論にもとづきながら，感情・情緒（情動）が環境，個人史，文化の中で形成されていく過程を環境（刺激）と反応との関係で論じている。

　また，ミラー（Miller, 1969）は，自律反応と情動の問題を主にラットを用いた実験的研究で実証している（Miller, 1969；松山・浜, 1974）。ミラーの獲得性不安に関する研究は有名であるが，ミラーの偉大な功績は，内臓・腺反応は道具的に学習されるという新しい理論を提唱し，シュウォルツ（Schwartz, 1972），シャピロ（Shapiro et al., 1968；1972）のバイオフィードバックの展開を促進したことである。さらにミラーは，彼の長年にわたる恐れと不安の実験心理学的研究から得た知見にもとづいて医学的心理学を発展させている。彼は病気という行動はストレス状況からの逃避によって強化されるかもしれないと論じ（Dollard & Miller, 1950）。そして病気によって生じるストレスの克服（対処）についても考察している。彼のこの研究成果は，同志社大学新島基金による招待講演で発表され出版された（1988）。

ント行動を抑制する不安（anxiety）で代表される感情の次元である懸念（apprehension），恐怖（terror）をもたらし，有益な無条件刺激をもたらす（$-）CS，あるいは有害な無条件刺激を取り除く（S+）CSはオペラント行動を強める高揚（elation）に関係する次元である楽しみ（pleasure）や恍惚（ecstacy）をもたらす。そしてS+を取り除くことを導くCSはオペラント行動を強めたり攻撃行動の頻度を増加させる次元である癪（annoyance），怒り（anger）そして激怒（rage）をもたらすと主張した（図1.22）。たとえばクッキーを盗んだ子どもを例にとると，クッキーは食べるというS+にとってのCSであり，叱られるというS−のCSでもありうる。ミレンソンの言葉を借りれば，この2つの感情の組合せは罪（guilt）である。ミレンソンは3次元説を唱えるにあたって2つの仮説を用いた。一つは楽しみ（joy）と恍惚（ecstacy）のようにある感情は他の感情の強度だけが弱くなったものであるというものであり，もう一つはある感情（不安，怒り，高揚）は基本的な感情であり，他の感情は基本的な感情の混合されたものであるというものであった。この考えにはベクトルの考えが導入されており，3つの基本的感情がベクトルとして表され，他の感情は強化刺激の強さの違いに依存する。なお，彼は感情の強さが弱くなれば，行動上の区別はつかなくなることも指摘している。

2. シュロスバーグの円錐モデル

ウッドワース（Woodworth, R.S.）は表情は6つのカテゴリー（①愛（love），陽気（mirth），幸福（happiness），②驚き（surprise），③恐れ（fear），苦しみ（suffering），④怒り（anger），決断（determination），⑤嫌悪（disgust），⑥軽蔑（contempt））に分類できると主張した。彼の門下生であったシュロスバーグ（Schlosberg, H.）は，経験者に俳優が作った72枚の表情写真をこの6つのカテゴリーに分類させる課題の実験を行った。彼の実験の独特な点は，同じ分類作業を被験者に3回ずつ行わせたことにある。その結果，同じ表情に対する分類が必ずしも同一カテゴリーになされるわけではなく，そこにはある一定の規則性があることを見出した。たとえば，軽蔑に分類されたものは嫌悪か愛に分類されることが多く，恐れや苦しみ，怒りに分類されることはなかった。この結果から，彼は，この6つのカテゴリーは並列的なものではなく，軽蔑と

1.6 基本感情説と次元説

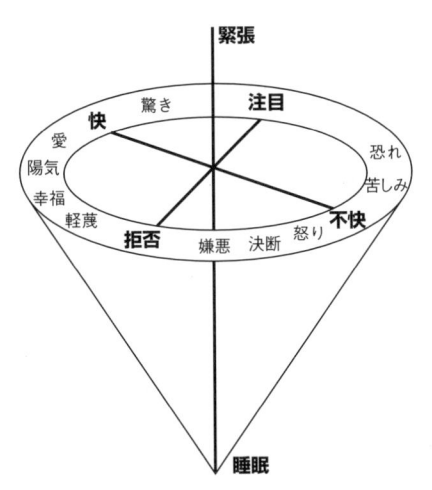

図 1.23 シュロスバーグの円錐モデル (Schlosberg, 1954)

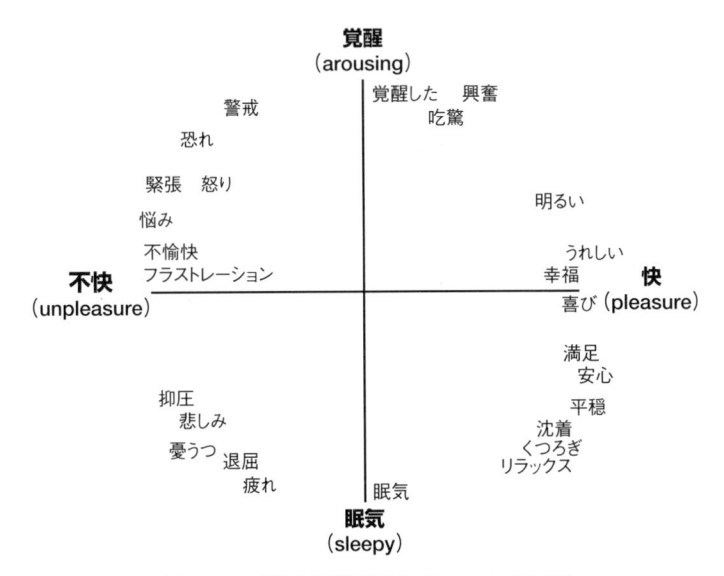

図 1.24 感情の円環モデル (Russell, 1980)

愛が連続した円環状になっていると考えた。その後，彼はこの感情のカテゴリー分類の円環は「快（pleasure）―不快（unpleasure）」と「注目（attention）―拒否（rejection）」の2つの次元がその基礎にあることを発見し（1952），あらゆる表情はこの2つの直交する2次元の平面上のどこかに位置づけられると主張した。さらにシュロスバーグ（1954）はこの2次元の軸に直交する「緊張（tention）―睡眠（sleep）」という賦活水準の軸を加えた**円錐モデル**を提案した（**図1.23**）。シュロスバーグが見出した次元構造は，表情に関してだけでなく，感情語研究などでもほぼ繰返し確認されている（Russell & Bullock, 1985；Davitz, 1969）。

3. ラッセルの円環モデル

ラッセル（Russell, 1980）は，すべての感情は「快（pleasure）―不快（unpleasure）」，「覚醒（arousing）―眠気（sleepy）」の2次元で表される平面上に円環上に並んでいるとする**円環モデル**（circumplex model）を提唱した（**図1.24**）。ラッセルの円環モデルは，色彩環を取り巻く色相に似ており，幸福と歓喜のような類義語は近接した円環上に配置され，幸福と悲しみのような反意語は円環上では対立した位置に配置される。これらの点はプルチックの説と同様である。ラッセルの説がプルチックと異なるのは，各感情は上記の2次元の座標軸上のベクトルの方向と大きさとして表示され，各感情間のベクトルの方向の差は相関係数を表しているとする点である。また2軸の交点は**順応水準**（adaptation level）を表すとする。つまりcos45°のずれをもつ感情間（たとえば「幸福」と「くつろぎ」）の相関係数は$r=0.707$，cos90°（「幸福」と「眠気」）では$r=0$，cos180°（「喜び」と「フラストレーション」）では$r=-1$に近い相関関係があることを意味している。なお，感情の強さは原点からのベクトルの大きさ（距離）によって示され，覚醒の程度と感情の強度は概念的に異なる。ラッセルはこの円環構造は感情語・表情の解読の両方でほぼ共通なばかりでなく，各民族においてもほぼ共通のものであることを交叉文化的な研究を通して証明している。

次元説の立場に立つラッセルの感情理論をもっとも端的に示すのが，文脈による影響を吟味した順応水準の実験であろう（Russell & Lanius, 1984）。彼の

1.6 基本感情説と次元説

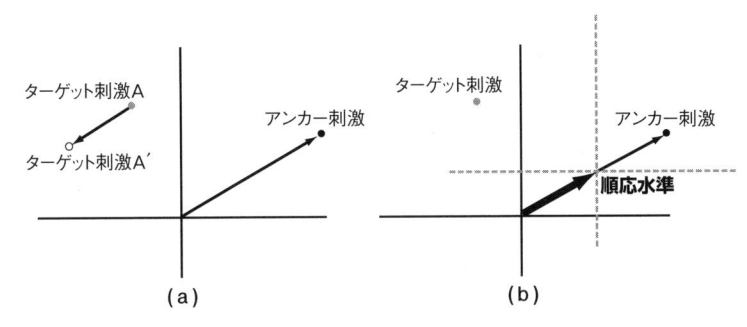

図 1.25 ラッセルの順応水準理論の原理

ターゲット刺激のみを単独で見たときの反応が，図左のラッセルの感情の円環モデル上のAの位置であったとする。しかしながらアンカー刺激を見た後に，ターゲット刺激を見ると，そのターゲット刺激は円環モデル上のAの位置ではなく，A′の位置として知覚される。AからA′への移動方向は原点（順応水準）からアンカー刺激へのベクトルと180度反対方向であり，移動の大きさは原点からアンカー刺激までのベクトルの約42％である。

これは，右図のような原理に従っている。すなわち，アンカー刺激，ターゲット刺激そのものが変化したわけではないので，客観的な見え方が変化するわけではない。単独でターゲット刺激を見たときは右図実線で表される感情空間でターゲット刺激を評価することになる。アンカー刺激をある程度長い時間見ると，交点である順応水準がアンカー刺激の方向に引っ張られ，点線で表した感情空間の座標になる。この感情空間の座標で，ターゲット刺激を評価するために物理的に変化しないターゲット刺激は結果として感情空間上に布置される位置が変化することになる。この順応水準の移動の方向と大きさが，アンカー刺激の方向であり，大きさが約42％である。すなわち，ターゲット刺激に対する評価は実線の感情空間の座標で考えれば，上記のような移動方向と移動の大きさを示すことになる。

順応水準理論によればアンカー刺激を呈示した後，ターゲット刺激を呈示すると，ターゲット刺激を単独で呈示したときに比べてその評価はアンカー刺激のベクトルとは180°反対方向へ約42%の大きさで変化するという。このターゲット刺激に対する評価の移動は2つの軸の交点である順応水準がアンカー刺激の呈示により移動したため生じたものである（**図1.25**）。つまりある感情をラベリングするのは特定の感情があるからではなく，順応水準の移動により変化した次元上に位置するものを命名しただけであり，まったく同じ感情であっても文脈によっては違った感情と評価されるというものである。もし彼の理論のように文脈（順応）により感情価の評価が変わるとすると，実験時に呈示する刺激の順番や時間的な経過などを十分に留意しなければならないことになる。感情研究の結果の不一致の原因はこのようなところにあるのかもしれない。

ラッセルは表情研究，感情語の研究を通じ，**快—不快**，**覚醒—眠気**の2次元の円環構造が各民族でもほぼ同様であることを示し，次元説の立場から，表情は人類に普遍的であると主張するエクマンらの基本感情説を批判した。しかしながらラッセル自身，快—不快，覚醒—眠気の意味次元が基本的，普遍的であると主張しており（Russell, 1991；1997），普遍性そのものを否定しているとは考えられず，両者の論争は必ずしも噛みあったものではない。

4. ブラナの感情空間

ウィトブリートとブラナ（Witvliet & Vrana, 1995）は，感情の次元と生理的な反応との関係を検討し，ラッセルに代表されるような快—不快，覚醒—睡眠といった誘発性（valence）の次元と覚醒（arousal）の次元を45°回転し，ネガティブな感情と，ポジティブな感情の枠組みをもつ感情空間で記述することの有効性を示唆している（**図1.26**）。彼らの研究グループはラング（Lang, P. J.）のイメージ想起の手続きを用い，喜び，恐れ，悲しみ，リラックスのイメージを喚起し，その際に驚愕刺激を呈示した。**顔面筋**（**大頬骨筋**，**皺眉筋**，**口輪筋**）の筋電図，驚愕刺激に対する瞬目反射の大きさと潜時を指標として，その活動を調べたところ，喜びでは口輪筋活動と頬骨筋活動が強まり，皺眉筋活動が弱まり，一方，悲しみでは逆に口輪筋活動，頬骨筋活動の低下，皺眉筋活動の増大がみられた。また恐れのイメージ時に驚愕刺激を呈示すると，早い

1.6 基本感情説と次元説

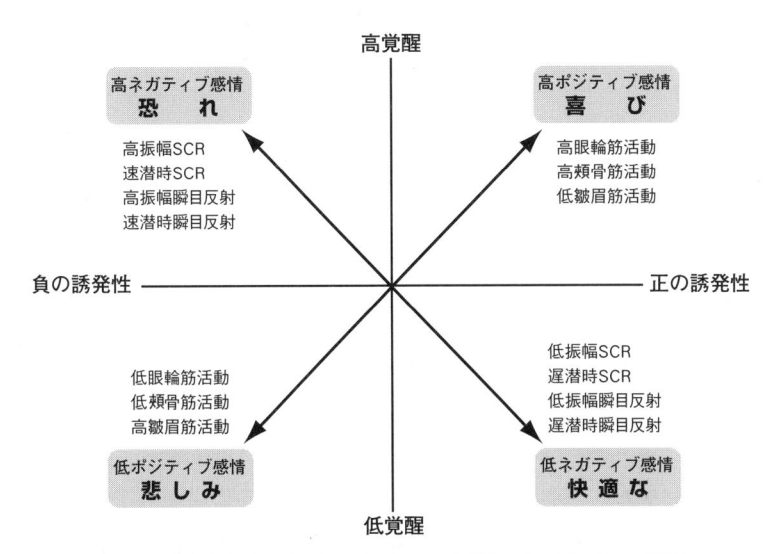

高覚醒

高ネガティブ感情
恐 れ
高振幅SCR
速潜時SCR
高振幅瞬目反射
速潜時瞬目反射

高ポジティブ感情
喜 び
高眼輪筋活動
高頬骨筋活動
低皺眉筋活動

負の誘発性 ──────────────── 正の誘発性

低眼輪筋活動
低頬骨筋活動
高皺眉筋活動

低振幅SCR
遅潜時SCR
低振幅瞬目反射
遅潜時瞬目反射

低ポジティブ感情
悲しみ

低ネガティブ感情
快適な

低覚醒

図 1.26 ポジティブ感情，ネガティブ感情と生理的反応の関係
(Witvliet & Vrana, 1995)

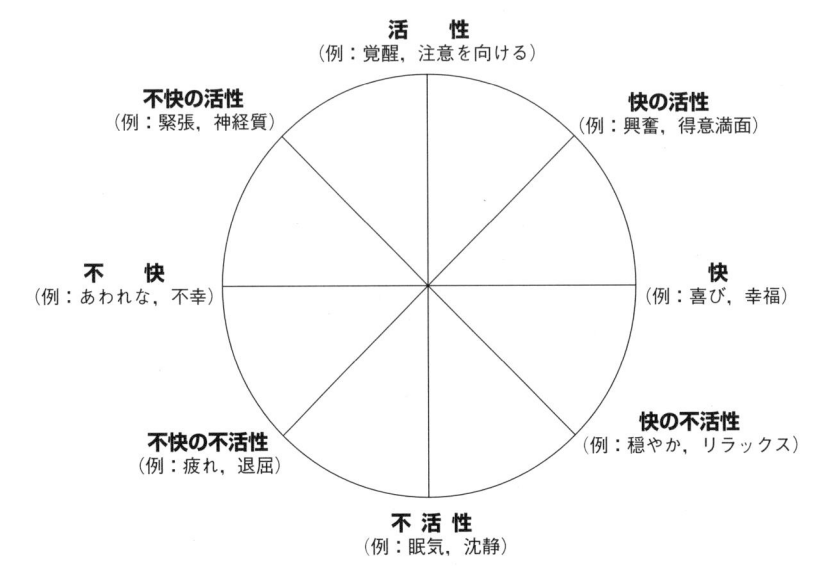

活 性
(例：覚醒，注意を向ける)

不快の活性
(例：緊張，神経質)

快の活性
(例：興奮，得意満面)

不 快
(例：あわれな，不幸)

快
(例：喜び，幸福)

不快の不活性
(例：疲れ，退屈)

快の不活性
(例：穏やか，リラックス)

不 活 性
(例：眠気，沈静)

図 1.27 ラーセンとディーナーによる八分割モデル (Larsen & Diener, 1992)

潜時の振幅の大きな瞬目反射が生じ，リラックスのイメージ時には遅い潜時をもつ，小振幅の瞬目反射が生じた（**図 1.26**）。この結果は多くの研究者によって心理的な軸として抽出されてきた快—不快の軸，覚醒—睡眠の軸と，生理的な反応の軸が 45°回転している可能性を示唆するもので興味深い。

5. 次元説の問題点

　感情を次元でとらえるときの問題点の一つは感情の次元としてあげられる軸の不一致の問題である。古くはストラトン（Stratton, G. M.）やブリッジス（Bridges, K.M.B.）が感情の発達に快楽次元と覚醒次元が関係するとしたように，この 2 つの次元に関しては，命名は違うとしても多くの研究者で同意が得られているように思われる。ところが第 3 の次元になると研究者間でまちまちであり一致しない。たとえば，シュロスバーグは注目—拒否をあげ，ラッセルの師であるメーラビアン（Mehrabian, A.）は支配—服従をあげている。

　次元説の第 2 の問題点は次元の交差する交点に関する問題である。ラッセルはこの交点を順応水準という言葉で説明した。つまり，状況や文脈によってこの交点の水準が変化すると主張したのである。しかしながら，意味的次元の座標原点であるこの交点が中性を示す点であるかどうかに関しては大いに問題がある。

1.7　社会構成主義の立場からの感情

1.7.1　シャクターとシンガーの 2 要因情動説と誤帰属

　シャクターとシンガー（Schachter & Singer, 1962）は，「*Psychological Review*」（アメリカ心理学会発行）の中で，情緒的状態の，認知的，社会的，生理学的決定要因と題した論文でジェームズの情緒論をきびしく批判して，**2 要因情動説**を提唱した。2 要因情動説によるとある身体反応が起こったときに，体内および外部環境状況の文脈から推測，解釈して，その身体反応（生理的覚醒反応）に対し，意味づけ（認知的解釈）を加えることにより情動体験が生じる。つまり，生理的状態だけでなく，その置かれている状況（社会的文脈）をどのように認知するかによって生じる感情は異なる。これに対しヴァリンス（Valins,

1.7 社会構成主義の立場からの感情

BOX1.11 シャクターとシンガーの実験

　シャクターとシンガーは，2要因情動説を検証するため，エピネフリン（生理的喚起を生じさせる薬物）を用いた実験を行った。被験者は，注射について与えられる情報によって3つの群に分類された。

　第1群は，エピネフリンは生理的興奮状態を生じさせる働きをもった薬であると，正しい情報を与えられた。第2群の被験者は，注射について何の情報も与えられなかった。第3群は，無感覚とか痒みを感じるという，誤った情報を与えられた。注射を受けた被験者は別室に案内され，そこでは「多弁で愉快な多幸症」あるいは「怒り」の役割を演じる「サクラ」と一緒にさせられた。この「サクラ」条件を取り入れたところがシャクターらの実験の鍵であった。

　実験者による行動観察と被験者による情動経験の自己評定の結果，第1群は，「サクラ」の気分に左右されることはほとんどなかった。しかし第2群と第3の被験者は，「サクラ」の気分を模倣した。すなわち，怒っている「サクラ」のそばでは怒りを感じ，楽しそうな「サクラ」のそばでは楽しくなったのである。前もって，生理的喚起が生じることを知らされている第1群の被験者は，みずからの生理的変化は自律的なもので，彼が受けた注射によるものだと正しく帰属するのである。これは外部的帰属である，第2群の被験者は，生理的喚起を自分自身の情動に帰属した。これは内部的帰属である。第3群の被験者も，生理的変化は外部刺激の影響によるものと考えたのである。第2群と第3群の被験者は，自分自身の情動の評価と説明を行った。怒りを感じた人も愉快になった人も，情動喚起の差では区別できないが，認知の差で区別できるのである。

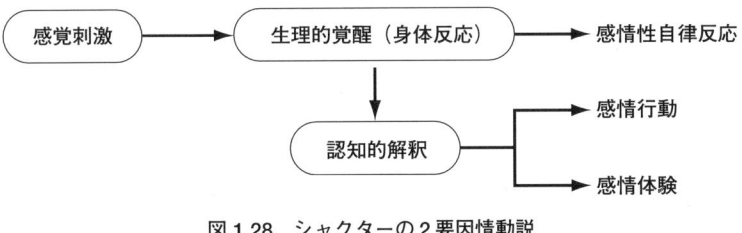

図1.28　シャクターの2要因情動説

1966）は，喚起がなくても認知が情動を引き起こすという説を提唱した。彼は，男性の被験者に女性のヌード写真をスライドで呈示し，その間の被験者の心拍の音を聞かせた。それは実際には被験者自身の心拍ではなく，あらかじめ心拍を速くして作られた偽のものであった。その結果，被験者は心拍速度が変化したときに見せられたスライドをよりいっそう魅力的であると評価したのである。このことは，偽の情報によって内部的帰属が生じたことを示唆したといえよう。ヴァリンスによると，情動の生起にとって，真の喚起は必ずしも必要ではなく，外部的刺激が内部的刺激として誤って帰属されることだけで十分なのである。

1.7.2 アーノルドの情緒（情動）説

アーノルドら（Arnold & Gasson, 1954；Arnold, 1970）は，情動を「その人にとって適当であると判断された対象，または不適当であると判断された対象に対して感じられた傾向（felt tendency）である」と定義した。

愛，怒り，恐れなどの情動の型について考えるには，それらの傾向が向けられている対象を検討しなければならない。アーノルドは，情動は動機づけとして力動的な働きをもつという前提のもとで，情動の方向づけられている対象が個人にとって有益であるか，あるいは有害であるかによって，積極情動と消極情動とに区別した。たとえば，愛情という情緒（情動）を例にとると，愛の情動は基本的である。なぜなら有益なものに対する人間の示す傾向は，それを愛し願望し所有することであるからである。けれどもその対象を獲得できないか，あるいはその対象を所有することが，ある一面魅力的であり反面また反発的であることも生ずる。それが魅力的か反発的か，克服すべきか，回避すべきかという判断を生む条件に従って，異なった情動が惹起される。

アーノルドによれば，情動は両極性をもち，この両極性は第1には，有害か有益かという対象の条件に関してであり，第2には，その対象を入力することが容易か困難かの条件，第3には，困難な条件では，征服するべきであるか，あるいはそれにうち勝てないならば回避するべきであると判断するかによっている。われわれは愛するか，憎むか，戦うか，やる気を失うか，両極的情動をもつことが多い。情動は個人が状況をどのように判断したかという条件に従っ

表 1.10 情動の分類 (Arnold & Gasson, 1954)

A 衝動情動

		対象そのものについての情動 現存すると否とを問わず	現存しない対象に対する情動 向かおうとする,あるいはとおざかろうとする傾向	現存する対象に対する情動 その所有にもとづいている
肯定的	適当な対象 (有益なもの)	愛情	願望・欲望	上機嫌・喜び
否定的	不適当な対象 (有害なもの)	憎悪	嫌悪・いや気	悲しみ・悲哀

B 困難とたたかう情動

			現存しない対象に対する情動 向かおうとする,あるいはとおざかろうとする傾向	現存する対象に対する情動 その所有にもとづいている
肯定的	適当な対象 (有益なもの)	手に入れることができると判断された場合	希望	
		手に入れることができないと判断された場合	絶望	
否定的	不適当な対象 (有害なもの)	克服されるべきもの	勇気	怒り
		回避されるべきもの	恐怖	

表 1.11 1次的評価と2次的評価の情報源 (Lazarus, 1968)

	1次的評価 有害な対決にもとづくもの	2次的評価 活動傾向の結果にもとづくもの
	脅威あるいは無脅威	克服・対処
評価に影響するストレス布置の要因	1. 有害と無害の源泉の間の力のバランス 2. 対決の切迫性 3. 有害についての手がかりのあいまいさ	1. 有害因子の位置 2. 克服反応の鮮明度 3. 状況的制約
評価に影響する心理的構造	1. 動機の強度と型 2. 環境を処理するためのいくつかの信念体系 3. 知的,教育的因子	1. 動機の強度と型 2. 自我の源泉 3. 克服傾性

1.7.3 ラザラスの評価説

ラザラス（Lazarus, R. S.）は，ストレスとは，何か気にかかる予期にもとづいて生じるもの，と考えた。そしてその災難に対する潜在的予期を**脅威**（threat）とよび，刺激を脅威的なものとそうでないものに弁別する過程を**認知的評価**（cognitive appraisal）と名づけた。

ラザラスによると，状況が脅威的なものかどうかを評価するのが1次的評価であり，その結果，脅威的なものに対してそれをどう**克服・対処**（cope）できるかを評価するのが2次的評価である。さらにこれらの評価は再評価される。すなわち2次的評価の後，直接行動に出て脅威に対処する場合は情緒が喚起されるが，再評価の結果，現実的あるいは防衛的な対処の仕方をとる場合には情緒は低減する。脅威的でないと1次的評価した場合も，脅威を再評価し，前回の評価が正しかったと認知すると，安全感（喜び），優越感などのような快的情緒が生じる。しかし再評価の結果，脅威的だと認知した場合，2次的評価に戻ることになる。つまりラザラスの考えによると，これらの評価過程，とくに2次的評価（ストレスの克服反応）が情緒なのである（**表1.11**）。これに対して，ザイアンス（Zajonc, 1984）は，感情は認知系から独立したものであるにもかかわらず，ラザラスの説では，認知，情緒，知覚の区別をあいまいにしているときびしく，批判している。

ラザラスとアルファート（Lazarus & Alfert, 1964）は，ストレス導入刺激として，アフリカの未開社会における割礼の情景（無声映画，**図1.29A**）を15分間呈示する実験を行った。実験は3群で行われ，第1実験群には実験前に説明は一切与えられなかった。第2実験群には映画が上映される2分前に割礼に関して，この社会における割礼の意味など，ストレスを軽減するような意見を聞かせた。第3実験群の被験者には，第2実験群と同様に，否定と反動形成の意見が映画開始の10分前に与えられた。3群の各被験者は，実験期間中皮膚電気活動（GSR）と心拍が測定され，実験終了後はMMPIが各被験者に施行され，内省報告がとられた。**図1.30**は映画の15分間における3群のGSRを示した

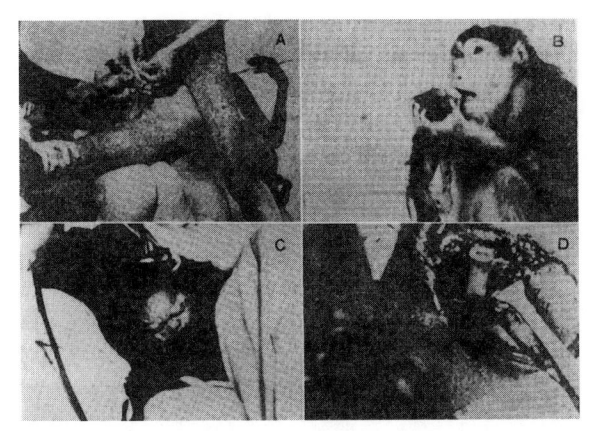

1.7 社会構成主義の立場からの感情

A：割礼の情景　B：子ザルを食べる親ザル　C：出産　D：蓄膿手術

図1.29 ラザラスの用いた映像の一部（浜，1969）

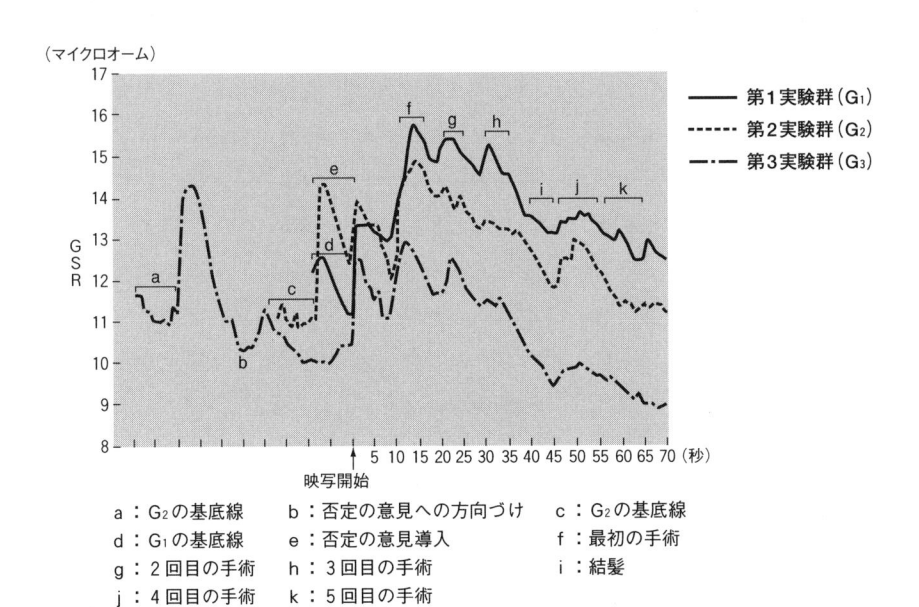

a：G_2の基底線　　b：否定の意見への方向づけ　c：G_2の基底線
d：G_1の基底線　　e：否定の意見導入　　　　　f：最初の手術
g：2回目の手術　　h：3回目の手術　　　　　　i：結髪
j：4回目の手術　　k：5回目の手術

図1.30 ラザラスの実験における実験群の皮膚電気活動（GSR）
（Lazarus & Alfert, 1964）

ものである。第1実験群では他の2群に比べて高いGSRの振幅を示しており，GSRの振幅は高い覚醒水準，すなわち脅威の指標であることを報告している。

1.7.4 社会構成主義

社会構成主義は，1970年代の認知学派から発展したものであり，状況の評価，解釈を重要視する。この立場では，感情は単にわれわれの系統発生学的な過去の出来事の残り物ではなく，厳密な生理学用語で説明できるものでもない。むしろ，それらは文化特異的な社会構成体であり，そして社会レベルでの分析によってのみ理解されうる（Averill, 1980）と主張し，プルチックやエクマンらの基本感情説と対立している。

エイブリルは，感情は一種の特別な社会的な役割であると考えた。つまり，「感情は一時的な社会的役割（社会的に構成された症候群：社会的に規定された系統的な方法で一緒に起こる一連の出来事）であり，これは状況の個人の評価を含み，ある行為というよりもむしろある情熱と解釈される」と定義した。彼は，感情は，多様な，容易に同定できる成分（主観的経験，表情や姿勢などの表出行動，生理学的な反応パターン，対処行動）をもっているが，すべての情動がこれらのすべての成分と一義的に結びついているわけではないと考える。つまり，ある感情喚起状況に置かれると社会的な役割として，どのように行動するか，身体反応をどのように解釈するかといった評価に関する適切な方法である「規定された一連の反応」が作り出される。このような反応のルールは特定の文化の中で社会化され，獲得され，われわれの感情表出を規定するものとなる。このため文化特異的な表出が現れる。

オートレイとターナー（Oatley & Turner, 1990）も，感情は，一定の形の，まとまりのある，一個の全体として存在するのではなく，喜び，悲しみ，怒りといった感情は認知の主体たる個人が「あると思いこんだものにすぎない」と主張する。感情は，状況の大ざっぱな評価にもとづき，感情のリストの中から1つを選び出されるようなものではなく，一回一回状況に応じてかなり可変的に，柔軟に構成され直され，そしてすぐまたもとの要素に戻ってしまうものと彼らは考える。このため，感情と表情などの各要素の間には必然的な結びつき

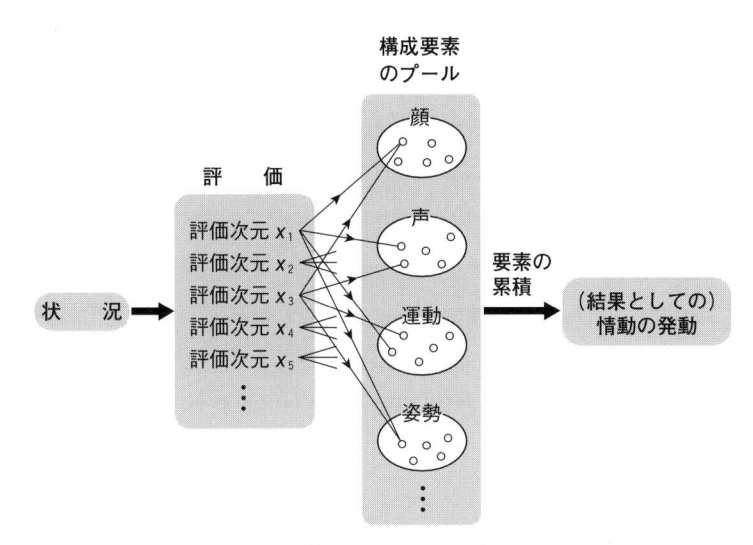

1.7 社会構成主義の立場からの感情

図 1.31 シェーラーの情動発現のメカニズム (Scherer, 1992)
各評価次元，たとえば「初めて経験するものか，以前に経験したことがあるか」，「快か不快か」などの評価次元の評価に従い，顔や声などの身体的反応の反応プールの中から，それぞれ必要な要素が選択される。そして，各次元に対する評価にもとづいて選ばれた各要素の反応が累積され，状況に則した感情反応が表出される。

は存在せず，同じ感情が生じても同じ情動反応が生じるわけではない。

シェーラー (Scherer, 1992；1995) もオートレイと同じく，基本的に感情は，状況のさまざまな側面の分析に応じていろいろな構成要素が寄せ集められた結果として表出されると仮定した（**図1.31**）。シェーラーはヒトがある状況に遭遇した場合，あらかじめ決められたチェック項目，①新規性（状況が目新しいものか否か），②快か不快か（接近すべきか回避すべきか），③自らの目標や要求に積極的にかかわるものか否か，あるいはその方向性にあうかどうか，④その状況に対し適切な対処をなしうるかどうか，⑤状況は社会的基準あるいは自己の基準に合致するものか否かという5つの項目に従って状況を迅速に，多くの場合自動化された形で評価を行うと考えた。各評価次元にはあらかじめ顔の表情，発声，全般的な筋活動のトーン，姿勢，動きなどのプログラムが，用意されており，評価に従って顔面表情，発声，姿勢，運動などの他の側面の要素も同時に連動してそれぞれが変化し，全体としてあるパターンが構成される。そしてこのようにそれぞれの評価次元で発動されたパターンは，他の評価次元に由来するパターンと累積的に組み合わさると考える。これらの社会構成主義の考え方の欠点は，日常われわれは状況をいちいち判断し，それに応じたパターンを作り出すという非合理的な作業を毎回行っているのかという点にある。遠藤 (1996) も指摘するようにシェーラーの理論はこの問題に対する回答の一つである。しかし，シェーラーの考え方を採用したとしてもやはり不経済性は否めない。

これに対し，伊藤 (1997) が興味深い説を提唱している（**図1.32**）。伊藤は小脳が運動制御ばかりでなく思考などの高次脳機能に関わっていることを明らかにした。つまり，小脳は本来の制御系と近似した動特性をもつモデルを形成する役割を果たしており，眼を閉じていても指を鼻にもっていけるように，本来あるべき視覚入力が得られず本来の系が使えないような場合に，それまでの経験によって小脳に形成された制御系のモデルが作動し，指を鼻にもっていくことができるというものである。伊藤は直接感情でこのような経路を想定しているわけではないが，小脳が思考などの高次機能に関係している点などを考えると，感情処理においても，いつも同じ経験を繰り返すことで同様の動特性を

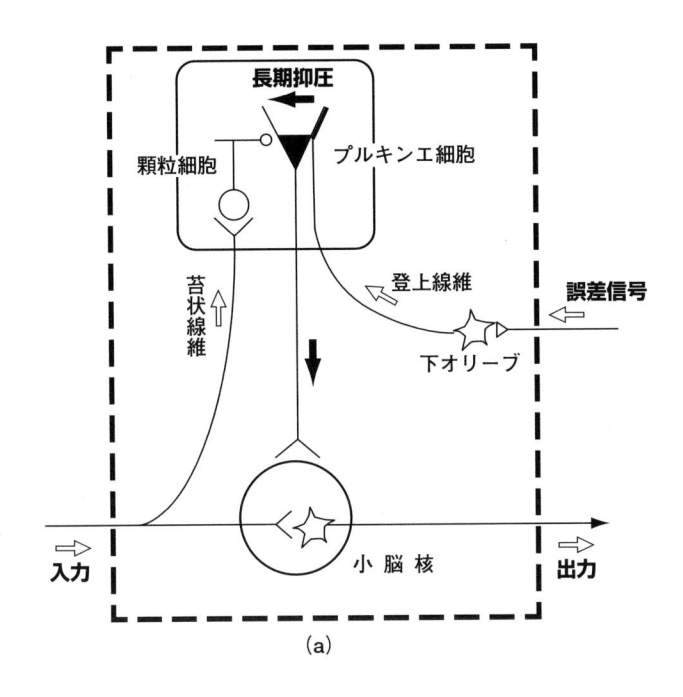

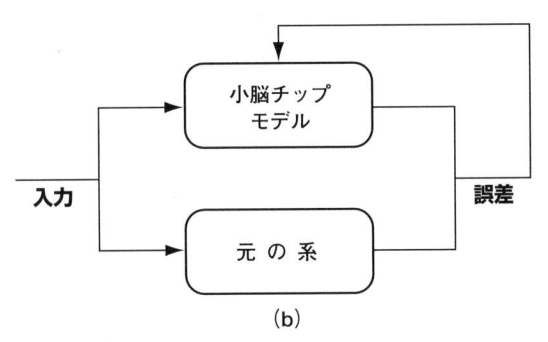

図 1.32 小脳チップス（a）と適応系（b）（伊藤，1997）

もつモデルができ，このモデルを介することで素早い反応が生じることが想定できる。このように考えるとシェーラーの考えは現実味を帯びてくる。

[参考図書]

次の図書は本章でとりあげた問題に全体的に関連したもので，参考となる。

コファー，C. N. 祐宗省三（監訳） 1981 動機づけと情動 サイエンス社
Cornelius, R.R. 1996 *The science of emotion : Research and tradition in the psychology of emotion*. NJ : Upper Saddle River, Prentice Hall.
遠藤利彦 1996 喜怒哀楽の起源——情動の進化論・文化論 岩波書店
福井康之 1990 感情の心理学——自分と人との関係性を知る手がかり 川島書店
浜　治世（編） 1981 現代基礎心理学8 動機・情緒・人格 東京大学出版会
堀　哲郎 1991 脳と情動——感情のメカニズム 共立出版
Lewis, M., & Haviland-Jonesm, J. M. 2001 *Handbook of emotions, 2nd*. NY : Guilford Press.
松山義則 1967 モチベーションの心理 誠信書房
松山義則・浜　治世 1974 感情心理学1 理論と臨床 誠信書房
マレー，E. J. 八木　冕（訳） 1966 現代心理学入門3 動機と情緒 岩波書店
Oatley, K., & Jenkins, J. M. 1996 *Understanding emotions*. MA : Blackwell Publishers.
大脇義一 1971 感情の心理学——増補版 培風館
齊藤　勇（編） 1986 感情と人間関係の心理——その25のアプローチ 川島書店
高田明和 1996 感情の生理学——「こころ」をつくる仕組み 日経サイエンス社
戸田正直 1992 認知科学選書24 感情 東京大学出版会
ヴァンサン，J.-D. 安田一郎（訳） 1993 感情の生物学 青土社
安田一郎 1993 感情の心理学——脳と情動 青土社
八木　冕（監修） 末永俊郎（編） 1969 講座心理学1 歴史と動向 東京大学出版会
八木　冕（監修） 前田嘉明（編） 1969 講座心理学5 動機と情緒 東京大学出版会
吉田正昭・祐宗省三（編） 1976 動機づけ・情動 有斐閣

感情・情緒(情動)の喚起機制 2

　感情研究における重要課題の一つとして，情緒（情動）の喚起過程における時間的次元と刺激文脈の効果をあげることができる。

　この章では，感情・情緒（情動）を生じる刺激の物理量，感覚量，情動量の関係を検討する。とくに，痛み，痒み，圧などを含む触覚的刺激を中心に，視覚，聴覚，温度感覚，味覚，嗅覚など，種々な感情喚起刺激を用いた一連の実験的研究を通して考察を試みた。

2.1 ヤングの感情喚起理論

感情・情緒（情動）は，人間や動物の感覚受容器を含む大脳過程からの刺激によって生起する。ヤング（Young, 1961；1967）は**感情喚起**（affective arousal）**の理論**を提唱した。彼は，感情喚起過程について次の3つの属性をあげている。

- **記号** 目標に向かって接近する行動において，接近を引き起こす感情過程を「＋」の記号で表し，目標に向かって回避する行動において回避を引き起こす感情喚起過程を「－」の記号で表す。
- **強度** 感情過程には強度の差がある。感情強度の変化は，微弱な快から出発して，最高の快頂点に達する。
- **持続** 感情過程は時間的流れの中に現れ，刺激に接触する時間の長さによって感情喚起は規定される。

以上3つの感情過程の属性は，快の連続体（hedonic continuum）によって示される。図 2.1 に示されるように，「－」から「＋」の感情の連続性があり，その中間は中性的であり，感情は稀弱である。図の上の矢印は「－」から「＋」への感情の方向を示し，図の下の矢印は「＋」から「－」への感情の方向を示す。快原理に従うと，「－」の感情を最小にし，「＋」の感情を最高にする方向に向けて体制化されるのである。両極的連続体は快と不快の対立関係であり，快と不快が同時に生じることはなく交互に生起するのである。

ヤングはまた，感情喚起は賦活性，エネルギー価をもち，動機的働きをもつとともに，快―不快にもとづく行動の方向性，調整制をもつものと考えた（Young, 1978）。図2.2に示すように，**賦活性**（activity）と**感情性**（affectivity）の2つの次元があると述べている。本章では，種々の感情喚起刺激に対する感情・情緒（情動）の喚起過程を実験的に検討し，それを通して，感情・情緒（情動）の喚起機制を考察する。

2.1.1 触覚と感情

「触」の研究は，もっとも古くはアリストテレス（Aristoteles）が，視覚，聴覚，味覚，嗅覚，触覚の五感を取り上げたことから始まる。しかし，ウェーバー

2.1 ヤングの感情喚起理論

快の連続体

否定的　無関的　肯定的　感情性

図 2.1　両極的連続体（Young, 1967）

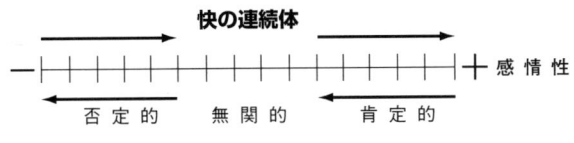

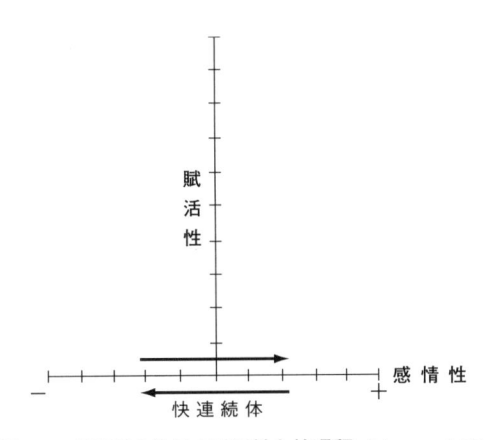

賦活性

快連続体　感情性

図 2.2　喚起の2次元：賦活性と快過程（Young, 1978）

(Weber, 1846) が触覚と感情に関する論文を提出するまでは「触」の心理学的研究は皆無であった。ウェーバー以降，フレイ (von Frey, 1927；1929：吉田訳，1965) は，皮膚感覚を上位概念として，温覚，冷覚，触覚，振動感覚の4種類をあげている。ティチナー (Titchener, 1908) は，触覚と感情 (affection) の関係をはじめて取り上げた。彼はヴントの感情3次元説を否定し，第1章の図 1.7 に示すような触ピラミッド（触覚四面体）というきわめて独創的なモデルを発表したのである。彼のモデルでは，くすぐったさ（擽感；tickle）を頂点におき，痒感（itch），痛感，圧感覚などが配置されている。明るい圧（bright pressure），鈍い圧（dull pressure）などもティチナーの独創的なものである。このティチナーの着想はその後すぐれた後継者たちによって受け継がれた。

　ネイフ (Nafe, 1924；1927) は，ティチナーの指導下で博士論文を発表し，その中で彼は一連の実験を行っている。視覚では，連続した色彩をもった7個の紙片，アルコールの瓶に入ったイヌの胎児など，聴覚では，4本のフォークによるガチャガチャした音，または弦の音など，触覚では約50℃に温めた金属片，約1℃に冷やした金属片，約40℃に温めた卵，毛皮の切れ端など，この他，味覚，嗅覚についての刺激を用いて，そのときに生じる快―不快を記述するという方法で実験を行った。その結果，快の感情は，「明るい圧（bright pressure）」であり，明るい，きらきらする，活動的，くすぐったい，おだやかな，霧がかかったような，快活な，滑らかな，空気のような，軟らかい，油っぽい，ほとばしるような，といった言葉で表現され，一方，不快の感情は，「鈍い圧（dull pressure）」であり，鈍い，くすんだ，固い，憂うつな，重い，緻密な，厚い，冷たい，生気がない，死んだ，不活発な，粗いといった表現がなされるとした。しかし，これらの「明るい圧」と「鈍い圧」は，圧覚にもかかわらず身体のどこにも定位されないと述べている。

2.1.2　明るい圧と鈍い圧を喚起する刺激

　筆者は黒本純江らの協力で明るい圧と鈍い圧を喚起する刺激にはどのようなものがあるのかを大学生（男子 142 名，女子 228 名）を対象に実験した（浜，1997）。被験者には圧についての説明がなされた表（**表 2.1**）と5段階評定の記

BOX2.1 触覚と感情

　触覚に関する原稿を書きながら，たまたまテレビのスイッチを入れたところ，作家の日野啓三氏が話しておられた。氏は「腎臓癌になってから自分の生き方が変わった」と淡々と話していた。話の途中で氏の日常生活の一端を収録したビデオが映し出され，氏はその中で路傍の名もない草花，とくに少し黄ばんだ葉っぱをやさしく触っていた。

　アナウンサーが，「なぜこんなに一つ一つ触っておられるのですか」と質問すると，「視覚では，ものの本質というか生命が伝わってこないのです。触れることで葉っぱの一つ一つの細胞の息づかいが私に伝わってくるのです」と答えた。氏は，「病前にはこんなものにはまったく関心がなかったのに，癌患者となった今は，不思議にささやかなというか静かな自然に引きつけられるようになった」と言った。また氏は，「犬や猫などは自分の心に通わない」という意味のことを言われた。

　筆者は本書の中でペットのポジティブな効果について論じている。しかし日野氏の言葉に強いショックを受けた。氏の言葉は，これまでの考えを根本から再考するべきではないかと思わせるものだったのである。まさに日野氏の語ったとおり，病と向き合い，希望をもって静かに闘病している人々にとって，騒々しく動きまわる犬や猫は何ら癒しの対象とはならないのである。氏はさらに筆者を驚かせるようなことを語った。「地下鉄の壁と壁のすき間にしみができているでしょう。私は癌になるまではそんなものにはまったく目をとめることはなかったのに，これがとてもおもしろいんですよ。じっと見ているといろいろの象徴的なものに見えてくるんですよ」。氏は臨床心理学で使われるロールシャッハ・テストのことをご存じかどうか分からないが，この話はまさにロールシャッハ・テストの原理を表している。たまたま見たテレビ番組だったが，日野啓三氏の話で手触りや濃淡の要因が感情に深く関わっていることを改めて教えられた。

入用紙を配布して次のような教示を与えた。

「私たちは日常,いろいろな感情を経験しながら生活をしています。ティチナーという著名な心理学者は,これらの感情を bright pressure（明るい圧）と dull pressure（鈍い圧）の2つに分けています。この調査は,このような感情を引き起こす刺激（または場面）を知るために行うものです。明るい圧と鈍い圧の詳しい内容は表（**表 2.1**）をごらんください。質問項目はつぎの8つです。(1) どのような音を聞いたとき,「bright」感情が引き起こされますか。(2) どのような音を聞いたとき,「dull」感情が引き起こされますか。(3) どのような色を見たとき,「bright」感情が引き起こされますか。(4) どのような色を見たとき,「dull」感情が引き起こされますか。(5) どのような物に触れたとき,「bright」感情が引き起こされますか。(6) どのような物に触れたとき,「dull」感情が引き起こされますか。(7) どのような場面で,「bright」感情が引き起こされますか。(8) どのような場面で,「dull」感情が引き起こされますか。各項目に対してできる限りたくさん貴方の経験されたことを思い出して記入してください。またその引き起こされた感情の強さをそこに書いてある1から5の数字で評定してください。数字が大きくなるほど強い感情を示します。」

被験者の回答内容と,5段階評定を1点から5点までの点数に換算した平均得点を**表 2.2**,**表 2.3**に示す。

音刺激では,「金属音」が男子では bright にあげられているのに対し,女子では,dull にあげられた。また,男子の bright には「楽器類」が多くあげられ,女子では「食器のカチャカチャいう音」,「まな板の上で野菜を切る音」など家事に関する音があげられた。われわれがもっとも関心のあるのは触感であるが,触れたものについての反応をみると,明るい圧には「冷たい水」があげられているが,これは実験を行った季節が夏であったことに関係すると思われる。鈍い圧では男女ともに「虫」があげられた。

2.1.3 明るい圧と鈍い圧の身体的局所性の実験

前述（1.4.2）のようにホイジングトン（Hoisington, 1928）は,日本からの

2.1 ヤングの感情喚起理論

表 2.1 明るい圧と鈍い圧（浜，1997）

BRIGHT PRESSURE（明るい圧）		DULL PRESSURE（鈍い圧）	
sparkling	きらめく	massive	どんよりした
brilliant	鮮やかな	heavy	重苦しい
buoyant	軽快な	somber	どんよりした
active	活動的な	dense	濃密な
effervescent	生き生きした	stiff	硬直した
light	明るい	insistent	しつこい
soft	柔らかい	dead	活気のない
diffuse	拡散するような	leaden	鉛のような
spreading	広がるような	sinking	気の滅入るような
pleasantness	快い	unpleasantness	不快な

表 2.2 音刺激（浜，1997）

明るい圧

男子			女子		
刺激	N	M	刺激	N	M
鳥のさえずり	59	4.1	鳥のさえずり	36	4.0
音楽・オーケストラ	57	4.2	ピアノ	21	4.3
（好きな人の）声	47	4.0	笑い声・会話	20	3.9
川のせせらぎ	37	3.8	川のせせらぎ	19	4.3
海・波	26	3.5	風鈴	19	3.9
ラッパ・トランペット	25	3.7	好きな音楽	16	4.6
風鈴	22	4.0	好きな人・母親の声	11	4.5
虫	22	3.9	木の葉のざわめき	11	4.2
金属音	20	3.7	高いはずんだ声	9	4.2
風	17	3.9	子どもの声	9	3.8

鈍い圧

男子			女子		
刺激	N	M	刺激	N	M
自動車・バイク	48	4.0	車のブレーキ	31	3.9
黒板・ガラスをひっかく	39	4.5	雨	24	3.4
雨	39	3.4	疲れた声	23	4.3
クラクション	35	4.1	赤ちゃん・子どもの泣き声	19	3.9
寺の鐘	33	4.0	ガラスの割れる音	13	4.2
サイレン	30	4.0	ドアのきしみ	13	4.0
風	25	3.4	金属音	12	4.8
急ブレーキ	23	3.7	救急車	12	4.3
雷	21	3.8	電車の地下鉄	12	3.8
ガラス・コップの割れた音	17	3.3	工事現場	11	4.5

N＝反応した被験者数，M＝平均得点。

留学生堀口純一郎がコーネル大学において，感情経験と身体の定位づけの問題に取り組んでいることを述べている．ホイジングトンによると，堀口は鈍い圧は身体の内部に定位することを指摘したということである（大山 正教授による日本応用心理学史の研究から堀口は帰国後，1930年の日本応用心理学会第3回大会委員長を務めていることが分かった）．

筆者ら（浜・田辺，1984；津田ら，1984；日比野ら，1984）は，ホイジングトンや堀口の考えを検討するために次のような実験を行った．明るい圧を喚起すると考えられる快感情として，「喜び」を，鈍い圧を喚起すると考えられる不快感情として「悲しみ」，「怒り」，「恐れ」を取り上げ，被験者にこれらの感情をイメージするように教示して，その期間に生じる身体部位の生理学的反応の変化を対照群（日常生活をイメージするように教示される）と比較した．被験者は，喜びと悲しみの実験では，大学生 40 名（男女各 20 名），怒りと恐れの実験では男子大学生 20 名であった．

測定には筋電計を用いた．被験者を安楽椅子に座らせ，筋電図（EMG；electromyogram）は被験者の右側大胸筋と腹直筋から双極導出し，交流増幅した．5 分間の安静期間の最初の 2 分間を平均してベースラインとし，イメージ期間の開始時点から 10 秒を 1 ブロックとして，ベースラインからの平均変化値を求めた．図 2.3 は喜びと悲しみの感情を，図 2.4 は怒りと恐れの感情をイメージした場合の胸部と腹部の筋電図の変化である．図は怒りをイメージしたときに胸部の筋電図の変化値が高くなる傾向を示した．悲しみの感情をイメージした場合には，腹部の筋電図の変化値が有意に減少する傾向がみられた．

2.1.4 粗さの異なる触覚刺激による感情喚起

筆者ら（1978）は粗さの異なる触覚刺激によって喚起される感情評価の実験を行った．被験者は大学生 31 名（No 群），精神分裂病者 31 名（Sc 群），神経症者 31 名（Ne 群）．各群は男子 19 名，女子 12 名からなる．刺激材料は松山らの研究（1977）で用いられたのと同じで，8 種類の粗さの研磨砂であった．各研磨砂は JIS 規格により，粗いほうからそれぞれ，36・100・150・220・400・500・1000・1500 番である．これらを水溶性合成接着剤液に混合し，各混合液

表2.3 手に触れることのできるもの (浜, 1997)

明るい圧

男子 刺激	N	M	女子 刺激	N	M
お金	60	3.8	冷たい水	30	4.1
車・バイク	54	3.8	赤ちゃん	21	4.4
女の子	51	4.7	花・花びら	21	4.3
冷たい水	51	4.2	本	18	3.9
動物	50	3.8	お気に入りの服	15	4.1
食べ物	47	3.7	イヌ	14	4.2
氷	24	4.1	ふとん	12	4.0
ボール	24	3.8	雪	11	4.1
雑誌・漫画	23	3.6	ぬいぐるみ	11	3.6
冷たい物	20	4.0	さらさらとした髪	10	3.5

鈍い圧

男子 刺激	N	M	女子 刺激	N	M
虫	48	4.0	虫	28	4.7
金属	39	4.5	汚い物・洗い物	22	3.9
試験の答案紙	39	3.4	魚	14	4.3
汚い物	35	4.1	ゴキブリ	13	4.8
ヘビ	33	4.0	ごみ	13	4.7
専門書	30	4.0	テキスト	11	4.1
ゴキブリ	25	3.4	爬虫類	10	5.0
ごみ	23	3.7	試験の答案紙	9	4.4
泥	21	3.8	ぬるぬるした物	9	3.7
魚	17	3.3	重い物	9	3.4

N=反応した被験者数, M=平均得点。

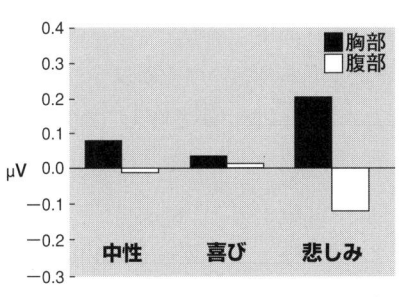

図2.3 喜びと悲しみの感情をイメージしたときの胸部と腹部のEMGの平均変化値 (浜, 1997)

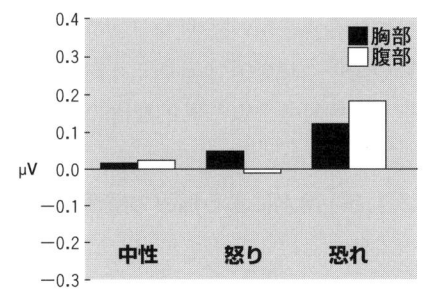

図2.4 怒りと恐れの感情をイメージしたときの胸部と腹部のEMGの平均変化値 (浜, 1997)

を15～25cmの木板上に流し固めたものを用いた。被験者は，15～20cmの長方形の窓にある衝立てに面して腰掛けて，窓に取りつけられた白色ブロード製の筒上の袖を通して利き手で刺激に触れるよう教示された。8刺激はランダムな順序で呈示され，各刺激に対して**表2.4**に示されている22個の形容詞対からなる評定尺度を示し，口頭で7段階評定を求めた。

その結果，**表2.4**に示す22個の形容詞対の各々に，被験者群×刺激の2要因分散分析を行ったところ，「ざらざらした―なめらかな」「不愉快―愉快」「感じがいい―感じが悪い」「好き―嫌い」「かたい―やわらかい」「やわらぐ―こわばる」などの15個の形容詞対で刺激の主効果がみられ，「生き生き―ぐったり」「怠惰―勤勉」「楽しい―苦しい」「いとおしい―にくらしい」の4個の形容詞対で被験者群の主効果がみられた。被験者群と刺激との交互作用は「かたい―やわらかい」で有意であり，「好き―嫌い」の形容詞対で有意な傾向を示した。

図2.5は「不愉快―愉快」の形容詞対での3群の8刺激に対する評定値の平均を示している。図中の刺激番号は研磨砂の粗いほうから順に1～8の数字が与えられている。Sc群，Ne群ともに，No群と同様，密な刺激を「愉快」「感じがいい」「好き」と評定し，粗い刺激を「不愉快」「感じが悪い」「嫌い」と評定していることから，3群ともに密な刺激で快な感情が，粗い刺激で不快な感情が生起しているものと考えられる。しかし，No群，Ne群では快―不快感情が刺激の粗―密に比例しているのに対し，Sc群では中間の刺激にあいまいさがみられた。また，Sc群は「生き生き―ぐったり」「怠惰―勤勉」の形容詞対で，他の2群と比べて「生き生き」「勤勉」と評定しており，このことはSc群が静止した触対象をより動的なものと感じていたからではないかと考えられる。

2.1.5　冷水による痛みの感情喚起

人間における冷水を用いた痛みの研究はヒルガードとヒルガード（Hilgard & Hilgard, 1975）をはじめ，いくつかの研究がみられる。ここでは，同志社大学心理学研究室で行った実験（斉木・渡辺，1979；松山，1981）を紹介する。

被験者は男女各14名の大学生である。痛みの刺激は低温恒温水槽で作られ

2.1 ヤングの感情喚起理論

表 2.4 評定に用いられた 22 個の形容詞対 (浜ら，1978)

不愉快────愉　　快	ぼんやり─はっきり
よそよそしい─なれなれしい	強　気────弱　気
か た い────やわらかい	つめたい─あたたかい
しつこい─あっさりした	感じがいい─感じが悪い
やわらぐ────こわばる	好　き────嫌　　い
楽 し い────苦 し い	悲　観────楽　観
ざらざらした─なめらかな	怠　惰────勤　勉
緊　張────弛　緩	いとおしい─にくらしい
もやもや────すっきり	き つ い────やさしい
嫌　気────乗　気	ためらう─大　　胆
けちくさい─気前がよい	生き生き─ぐったり

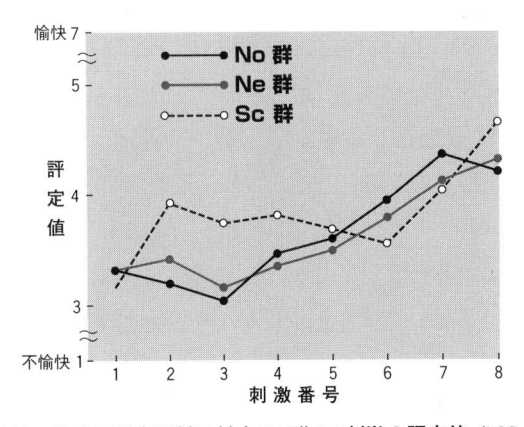

図 2.5 不愉快−愉快の形容詞対に対する3群の8刺激の評定値 (浜ら，1978)

た冷水である。実験前，実験期，および実験後の3期間からなり，実験前と実験後では水温を4℃に維持し，実験期においては水温を4℃，9℃，14℃の3条件とした。また，冷水によって生じた痛みの効果を測るために加算作業を実施した。作業は隣りあう2個の数字合計の一の位の数のみを口頭で答えさせるものである。実験期の1試行は45秒からなり，16個の数字を1列で1枚のスライドを作り，刺激の水温による条件ごとに各8種類用意した。さらに実験前と実験後では1列に16個の数字を4列で1枚として各4種類，計8種類を用意した。水に手をつける時間は45秒であるが，浸水時から，5～10秒，15～20秒，25～30秒，35～40秒の計4回のブロックに，加算スライドを呈示する。結果は図2.6のようになった。浸水時間が長くなるほど加算作業は低下している（図2.7）。水温と各時間経過別に水に手をつけたときの加算作業量と水に手をつけないときとの比較を表2.5に示す。このことは，痛みの増大は加算作業を悪化させ，痛みが人間にとって有害刺激であり，これによって生じる動因が知的作業に干渉効果をもたらすことを示唆している。

2.1.6 温水による感情喚起

松山ら（1997）は，温水の温度と身体部位を変数として感情喚起の実験を行った。被験者は大学生男女各20名である。温度，身体部位，形容詞対を表2.6に示す。感情の評定は7件法で行った。その結果，体温に近い30℃，35℃が，もっとも「気持ちが悪い」と評定され，最低温の10℃がもっとも「気持ちがよい」と評定された。身体部位では，足に対する刺激では男子のほうが女子より「気持ちがよい」と評定したが，他の部位に対しては女子のほうが男子よりも気持ちがよいと評定しており，とくに唇ではその差は有意であった。

2.1.7 痒みの実験心理学的研究

1. 視覚的，聴覚的痒み刺激による痒みの喚起

従来，痛みや痒みの心理学的研究に用いられてきた刺激は，物理的刺激，化学的刺激などの皮膚に直接作用させるものであった。これに対し，直接皮膚に作用しない刺激，すなわち視覚的あるいは聴覚的な刺激などの間接的な刺激に

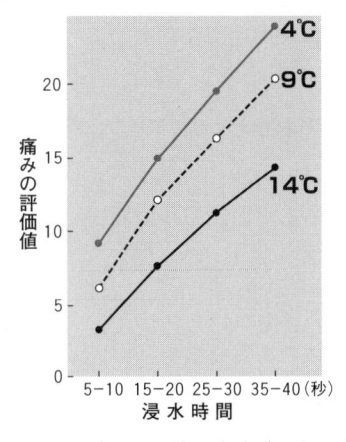

図 2.6 痛みの平均評定値（温度×時間）（斉木・渡辺，1979；松山，1981）

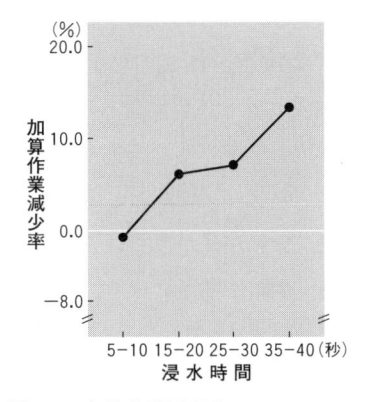

図 2.7 加算作業減少率（斉木・渡辺，1979；松山，1981）

表 2.5 水に手をつけた場合とつけない場合の平均加算作業量と t 値
（斉木・渡辺，1979；松山，1981）

		平均加算作業量		t 値
		水に手をつけない場合	水に手をつけた場合	
4℃	5〜10 秒	7.29	7.21	0.24
	15〜20 秒	7.79	6.96	2.59 *
	25〜30 秒	7.86	6.89	3.71 **
	35〜40 秒	7.57	6.96	1.88†
9℃	5〜10 秒	7.07	7.00	0.18
	15〜20 秒	7.64	7.39	1.00
	25〜30 秒	7.50	6.79	2.10 *
	35〜40 秒	7.54	6.57	3.19 **
14℃	5〜10 秒	7.57	7.11	1.61
	15〜20 秒	7.75	7.14	2.04†
	25〜30 秒	7.54	7.21	1.12
	35〜40 秒	7.71	6.32	4.62 **

$df=27$　† $p<.10$　* $p<.05$　** $p<.01$

表 2.6 温度刺激と身体部位（松山ら，1997）

温　　度	温度刺激として，10℃，15℃，20℃，25℃，30℃，35℃，40℃，45℃の水の入ったビーカーを用いた。
身 体 部 位	掌，前腕の内側，足のくるぶしの上部内側，唇，頬（すべて左半身）に，5秒間ずつ湯の入ったビーカーの側面を接触させた。
形 容 詞 対	オズグッド（Osgood, 1957）の形容詞対の中から「あつい―つめたい」，「嫌いな―好きな」，「にぶい―するどい」，「気持ちのよい―気持ちの悪い」の4対を選んだ。

よって，痛みや痒みが生じるかどうかを報告した研究はない。筆者ら（浜ら，1984）は，皮膚感覚のモダリティの一つである痒みが間接的な刺激によって，実験的に引き起こされうるかどうかを検討した。

被験者は14歳～17歳の男子生徒94名である。痒み喚起刺激は次の3種である。すべてカラービデオである。（ ）内は被験者数。

場面1 少年が戸外で読書中に蚊に悩まされている場面，同時に録音した蚊のブーンブーンという羽音を与えた（N=32）。

場面2 少年が耳かきで耳を掻いている場面（N=31）。

場面3 少年が部屋の中で，頭，腕，脚など身体のあちこちを掻いている場面（N=31）。

刺激呈示時間は1分間で，実験終了後各被験者に面接し，各刺激に対する痒みの程度を①全く感じない，②やや感じる，③感じる，④かなり感じるの4段階で評定させた。痒みの質は，①触れた感じ，②むずがゆさ，③くすぐったさ，④痒み，⑤痛痒さ，⑥ほてった感じ，⑦その他，の7種類とした。なお，実験中被験者の行動をビデオカメラで撮影した。

図2.8は，皮膚への直接的な刺激でなく間接的な刺激によっても，約25％もの被験者に痒みが引き起こされたことを示している。

痒みの質の違いを検討するために，各々の痒みの質ごとにその強さを示す得点を算出した。得点は $\Sigma \dfrac{人数 \times 痒みの程度}{人数}$ の式で算出した。全刺激に共通して報告された痒みの質は，くすぐったさ，痒み，痛痒さの3つで，場面1では痛痒さ，場面2と3では痒みがもっとも高い得点を示した。

2. ナガイモを起痒刺激とした実験——冷水を拮抗刺激として用いて

痒みを喚起する刺激として，欧米ではコエジ（毛の生えた豆）を用いているが，本実験では入手が容易なナガイモを使用した。本実験の目的は，痒みに及ぼす拮抗反応を検討することである。すなわち痒みを生起させた手と反対側の手を冷水につけさせて痒みが低減するかどうかを実験した。

被験者は大学生男女各11名で，刺激および手続きは以下のとおりである。①起痒刺激：ナガイモを皮ごとすりおろしたもの2gを7×7cmの紙の上に5×5cmの大きさに塗布したものを被験者の左前肘内側の中央部に貼布した。②対

BOX2.2 視覚的，聴覚的痒み刺激を用いた実験

田辺ら（1985）は，実験1と同様の手続きを用いて，幼児（5〜6歳）を対象に実験を行った。間接的起痒刺激には場面1で使用したもの以外は幼児用のものを作成した。被験児は幼稚園児男女各28名であった。

刺激は次の4種である。

場面1 蚊がブーンブーンと音をたてて少年の手や足を刺している。
場面2 幼児（男児）が自分の頭や体を掻いている。
場面3 幼児（男児または女児）が父親に背中を掻いてもらっている。
場面4 幼児（男児または女児）が母親に背中を掻いてもらっている。

場面3と4は被験児と同性のものを呈示した。結果は図2.8に示される。

実験1と2を通して，視覚的，聴覚的刺激でも十分に痒みを生起することが明らかとなり，その傾向は幼児においてより大きいことが示唆された。

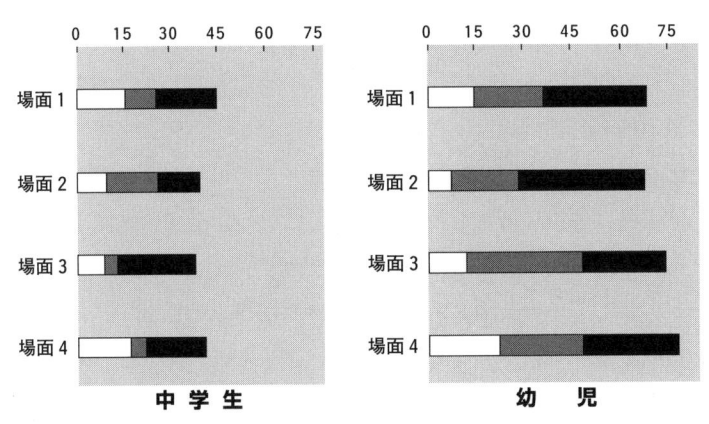

□ 実験終了後被験者が痒みのビデオを見ていて，痒くなったと報告した人数の百分率。
▨ 実験終了後痒みのビデオを見ていて痒くなったと報告した人数と，実験者が収録したビデオを分析していて，分析によって体を掻いている被験者の人数の合計を全被験者数に対する百分率で表したもの。
■ 痒みのビデオを見ている被験者の行動のビデオを分析して，体を掻いている人数の全被験者数に対する百分率。

図2.8 実験1と実験2の結果（浜ら，1984）

照刺激：ジャガイモをナガイモと同様に処理し、デンプン糊を混ぜたもの。③拮抗刺激：低温恒温水槽で10℃に保持された38リットルの冷水。被験者の右手を水面下8.5センチの棚板に手のひらがつくように入れさせる。血流量と痒みの関係を検討するために交叉熱電対式組織血流計にプレートタイプ素子を被験者の左手母指球に装着した。被験者には前方の赤ランプが点灯したら痒みの程度を6段階（0：痒みを全く感じない，1：痒みを感じ始めたがあまり気にならない，2：少し痒い，3：痒みが気になりだした，4：かなり痒い，5：痒みがとても激しく掻きむしりたくなる）で口頭で報告するよう教示した。実験条件は、①起痒刺激—拮抗刺激あり，②起痒刺激—拮抗刺激なし，③対照刺激—拮抗刺激あり，④起痒刺激—拮抗刺激なしの4通り，1日1条件に制限してランダムに施行した。各条件は、イモの貼付期間（200秒），除去後拮抗刺激処置までの処置前期間（200秒），拮抗刺激を受ける処置期間（200秒），およびその後の処置後期間（200秒）より構成される。冷水に手をつけない統制条件では、その間、水槽のふたの上に右手を置いたままの状態にした。痒みの評定値は、それぞれの期間で20秒ごとに1回，すなわち貼付期間および処置前，処置後期間で各10回記録された。

結果を図2.9に示す。図2.9（a）は、ナガイモの貼布により痒みが徐々に増したが、除去後は急激に増加し持続していることを示している。これはマレーとウェーバー（Murray & Weaver, 1975）がカイジを起痒刺激として用いた実験の結果と一致している。図2.9（b）は、冷水が痒みの低減に拮抗的効果をもつことを示唆している。ナガイモを除去後に生じた強い痒みが、起痒させた手を反対側の手にかえた冷水によって低減したことは特記すべきことである。図2.9（c）は、ナガイモを貼布している付近の血流量が拮抗刺激によって減少することも示している。男子に比べて、女子が拮抗刺激のある場合顕著に血流量が減少した点については、さらに検討が必要である。

2.1.8 触覚刺激と感情喚起に関する実験——正常者と精神分裂病者を対象に

松山と浜（1974）は表2.7に示す触覚刺激材料を正常者群（男子学生40名，女子学生40名）と精神分裂病者群（精神科医によって精神分裂病と診断され

2.1 ヤングの感情喚起理論

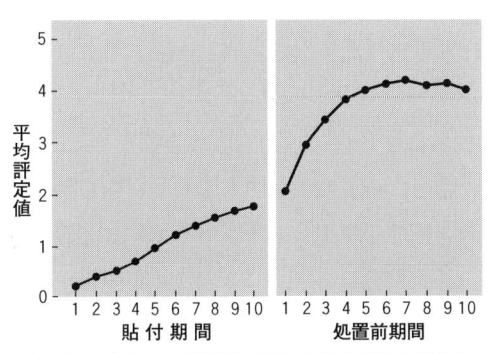

(a) 貼付期間および処置前期間における痒みの評定値（1ブロック20秒）

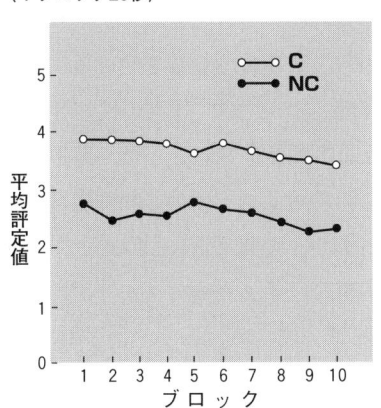

(b) 処置後期間における拮抗刺激のある場合（C）とない場合（NC）の痒みの評定値

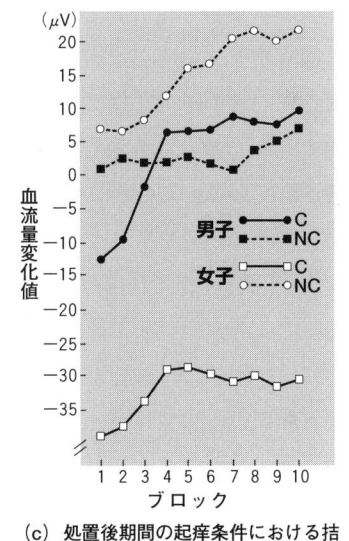

(c) 処置後期間の起痒条件における拮抗刺激のある場合（C）とない場合（NC）の男女別血流量変化値
（血流量変化値；実験開始時の血流量基本水準からの変化量のこと。）

図2.9 痛みに及ぼす拮抗刺激（冷水）の効果 (Hama et al., 1982；浜・三根, 1995)

た入院患者男女各30名）に呈示した．30個の刺激は15個ずつに分けて，第1系列と第2系列とした．したがって各群の被験者はそれぞれ第1系列を与えられるグループと第2系列を与えられるグループに分けられた．

被験者には刺激材料がみられないために，被験者と刺激材料の間に衝立てを設置した．衝立ては，三方をクリーム色のケント紙で張った高さ1m，幅1mのもので，下方中央部に手を入れられる小窓（高さ22cm，幅22cm）を作り，白地の綿カーテンをつけた．

手続きは次のとおりである．被験者に2秒前に「用意」の合図を与え，「はい」の合図で小窓から利き手を入れさせ，そこに置いてある刺激材料を触らせる．10秒間触らせたあと「やめ」の合図で手を引っ込めさせ，すぐに記録用紙に触ったときの感じを評定させた．評定用紙は各刺激ごとに15cmの線が横に引かれたもので，左端には「非常に快い」と表示があり，右端には「非常に不快である」と表示されている．中央に○印がついていて「どちらでもない」と書かれている．被験者には，この○印は便宜的につけたもので，それを気にせずに自分の感じをもっともよく表すと思うところに縦に線をつけるように教示する．1試行は刺激材料1個につき1回の評定からなり，1人の被験者につき15試行で，各試行間隔は30秒とし，呈示順序はランダムとした．精神分裂病者群には教示の後，練習試行を設けた．この練習試行で使用した刺激材料は，正常者群によって中性と評定されたNo.16のボール紙と，No.30のセルロイド板で，第1系列のグループにはセルロイド板が，第2系列のグループにはボール紙が使用された．

得点には15cmの線の左端（非常に快い）からの長さ（mm）を用いたので，得点が高いほど不快と評定されたことになる．図2.10と図2.11で示すように正常者群と精神分裂病者群の結果は類似している．快と評定されたものは両群ともビロード，毛皮で，不快と評定されたものはこんにゃくであった．

2.1.9 ウマと人との接触による感情喚起

人はイヌやネコのようなペット（コンパニオンアニマル）と視覚的，触覚的，言語的に接するとき，どのような影響を受けるのだろうか？　ヴォームブロッ

表 2.7 触覚刺激材料 (松山・浜, 1974)

第 I 系列		第 II 系列	
No.	材　料	No.	材　料
1	ビロード	16	毛皮（ウサギ）
2	畳	17	タオル
3	絹（薄地平織）	18	麻布（やや薄地平織）
4	綿キャラコ	19	和　紙
5	ナイロンストッキング布地	20	桐　板
6	模 造 紙	21	フェルト
7	杉　板	22	竹ざる
8	脱 脂 綿	23	透明ガラス板
9	発泡スチロール	24	フォームラバー
10	ボール紙	25	アルミ箔
11	すりガラス板	26	べにや板
12	サンドペーパー	27	ドンゴロス（麻袋の布）
13	たわし（亀の子たわし）	28	こんにゃく
14	メリケン粉（さわって手が汚れない程度に練ったもの）	29	ゴム板（デスクマット）
15	ビニール風呂敷	30	セルロイド板

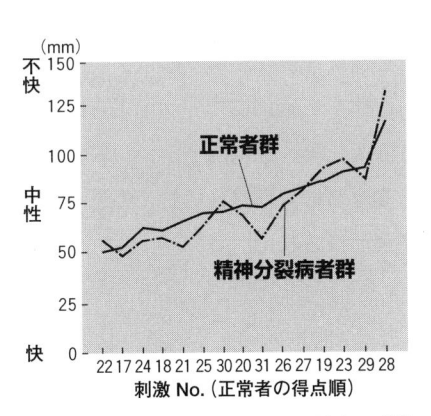

図 2.10 触覚（I 系列）刺激に対する感情得点 (松山・浜, 1974)

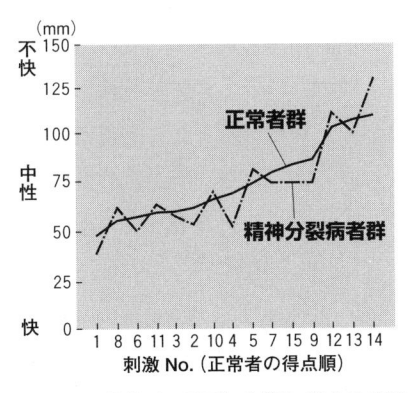

図 2.11 触覚（II 系列）刺激に対する感情得点 (松山・浜, 1974)

クとグロスバーグ（Vormbrock & Grossberg, 1988）は動物が人の心臓血管系（血管や心拍など）に影響を与え，感情を喚起させることを見出し，これを「ペット効果」と名づけた。

筆者ら（Hama et al., 1996）は，同志社大学馬術部の協力を得て，コンパニオンアニマルと人との結びつきを研究した。対象動物にはウマを用いた。被験者を① ウマ飼育群：同志社大学馬術部部員7名（男性），② ペット肯定群：男子大学生60名の中からテンプラー（Templer et al., 1981）のペット態度尺度で高い得点を示した者6名（男性），③ ペット否定群：ペットへの高い否定的得点を示した者5名（男性）に分け，被験馬を去勢された関東産サラブレッド2頭（9歳と8歳）とした。

手続きは以下のとおりである。各群の被験者と被験馬（2頭のうち1頭をランダムに割り当てた）には，心電図送信機を装着した。心電図のベースラインの測定のため被験者には10分間の安息期間を与え，被験馬には実験前に5分間の継時的測定を試行した。被験者は，実験室で心拍の測定を受けた後，12m離れた馬房に歩いていって，ウマの鼻や首，体をやさしく撫でて90秒経過したとき，トランシーバーを介して送られる実験終了の合図で，静かにウマの側を離れて実験室に戻るように教示された。5分の休憩をおいて第2試行が第1試行と同様の方法で行われた。

実験の結果を**図 2.12**，**図 2.13** に示す。各被験者と被験馬の心電図から心拍数を算出し，さらに単位時間当たりの心拍変化率を算出した。ペット否定群に比べて，馬術部員とペット肯定群の心拍数の変化率は比較的早期から安定していた。しかし，ペット否定者も接触を続けるうちに，ウマに対しての恐れが減少して，むしろ好感をもつようになることが示唆された。

2.2 視覚的刺激による感情喚起

2.2.1 幾何学的図形を用いた感情喚起実験

松山ら（1975）は**表 2.8** に示すような規則的変化の可能な幾何学図形を用いた。これらの刺激は13.5cm×10cm の白色ボール紙に太さ1mm の黒インクで

2.2 視覚的刺激による感情喚起

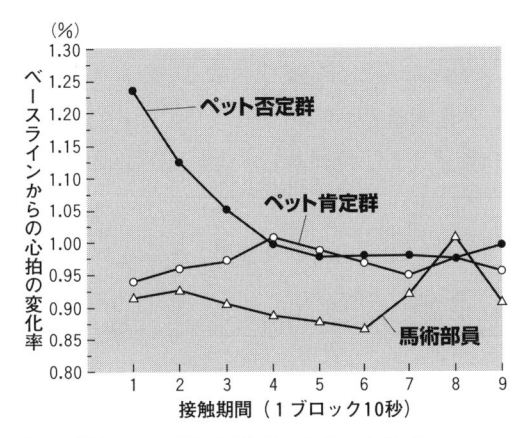

図 2.12 ウマに触れている間の被験者の心拍の変化（Hama et al., 1996）

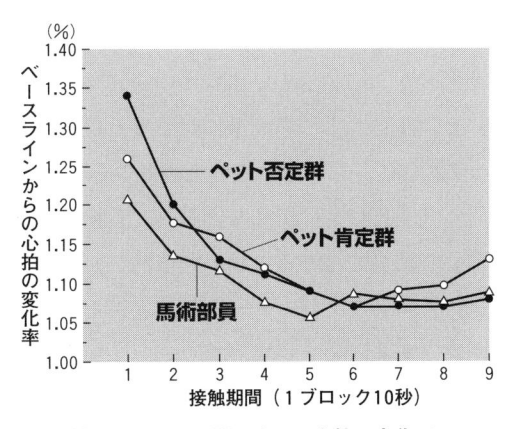

図 2.13 被験者に触れられている間のウマの心拍の変化（Hama et al., 1996）

描かれた。被験者は大学生男女各5名で、ランダムにした刺激カードを被験者に手渡し、「快」、「やや快」、「どちらでもない」、「やや不快」、「不快」の5段階評価を求めた。結果は、B、C、D系列では快得点が高く、F、I系列では低かった。快の感情と刺激の熟知度との間には密接な関係が見られるようである。次にわれわれは、この結果にもとづいて快刺激と不快刺激を5個ずつ選択し、大学生男女各30名、幼稚園児男女各30名を対象に、一対比較法で、どちらが、「快」であるかを判定させた。快刺激と不快刺激の刺激番号は次のとおりである。快刺激は、B—4、B—8、C—9、E—4、L—1、不快刺激は、E—1、F—9、G—10、J—1、K—11。幼稚園児と大学生の両群における感情喚起過程には有意な差がみられなかった。

2.2.2 菱形図形の組合せ

筆者ら(1980)は、3個以内の菱形(2.2cm×4cm)で作成された計28種の図形を用いて実験を行った。**図 2.14** は、2個の菱形を組み合わせた刺激図形である。これらの図形に対し、矢印の方向に長対角線が位置するようにもう一つの菱形を置くことにより、3個の組合せ図形を、台紙のほぼ中央に貼りつけたものを用いた。被験者は大学生男女各60名である。各被験者は、各図形に対して、もう一つの菱形をもとの図形のいずれかの辺に接するように、自由に好きな所に置くようにと教示される。各刺激に対して、反応潜時および選択位置が記録された。この実験終了後に、もとの刺激図形の各々に対し、「単純」、「複雑」、「好き」、「嫌い」、「美しい」、「調和」、「動的」、「目新しい」の8語のうち、その図形から受ける感じに当てはまると思われる語に、○印をつけるよう被験者に求めた。結果は、被験者が「好き」と評価した図形は、「調和」、「美しい」と評価した図形と関連があることを示唆した。

2.2.3 視覚的表面組織刺激による感情喚起

筆者ら(1981)は、触感が視覚的表面組織を用いても生じるかどうかを検討した。被験者は大学生男女各50名である。

刺激材料として縦30cm、横20cmの網点シートのスクリーントーンを白ケン

2.2 視覚的刺激による感情喚起

表2.8 図形刺激の作成手続き (松山ら, 1975)

系列	刺激	1	2	3	4	5	6	7	8	9	10	11	12
A	△ (底辺:高さ)	8:1	7:1.14	6:1.35	5:1.6	4:2	3:26	2:4	1:3	1:4	1:8		
B	□ (横:縦)	5:2	2:1	5:3	3:2	6:5	1:1	5:6	2:3	3:5	1:2	2:5	
C	○ (長径:短径)	5:2	2:1	3:2	4:3	5:4	6:5	7:6	12:11	1:1			
D	(正多角形)	3	4	5	6	7	8	9	10	11	12		
E	├→┤ (mm)	0.3	0.6	1	2	3	4	5	6	7	8		
F	(本)	1	2	3	4	5	6	7	8	9	10		
G	─┼─ (左辺:右辺)	1:10	2:9	3:8	4:7	5:6	6:5	7:4	8:3	9:2	10:1		
H	┼ (上:下)	1:10	2:9	3:8	4:7	5:6	6:5	7:4	8:3	9:2	10:1		
I		0°	15°	30°	45°	60°	75°	90°	105°	120°	135°	150°	165°
J	A	15°	30°	45°	60°	75°	90°	105°	120°	135°	150°	165°	
K	V	15°	30°	45°	60°	75°	90°	105°	120°	135°	150°	165°	
L		0°	15°	30°	45°	60°	75°	90°	105°				

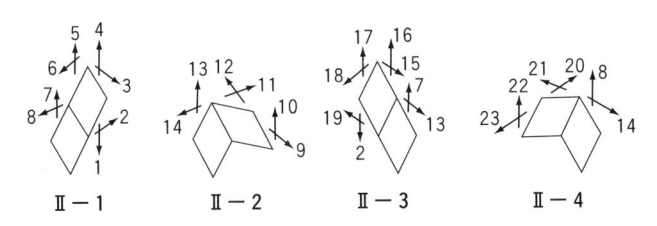

図2.14 菱形2個を組み合わせた図形 (浜ら, 1980)

ト紙に貼りつけたものを用いた。刺激変数としては，網点（黒い小円が縦横に等間隔で配列されている）の密度と濃度とがある。本実験では，密度変数として，1inchあたりの列が30，50，85および133本の4段階を濃度変数として，地に対する黒の部分の面積比が，10，20，30，40および50%の5段階を選択し，合計20通りの刺激が用いられた（**図2.15**）。

手続きは以下のとおりである。装置は，前方に縦3cm，横9cmの，のぞき窓のついた高さ30cm，幅26cm，奥行き28cmの箱である。装置に練習用刺激を挿入後，被験者にのぞき窓から両眼で刺激を見るようにと教示する。実験者は**表2.9**に示されている22個の形容詞対を読み上げ，被験者は刺激を見ながら口頭で7段階の評定を行う。練習終了後，20刺激を無作為な順序で被験者に呈示し，それぞれに評定を行わせた。

この結果にもとづいて各刺激の因子得点を求め，分散分析を行ったところ第1因子と第3因子とにおいて，密度と濃度およびそれらの交互作用が有意であった（**表2.9**）。**図2.16**は横軸に第1因子，縦軸に第3因子をとって各刺激の平均因子得点の布置を図示したものである。**図2.16**にみられるように，密度の粗い刺激（30lpi；lpiは1inchあたりの列の数を表す）は，不快で生き生きと感じられるのに対し，密な刺激（85lpi，133lpi）は，快で弱々しく感じられており，全般的に濃度が増すにしたがって，より不快と感じられている。言い換えるならば，目のつまった薄い色の刺激が好まれるようである。これらの結果は，これまでの触覚刺激を用いた実験の結果と類似していて興味ぶかい。

2.2.4　視覚的運動刺激による感情喚起

バックとケイツ（Buck & Kates, 1963）は，①人間の行動型を手掛かりとしてその情緒を部分的に知ることができる，②非人間的な動きも人間的な動きと同じように人格についての情報となりうる，③単純な動きの型から人格特性を推定することができるという考えにもとづいて，2個の矩形で愛情と怒りの印象を与える運動的手がかりを用いたアニメーションを10種（**表2.10**）考案した。2cm×4cmの白の長方形が2個水平に移動する。長方形は長いほう（4cm）が横で短いほう（2cm）が縦である。バックとケイツは正常者を被験者に各ア

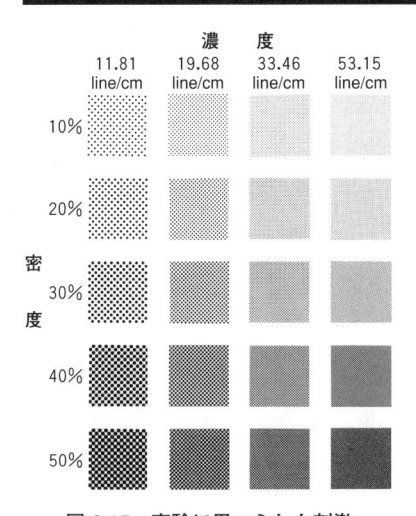

図 2.15 実験に用いられた刺激
(Hama et al., 1981)

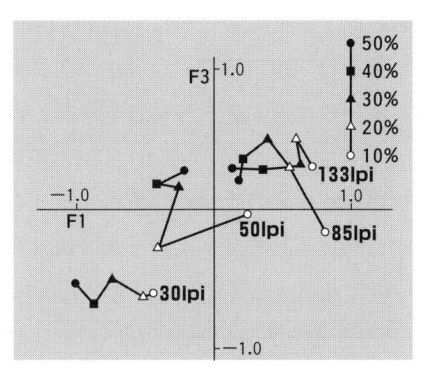

図 2.16 平均因子得点の布置
(Hama et al., 1981)

表 2.9 因子負荷行列 (Hama et al., 1981)

形 容 詞 対	F1	F2	F3
4. しつこい ―あっさりした	.75	.09	.17
9. もやもや ―すっきり	.74	.07	−.24
10. 嫌気 ―乗気	.70	.35	−.22
1. 不愉快 ―愉快	.65	.29	−.11
7. ざらざらした―なめらか	.59	.13	.34
12. ぼんやり ―はっきり	.49	−.00	−.42
6. 楽しい ―苦しい	−.57	−.52	.22
19. いとおしい ―にくらしい	−.61	−.32	.06
16. 好き ―嫌い	−.74	−.32	.07
15. 感じがいい ―感じが悪い	−.74	−.34	.09
3. かたい ―やわらかい	.23	.62	.29
14. つめたい ―あたたかい	.11	.58	−.02
8. 緊張 ―弛緩	.24	.55	.31
2. よそよそしい―なれなれしい	.03	.53	−.11
20. きつい ―やさしい	.46	.50	.38
17. 悲観 ―楽観	.28	.49	−.36
11. けちくさい ―気前が良い	.35	.46	−.24
5. やわらぐ ―こわばる	−.40	−.63	−.30
13. 強気 ―弱気	.12	.13	.67
22. 生き生き ―ぐったり	−.28	−.23	.64
18. 怠惰 ―勤勉	.27	−.17	−.39
21. ためらう ―大胆	−.28	−.23	−.64

ニメーションを呈示して，愛情，怒り，恐れ，驚きの4個の情動の判断を強制選択法によって求め，ⅣとⅩを愛情，ⅨとⅧを怒りの場面として特定した。この結果にもとづき，病前人格良好の精神分裂病者群と病前人格不良の精神分裂病者群を対象に実験を行い，3群における相違を検討している。

筆者ら（1972）は，バックとケイツの実験を追試した。

被験者は，大学生男女各140名。運動刺激はバックとケイツが考案したもの10種類を16フィルムにおさめ，スクリーン上に映写した。被験者にはⅠ～Ⅹに対して自分の受けた印象にもっとも合致する情動語をチェックするように教示した。情動語はプルチックの情動理論にもとづく8個の基本情動の中間強度水準に相当する「受容」，「喜び」，「怒り」，「期待」，「嫌悪」，「悲しみ」，「恐れ」，「驚き」であり，「分からない」を加えた9個の言葉をランダムに印刷した回答用紙を用意した。

その結果，8個の運動手がかり刺激のうち，正常者群では，男女とも，Ⅳ，Ⅵ，Ⅹを愛情が喚起されると回答した。これは，同じ速度で2個の矩形が両方向から接近し，接触後移動する場面からそのように判断したと思われる。またⅥは男女とも「喜び」を喚起した。しかし興味ぶかいことは精神分裂病者群では（とくに男性患者），両方向から2個の矩形が接近する場面を激しくぶつかり合っていると判断され，不快感情を喚起したのである。

2.2.5 色彩刺激による感情喚起

筆者ら（浜ら，1974；浜，1981）は，明度，彩度，色相を考慮に入れた色彩の刺激を用いて，どのような色が被験者によって性的な印象をもつと評定されるのかを検討した。刺激にはマンセルの標準色票のうち，5R（赤）・5YR（橙）・5Y（黄）・5GY（黄緑）・5G（緑）・5BG（青緑）・5B（青）・5PB（青紫）・5P（紫）・5RP（赤紫）の10枚と色相環表が用いられた。被験者は大学生男女各50名で，まずランダムに呈示される10枚の色票それぞれについて，その中から性的な印象をもつものと一般的に好ましく思われる色票を各3個ずつ選択することを求めた。

10枚のカード（明度・彩度）の結果と色相環表の結果とが別々に処理された。

表 2.10　アニメーションの種類（松山・浜，1974）

I	AとBとは最初30cmはなれて左右に位置している。A・Bは各々75cm/秒の速度で同時に接近し，各々15cm移動した所で出会う。その位置で2秒間とどまった後，Aだけが元の速度で元の位置にもどる。
II	AとBの元の間隔は30cm。Aは14.3cm/秒，Bは75cm/秒の速度で同時に接近。Bは15cm移動して，その場にとどまる。Aは10cm移動の後，同じ速度で元の位置にもどる。
III	AとBの元の間隔は30cm。A・Bとも14.3cm/秒で同時に接近する。各々15cm移動した所で出会い，2秒間そのままとどまる。その後Aだけが元の速度で元の位置にもどる。
IV	AとBの元の間隔は30cm。A・Bとも14.3cm/秒で同時に接近する。各々15cm移動した所で出会う。A・Bはそのまま2秒間とどまり，その後両者そろってAの元の位置に元の速度で移動する。
V	AとBは最初20cmはなれて左右に位置している。Aは75cm/秒でB方向へ移動をはじめ，Bに接触してとまる。Bは3秒間そのままいた後に14.3cm/秒でAからはなれる方向へ10cm移動する。
VI	AとBは20cmはなれている。Aが75cm/秒でBの方向へ移動し，接触するとすぐに両者はそろって75cm/秒で左方向へ10cm移動する。
VII	AとBのはじめの間隔は20cm。Aが14.3cm/秒でBに接近し，接触して3秒間そのままとどまった後，Bのみが75cm/秒で10cm左方向へ移動する。
VIII	AとBは20cmはなれている。Aは14.3cm/秒でBに接近する。AがBに接触してすぐBは単独で75cm/秒の速度で，左方向へ10cm移動する。
IX	AとBは20cmはなれている。Aは75cm/秒でBに接近する。接触後すぐBは14.3cm/秒で左方向へ10cm移動する。
X	AとBのはじめの間隔は20cm。Aは17.9cm/秒でBに接近する。接触後すぐAとBはいっしょに左方向へ14.3cm/秒で10cm移動する。

明度・彩度はそれぞれ性差，快の変数，およびその交互作用の要因について2要因の分散分析で処理された（**表2.11**）。また被験者が，色相環表のうちからセクシャルなものと好ましいものとに分けてそれぞれ最初に選択した度数分布が**図2.17**に示されている。色の3要素のうち，明度，彩度については**表2.11**に示すように，性的快感情と一般的快感情との間に明確な差異を発見することはできなかった。5P（紫）において性差と快評価の交互作用が有意であったことが注目される。一方，色相に関しては，**図2.17**に示すように女子は紫をセクシャルであると評定しているのに対して，男子では，赤と評定している。大山（1994）は，14種類の象徴的な内容の単語を145名の女子大学生に呈示して，それぞれにもっとも適した色を16の色から選ばせる調査を行った。その結果，嫉妬を象徴する色として，赤と紫がもっとも多く選ばれている。

大山ら（Oyama et al., 1962）は，16種類の色と35の情動語の尺度を用いて，日米の大学生における色彩の感情次元を研究した（被験者は日本の女子大学生43名，アメリカの女子大学生21名）。

2.2.6 視覚的刺激によって喚起される性的感情
——ヌード写真の呈示によって喚起される感情過程

図6.6（p.211）にも紹介されているが，ヘス（Hess, 1965）はある日，自分が美しい動物の写真を見ているときに十分な照明下であったにもかかわらず，彼の瞳孔が大きくなっていることを家人に指摘され，はっとした。彼はもともと視覚心理学に関心をもっていたが，このことから瞳孔の大きさと感情との関係について研究を進め，一連の実験を通して瞳孔は魅力的なものに対しては拡大し，嫌悪的なものに対しては縮小するという説を提唱している。

筆者らは，性的感情を生起すると思われる視覚刺激（カラースライド）を大学生（男・女）と幼稚園児（男・女）に呈示して，瞳孔の大きさがある一定の短い時間内にどのように変化するかを観察した。大学生に呈示した刺激は男性と女性のヌード写真で，幼稚園児に呈示した刺激は，6歳男子のヌード写真と同男子の着衣写真，6歳女子のヌード写真と同女子の着衣写真である。このほか中性刺激も用意されたが，ここではふれない。

表2.11 明度・彩度別の分散分析の結果（浜ら，1974；浜，1981）

色相		明度			色相		彩度		
		A	B	A×B			A	B	A×B
5R	（赤）	－	＋	－	5R	（赤）	＋	＊	－
5YR	（橙）	＊	＊＊＊	－	5YR	（橙）	＋	－	－
5Y	（黄）	－	－	＋	5Y	（黄）	＊	－	－
5GY	（黄緑）	＊＊＊	－	－	5GY	（黄緑）	＊	－	－
5G	（緑）	＊＊＊	－	－	5G	（緑）	－	－	－
5BG	（青緑）	＊＊＊	＊	－	5BG	（青緑）	＋	－	＊
5B	（青）	＊＊	－	－	5B	（青）	－	－	－
5PB	（青紫）	＊＊	－	－	5PB	（青紫）	－	＋	－
5P	（紫）	＋	－	＊＊＊	5P	（紫）	－	－	＊＊＊
5RP	（赤紫）	＊	－	－	5RP	（赤紫）	＊＊	＊	＊

A：男×女　　B：性的快×一般的快
＊　$p<.05$　　＊＊　$p<.01$　　＊＊＊　$p<.001$
＋　$p<.10$

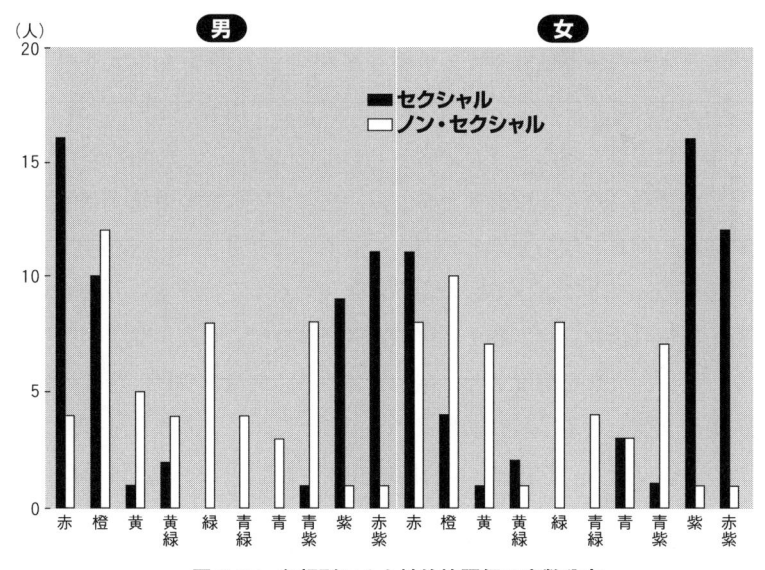

図2.17　色相別にみた性的快評価の度数分布
（浜ら，1974；浜，1981）

各刺激を呈示後，左眼の瞳孔の大きさを毎秒2コマの速度で，連続的にカメラによって撮影した。呈示時間は10秒間である。**図2.18，図2.19**の横軸は，時間次元で1ブロック1.5秒である。縦軸は瞳孔の直径の平均値で，結果はヘスの仮説を支持している。

しかし，ここでは図示しないが，幼稚園児の結果は，大学生の結果とは少し異なっていた。男児では，女性のヌードに対して瞳の瞳孔の拡大がみられたが，女児では，男性のヌードに対して瞳孔の拡大はみられなかったのである。その代わり，着衣男児のスライドに対しては瞳孔の拡大を示したことは興味ぶかい。

2.3　聴覚刺激による感情喚起

2.3.1　音声（人の声）を用いた実験

松山・荘厳（1972）は，中性的な文章（「おばあさんが来るころだから早く帰りましょう」）を，喜び，悲しみ，恐れの3つの情動をそれぞれ表すよう吹き込んだ録音テープを被験者に呈示して，これによって生じる感情喚起過程を分析している。また種々な情動をこめて読まれた内容的に意味のある文章（たとえば怒りの文章）をフィルターを通して，その言語や内容が不明瞭なものにしたものを用いた実験もある。また筆者ら（Tokaji & Hama, 1993）が行ったように2種類の情動（たとえば喜びと悲しみ）をこめて作成した短文刺激をイヤホンで被験者の両耳に同時呈示してコンフリクトを生じさせ，感情喚起過程が2種類の情動のセットによってどのように変化するかを検証する方法もある。

平野・浦田（1974）は，139種類の音声刺激を用意し，被験者の快―不快の感情を，音声周波数を測度として確かめている。刺激材料は，音楽の素養のある成人男子2名と女子1名により，ア，イ，ウ，エ，オの5母音と鼻音（ハミング）の6種である。各刺激は，音階にもとづき2オクターブ15音階にわたって発声録音された。発音時間は10秒間であるが，そのうち，もっとも安定した5秒間分を用いて，被験者にヘッドホンを通して呈示した。各刺激呈示後に，7段階尺度で快か不快かを評定させたが，結果は，音声周波数が高くなるほど快値が上昇することを示した。

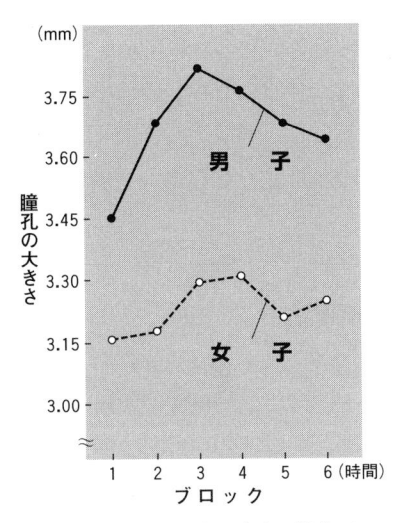

図 2.18　女性ヌード刺激に対する瞳孔の拡大（浜ら，1982）

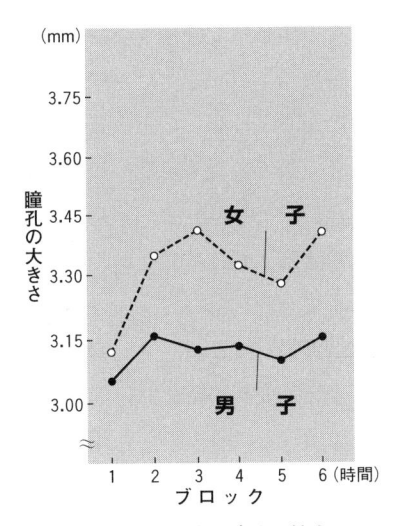

図 2.19　男性ヌード刺激に対する瞳孔の拡大（浜ら，1982）

2.3.2 音楽的リズムを用いた実験

梅本ら (1983) は,長さや構造の異なるさまざまのリズムパターンを作成してそれらを大学生24名に個別法で呈示した。これに対して打叩反応で同期させ,同期開始までの回数や正確な時点からの反応のずれを測定し,各リズムパターンに対する反応を分析した。同期反応の結果は,①拍の進行につれて次第に速くなる,②接近した2拍は速くなる,③全般に尚早反応が多いことを示した。

2.3.3 音声表出の実験的研究

音声表出の実験的研究はヴントに始まる。彼はドイツ語の「Ja」を「Ja?」と疑問形で発音する場合と,肯定形で発音する場合との声の周波数を検討している。

わが国では,佐久間 (1920a, b) が,すでに大正時代に「語彙調子と感情の表出 (上)・(下)」と題した報告を行っている。彼は,2つの論文に国語の心理学的類察という副題をつけ,話し手の感情的要素が声の高低や,アクセント,話の調子に影響することをさまざまな実例をあげて論述している。また実際の話（問答）のときには,言葉調子（上げ下げ）によっては質問であるのか,返答であるのかが明らかにわかると述べている。また「強く言い切る」と普通いわれるように自分の主張を力強く表現するためには,言葉じりを下げることもあると指摘している。佐久間 (1920b) は,上述のヴントの実験を,ヴントの著『民族心理学』第2巻言語第2部に掲載されたものを引用している。そして佐久間は「そう」という言葉を例にとって,声の調子が感情表出によって異なることを図示し,図2.20 と図2.21 がヴントの肯定の ja と反問の ja と類似していることを強調している。佐久間の時代には,現在使用されているような高度な音声分析器など皆無であったにもかかわらず,このような知見が提供されたことは驚嘆に値する。また本宮 (1935) は,帝国学士院の奨学金を受けて「声波および言語の声波的構造に対する感情の影響」の研究を行っている。本宮はまず,日本語母音のフォルマントの研究を企図し,ローヒルガー社の聴覚測定器を使用して測定を行った。被験者は同志社大学心理学研究室の助手と学生で

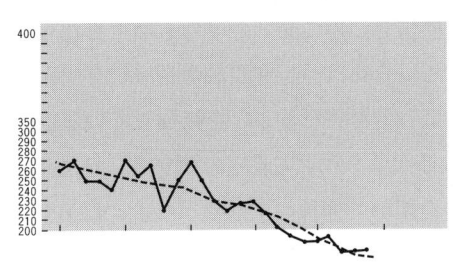

（Ⅰ）肯定＝（さうです）の意味でいふとき

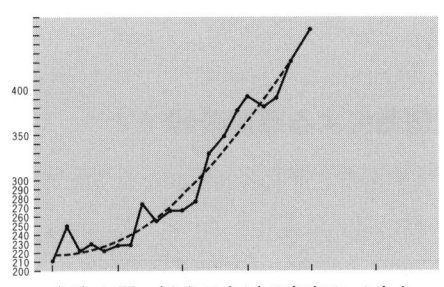

（Ⅲ）反問＝（さうですか）の意味でいふとき

図 2.20 感情表出と声の調子（佐久間，1920a）

肯定のja

反問のja

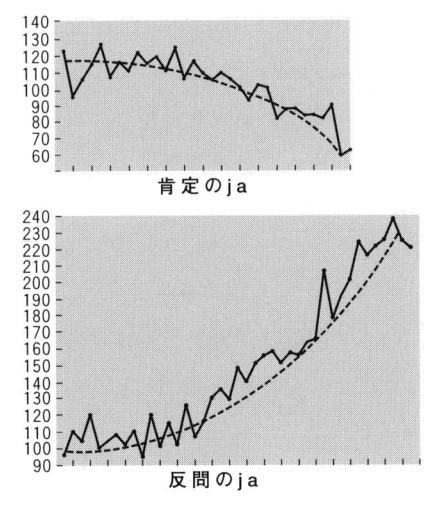

図 2.21 ドイツ語のjaの高低曲線（ヴントによる）（佐久間，1920b）

男子7名，女子4名であった。アエイオウの母音を各被験者に，普通の調子で発音させたものと，感情をこめて発音させたものとを比較している。その結果，感情をこめて発音する場合には，特有周波数帯域に移動が生じることを，また感情・情緒の種類によっても異なることを指摘している。榎本ら（1980）は，45年前の本宮（同志社大学心理学実験室の創立者）の研究に触発されてサウンドスペクトログラフを用いて同種の実験を行った。彼らは24種類の音声を，高さ，大きさ，速さの3つの音の特質を測度として，感情・情緒の追究をしている。

2.4 味覚刺激による感情喚起

　藤田（1970）は，ヤングとマドレン（Young & Madren, 1963）やカポフら（Kappauf et al., 1963），ヤングとトラフトン（Young & Trafton, 1964），ヤングとシュールツ（Young & Schulte, 1963）らの研究を参考にしながら，味覚刺激として次のようなものを選んだ。快刺激としてしょ糖（Saccharose, $C_{12}H_{12}O_{11}$）溶液4種，中性刺激として蒸留水，不快刺激としてキニーネ（硫酸キニーネ；Quinine Sulfte, $(C_{20}H_{24}N_2O_2)_2 \cdot H_2SO_4 \cdot 2H_2O$）溶液4種の計9種の溶液を用いた（**表2.12**）。

　これらの濃度は，飽和溶解度と閾値をもとにして定められているが，飽和溶解度では非常に溶けにくいため，それより幾分下で比較的溶けやすいところを「もっとも甘い（No.1）」，「もっともにがい（No.9）」とした。また，「もっとも甘みのない（No.4）」の濃度には，しょ糖の閾値についての種々の研究があり，ここでは2％を用いた。「もっとも苦味の少ない（No.6）」の濃度にはキニーネの閾値をあてた。キニーネの閾値は，吉田（1967）の研究にもとづき，大部分の人が，苦味を感じる程度とした。No.1とNo.4の間，No.6とNo.9の間は，それぞれ対数で等間隔にとった。

　被験者は正常者群として，大学生男女各30名。精神分裂病と診断された入院患者，男子女各30名である。まず，「用意」の合図で実験者は，手前の窓から被験者に一口分（20cc）の溶液を入れたコップを呈示し，「はい」の合図でそ

2.4 味覚刺激による感情喚起

表2.12 各溶液の濃度 (藤田, 1970)

No.	溶　　液	濃度（%）
1	しょ糖溶液（しょ糖＋蒸留水）	50.0
2	しょ糖溶液（しょ糖＋蒸留水）	17.1
3	しょ糖溶液（しょ糖＋蒸留水）	5.85
4	しょ糖溶液（しょ糖＋蒸留水）	2.00
5	蒸　留　水	
6	キニーネ溶液（キニーネ＋蒸留水）	0.005
7	キニーネ溶液（キニーネ＋蒸留水）	0.014
8	キニーネ溶液（キニーネ＋蒸留水）	0.042
9	キニーネ溶液（キニーネ＋蒸留水）	0.120

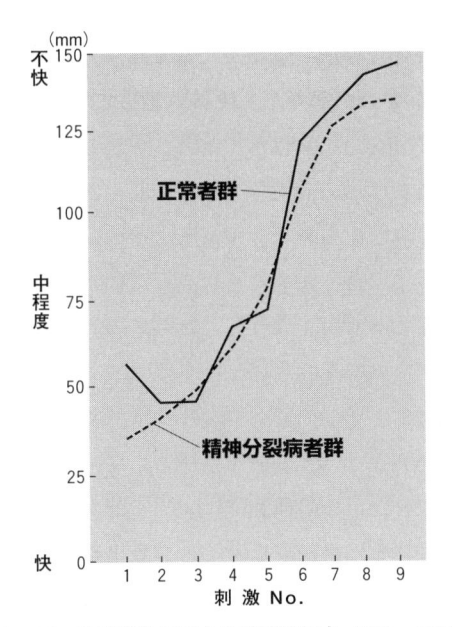

図2.22 味覚刺激に対する感情評価点 (藤田, 1970)

れを全部口に含ませた。5秒間口に含ませ,「やめ」の合図で横のバケツに吐き出させ,溶液を口に含んだ時の気持ちをすぐに記録用紙に評定させた。評定には150mmの線を引いた評定尺度を使用した。左の端にはもっとも不快であると記入されていて,右の端にはもっとも不快でないと記入されていた。被験者は自分の感じに合うところに1cmほどの縦の線を線上に引くようにと教示された。評定後は,口の中の味が消えるまで何度も水で口をゆすがせた。試行間隔は,No.9を5分,No.8を3分,No.7を2分,あとはすべて1分とし,呈示順序はランダムにした。図2.22は,各味覚刺激に対する各群の感情評価点を示している。

2.5 嗅覚刺激による感情喚起

　筆者（浜，1995）は，香りによるストレス軽減効果の研究の一環として，香り（檜とオレンジ）を化粧療法の途中で噴霧して香りのリラクセーションの効果を確かめた。写真は87歳の被験者である（**図2.23**）。檜の香りが流れると彼女は急に生き生きして「ああこれは檜の香りですね」と言った。実験者が「そうですよ」と言うと彼女は過去の記憶を語り出した。彼女の昔の家は材木屋で，家の後ろには材木置き場があったそうである。その倉庫にはつねに子どもたちが遊びに入っており，檜の香りがあたりに漂っていた。彼女は昔のことを思い出してとても楽しそうであった。こうした被験者の香りに対する反応から推測できるように，香りが人の心を和らげ，リラックスさせることは間違いないように思われる。

　同志社大学心理学実験室では，脳波を指標として，檜の香りがもつストレス軽減効果について研究した。この研究では，アイゼンクが提言したパーソナリティ分類によって，香りの効果が異なることを見出している。とくに，外向的で神経症傾向の低い人は，騒音によるストレス下でも，檜の香りを流すと脳波に α 波が増加することが明らかになった。α 波は快適さを表す重要な指標であるから，檜のリラクセーション効果は快適さを表すといわれている α 波の増加を示した。結果の一部は，筆者ら（浜・宮崎，1998）によって報告された。

2.5 嗅覚刺激による感情喚起

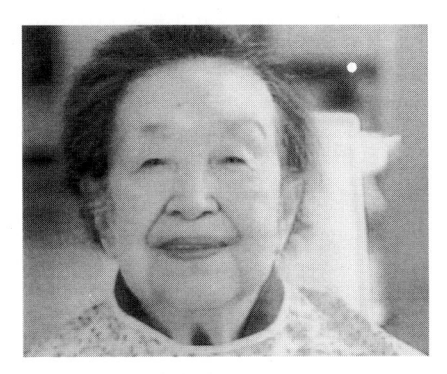

図 2.23 檜の香りのリラクセーション効果 (浜, 1995)
被験者の後方から檜の香りが噴霧されている。

表 2.13 香りのもたらす心理的効果 (城戸・吉田, 1937)

香 り	心理的効果
チベット	すがすがしい，甘い，重い
サンダルウッド	新鮮な卵色，滑かさ，軽さ，明るさ
レモン	少々くどい，重い，明るい
パチュリー	清新な感じ，軽い，暗い，甘い，透明な，柔かさ
クマリン	クラリネット，ヴァイオリン，ヴィオラ
ジャスミン	ハープ，チェレスタ，ヴァイオリン，オーボエ，イングリッシュホーン
ヘリオトロピン	フリュート，チェロ，クラリネット
ミモザ	ヴァイオリン，フリュート
イランイラン	トランペット，ヴァイオリン

志方（2000）は，味覚と嗅覚の相乗効果について述べている。嗅覚は鼻腔にある嗅細胞によって受容されるが，われわれが鼻孔から息を吸い込んだときに，その中に含まれている匂い活性物質が嗅上皮に到達して嗅覚となる。また食物などを口に入れた場合にその中の匂い成分が鼻に逆流して嗅覚を発現すると仮説している。今後の匂いの心理学的研究について一つのを示唆を与えたものといえよう。

城戸・吉田（1937）は**様相通有性**（synaesthesia）の側面から香りの心理学的効果を分析し，匂いを楽器に例えている（**表 2.13**）。

2.6 イメージによる感情喚起

ラング（Lang, 1979）は，生物情報理論の中で，イメージが刺激命題（状況），反応命題（生理反応を含む諸反応），そして両者を関係づける意味命題（恐怖などの意味づけ）で構成されており，意味命題を操作することで生理反応が変化する可能性を示唆している。廣田（1992）はラングの説にもとづいて，2群の被験者を用いて実験を行っている。刺激は中性，ヘビがいる状況，社会的状況の呈示であるが，第1の群には不快の意味命題（恐怖あるいは不安）を，もう一方の群には快の意味命題（安静）を与え，イメージするよう求めた。被験者は大学生（男子4名，女子6名）であった。不快の意味命題を呈示した群では心拍数と前頭筋筋電図の増加が認められた。

余語ら（Yogo et al., 1995）は，イメージと心理生理的反応の関係を検討した。被験者は大学生であった。被験者を中性，喜び，怒りの喚起に関係する状況（典型的状況と私的状況）をイメージする群と，それらの状況に加えて身体反応（典型的反応と私的反応）をイメージする群に分け，心拍数と血圧の変化率を調べた。中性事象のイメージよりも喜びならびに怒り事象のイメージで，また典型的事象のイメージよりも私的に経験した事象のイメージで，状況イメージよりも反応イメージで血圧の上昇が認められた。

辻ら（1996）は，不快感情を喚起させると考えられる感覚事象を表出した刺激文（**表 2.14**）を大学生男女各20名に呈示して，想起された感情を口述させ

2.6 イメージによる感情喚起

表 2.14 実験に用いた刺激文 (辻ら, 1996)

番号	刺 激 文	感覚	番号	刺 激 文	感覚
E1	夜中に突然電話のベルが鳴る	聴覚	13	生魚の臭いを嗅ぐ	嗅覚
E2	交通事故の現場を目撃する	視覚	14	エレベータに独りで閉じこめられる	視覚
			15	電車の中で他人と身体が触れ合う	触覚
1	暗い夜道を独りで歩く	視覚	16	鉛筆の先を自分の顔に向けられる	視覚
2	消防車のサイレンを聞く	聴覚	17	蝶を指でつまむ	触覚
3	ヌルヌルした魚を素手でつかむ	触覚	18	他人が怪我で血を流しているのを見る	視覚
4	人混みで汗の臭いを嗅ぐ	嗅覚	19	ガムをクチャクチャ噛む音を聞く	聴覚
5	食器の割れる音を聞く	聴覚	20	タバコの臭いを嗅ぐ	嗅覚
6	生ゴミの臭いを嗅ぐ	嗅覚	21	動物が解剖されているのを見る	視覚
7	ビルの屋上から地面を見下ろす	視覚	22	マイクがハウリングする（キーンという）音を聞く	聴覚
8	黒板を引掻く音を聞く	聴覚	23	靴の中に砂が入る	触覚
9	ニンニクの臭いを嗅ぐ	嗅覚	24	強い香水の匂いを嗅ぐ	嗅覚
10	人の悲鳴を聞く	聴覚	25	蛇が這っているのを見る	視覚
11	ナフタリンの臭いを嗅ぐ	嗅覚	26	街頭宣伝車のスピーカの音を聞く	聴覚
12	真っ暗な押入に閉じこめられる	視覚	27	雨で髪の毛が濡れる	触覚

注）E1・E2は練習用。刺激文1～12を第1セッション，13～27を第2セッションで使用した。

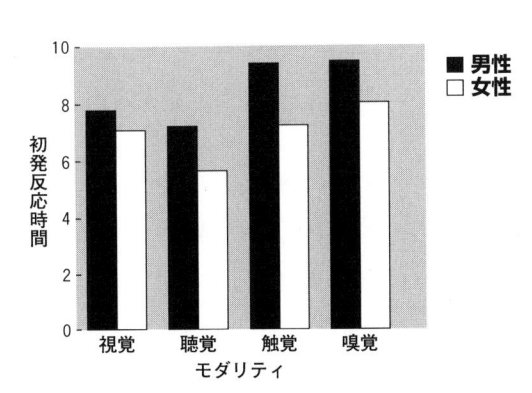

図 2.24 感覚モダリティおよび性と初発反応時間との関係 (辻ら, 1996)

た。感覚のモダリティは視・聴・触・嗅・味覚の5種である。**図2.24**は初発反応時間の平均値を示す。男性が女性よりも有意に長かった。感覚のモダリティによる差は見出されなかった。なお，筆者はベッツ（Betts, 1909）のQMI（Questionnaire upon Mental Imagery）を邦訳し，イメージの型とロールシャッハ反応との関連についての研究を進めている（浜・中井，1985；1986；1987）（**付表C**参照）。

2.6.1 性的語に含まれる感覚的情動的意味

濱ら（1979）は，日常使われている畳語（同一の単語を重ねて一語とした語）の中から性的語と判断されたものを選び出し，それらの語がどのような意味内容を含むものであるかを検討した。

被験者は大学生男女各25名。被験者に畳語569語を呈示し，①性的と感じられるか否か（2件法），②次の7個の感覚項目，すなわち嗅覚，触覚，痛覚，視覚，聴覚，味覚，内部感覚の各項目の各々について該当するかしないか（2件法）で評定するよう教示する。さらに情動に関する項目について評定させた，情動項目の内訳は，①「活動的な感じを与えるか」，「あるいは静止した感じを与えるか」，または「どちらの感じも与えない」，（動−静項目，3件法），②「強い感じを与えるか」，「あるいは弱い感じを与えるか」，または「どちらの感じも与えない」，（強−弱項目，3件法），③快的感情を喚起するかあるいは不快な感情を喚起するか，または快と不快の混合した感情を喚起するか，あるいはまたいずれの感情にも無関（無記的，中性的）であるか，（快―不快―混合―無関，4件法）である。

その結果，50名中45名までが性的であると判断した畳語は，モミモミの45得点を最高に，ガヤガヤ・ガアガアなどのような0得点のものにまで及んだ。性項目得点の平均7.48の1/2標準偏差以上に含まれる114語を高性的語群，1/2標準偏差以下に含まれる188語を低性的語群と選択した。性的語が含む意味内容を明らかにするために，両群における7個の感覚項目と6個の情動項目の各得点における差の検定を行った（**表2.15**）。性的語が含むと考えられる感覚的要素には聴覚的なものは含まれない傾向があることが結果から示唆された。

2.6 イメージによる感情喚起

表 2.15 高性的語群と低性的語群における畳語の各項目の得点分布（濱ら，1979）

群	畳 語	嗅覚	触覚	痛覚	視覚	聴覚	味覚	内部感覚	動―静	強―弱	快	不快	混合	無関
高性的群（45得点―31得点）	モミモミ	1	36	3	19	1	1	5	31	1	17	11	7	15
	ムチムチ	0	18	2	36	1	3	10	−5	8	16	10	7	17
	ムラムラ	0	5	2	9	3	1	40	20	26	7	20	12	11
	パイパイ	0	2	0	13	2	2	2	−25	−17	13	2	6	29
	プリプリ	3	6	0	33	14	4	6	3	0	9	16	9	16
	ピチピチ	2	20	2	35	14	1	5	−3	2	28	4	4	14
	ムズムズ	1	25	1	7	2	0	32	12	−1	2	29	9	10
低性的群（全て0得点）	ガヤガヤ	0	0	0	9	50	0	1	39	27	3	30	2	15
	ガアガア	0	0	2	7	47	0	1	18	28	2	32	3	13
	ピポピポ	0	0	0	2	36	0	0	−5	−16	7	11	6	26
	バキバキ	0	4	11	7	42	0	4	26	30	4	17	4	25
	ハナハナ	0	3	0	16	11	1	0	1	−15	5	9	2	34
	ナドナド	0	0	0	5	5	0	1	−21	−24	1	10	0	39
	スラスラ	1	4	0	33	18	0	0	17	−8	32	1	0	17

高性的語群が低性的語群に比較して高い得点を示した感覚項目は，嗅覚，触覚，視覚，内部感覚の4項目であり，情動項目では混合項目であった．それぞれ1％水準で有意な結果を示した．嗅覚項目（$t=3.91$，$df=300$，$p<.01$），触覚項目（$t=9.57$，$df=300$，$p<.01$），視覚項目（$t=5.04$，$df=300$，$p<.01$），内部感覚項目（$t=7.03$，$df=300$，$p<.01$），動―静項目（$t=3.28$，$df=300$，$p<.01$），無関項目（$t=7.91$，$df=300$，$p<.01$）．

また感情的な側面についてみると，性的語は動的よりはむしろ性的な意味を含む傾向があり，快・不快に関しては，無関よりもむしろ混合的な傾向があると考えられる。

2.6.2　小説における性的描写を刺激として用いた感情喚起

筆者ら（松山ら，1983；浜，1992）は，文学作品（現代小説）の中に現れた愛情の表現を刺激とした精神的な愛と肉体的な愛の型と，快─不快の感情喚起の関連を検討した。被験者は大学生411名（男子215名，女子196名）であった。刺激は，著名な日本の現代作家の作品の中から，男女間の恋愛場面における性的行為に限定して抽出した。文章は，100字前後で，2～3センテンスで構成されるものとした。筆者らは，広野・中原・納屋・大橋・和田の協力により，44個の文章を選定し（**表2.16**），被験者は10名の小集団とした。10cmの線分上の左端には「全くあてはまらない」，右端には「非常にあてはまる」と記した評定用紙に回答してもらった。用いた尺度は「a：ロマンティック・プラトニック」，「b：官能的・肉感的」，「c：好ましい・感じのよい」，「d：不快な・感じの悪い」，「e：愛の深さ」である。結果は，「全くあてはまらない」を0点，「非常にあてはまる」を9点とし，尺度別に各文章の平均得点を，男女別に算出し，これにもとづき尺度間の相関を求めた（**表2.17**）。各文章の各スケールにおける平均値について男女間の差のt検定を行ったところ，男性がロマンティックで好ましいと評定した文章に対して，女性は官能的で不快であると評定し，有意差が見られた。この対立的傾向は愛の深さについてもみられた。

「a：ロマンティック・プラトニック」と「b：官能的・肉感的」とは負の相関があり，「a：ロマンティック・プラトニック」は，「c：好ましい・感じのよい」と正の相関を，「b：官能的・肉感的」は「d：不快な・感じの悪い」と正の相関を示している。愛の深さは「a：ロマンティック・プラトニック」および，「c：好ましい・感じのよい」と正の相関がみられたことは注目に値しよう。

2.6 イメージによる感情喚起

表 2.16 作家と作品 (松山ら, 1983; 浜, 1992)

作　家	作　品
五木寛之	『恋愛』
井上　靖	『白い炎』,『猟銃』,『闘牛』,『夏花』
大庭みな子	『栂の夢』
倉橋由美子	『聖少女』
瀬戸内晴美	『夏の終り』
谷崎潤一郎	『痴人の愛』
平岩弓枝	『藍の季節』
藤本義一	『西鶴くずし好色六人女』
三浦朱門	『犠牲』
三島由紀夫	『美徳のよろめき』
村上　龍	『限りなく透明に近いブルー』
吉行淳之介	『砂の上の植物群』,『闇の中の祝祭』,『夕暮まで』
渡辺淳一	『花埋み』,『北都物語』

注：刺激材料を統制するために，方言は標準語に直し，文章中の登場人物の名前は，「太郎，一郎」の順に，女性は「和子」に統一した．

表 2.17 各スケール間の相関 (松山ら, 1983; 浜, 1992)

	スケール		官能的 (b)	好ましい (c)	不快な (d)	愛の深さ (e)
a	ロマンティック	全体	−0.872	0.979	−0.971	0.802
		男	−0.843	0.936	−0.937	0.873
		女	−0.818	0.989	−0.978	0.893
b	官能的	全体		−0.822	0.851	−0.606
		男		−0.716	0.795	−0.669
		女		−0.786	0.800	−0.691
c	好ましい	全体			−0.934	0.805
		男			−0.958	0.851
		女			−0.988	0.890
d	不快な	全体				−0.769
		男				−0.834
		女				−0.864

第2章　感情・情緒（情動）の喚起機制

[**参考図書**]

以下の図書は，感情喚起機制に関して基礎となる理論を分かりやすく述べていて参考になる。

浜　治世　1969　実験異常心理学　誠信書房

浜　治世・三根久代　1995　痒みに関する実験心理学的および臨床心理学的研究　心理学モノグラフ　日本心理学会

松山義則・浜　治世　1974　感情心理学　第1巻　感情と情動——理論と臨床　誠信書房

村田孝次　1987　教養の心理学　培風館

梅本堯夫　1999　子どもと音楽　東京大学出版会

梅本堯夫・大山　正（編著）　1992　心理学への招待——心の科学を知る　サイエンス社

八木　冕（編）　1967　心理学　培風館

八木　冕（監修）・浜　治世（編）　1981　動機・情緒・人格　第2章　痛み（松山義則）　現代基礎心理学　第8巻　東京大学出版会

八木　冕（監修）・浜　治世（編）　1981　動機・情緒・人格　第4章　感情喚起刺激（浜　治世）　現代基礎心理学第8巻　東京大学出版会

吉田正昭　1967　八木　冕（編）　心理学　培風館

情動の心理学 3

　日常，自分を取り巻く人々がいかなる感情を抱いているかは，分からないことが多い。ところが，親に叱られたとき，友人と口論になったとき，薄気味の悪い夜道を一人で歩いているときなど，自分でも鼓動が速くなったり，口が乾いたり，顔色が変わるなどの生理身体的な変化や，緊張して動作がスムーズに行えないなどの行動上の変化が生じたことに気がつく。このような生理身体的な変化や行動上の変化は，客観的に測定することができるため，心理的な現象と生理身体的な現象の間に何らかの関係があることが仮定されてきた。しかしながら，これまでの研究の多くは両者の間に明確な関係を見出せずにいる。この原因は，感情研究のもつ特殊性によるものであり，両者の間に何らかの関係が存在することを否定する研究者はほとんどいない。本章ではこのような問題点をふまえ，情動と行動との関係，生理身体的反応との関係，そして，脳の左右差との関係について解説する。

3.1 情動と行動

3.1.1 情動反応と情動行動

「友人とはじめてスキーに行った。出発の前夜は興奮して寝つけなかった。車中では異様に高揚し，やたら友人に話しかけたり，はしゃいだりした。興奮と同時に不安を感じながらスキー板を履き，おそるおそるリフトに乗った。滑り始めようとするとき，その興奮や恐怖感はピークに達した。経験したことのないスピード感，そして転倒，恐怖感や不安感はますます強くなり，必死の思いで下までたどり着き，ほっと安堵感を感じた。友人に誘われ，もう一度リフトに乗った。今度ははじめてのときよりも転ばずに滑ることができた。だんだんスキーの楽しさが増し，不安感や恐怖感は薄れていった」(Reeve, 1992 を参考に改変)

日常，すべての行動に付随する内的な感情的側面を他人が把握しようとしてもそれは一般的には困難である。しかし，何らかの刺激が加えられたりして，感情状態が急激に変化するとき，一過性の生理的な変化をともなう行動の変化が生じる。内的な感情状態はわからなくても一変した行動からその人が現在怒っているのか，喜んでいるのか，ということは判断できる。このように，他人が明らかに内的な感情状態を把握できるような反応を**情動反応**といい，その行動を**情動行動**という。言い換えると情動行動とは，快—不快の感情に比べて，急激に，しかも激しく変化する反応である。感情と情動の明確な定義はないが，生理的な観点で感情について述べる場合はしばしば「情動」という言葉が使われる。情動という語を再度定義すると，「情動とは，怒り，恐れ，悲しみ，愛情，喜び，驚き，嫌悪などによって代表される比較的激しい，急激に起伏する一過性の過程で，多くは，強い欲求にもとづく行動に際して表れ，障害の存在する場合にとくに顕著な形で表れ，一般的に，急激な生理的変化と行動の変調をともなう著しい反応として経過する」となる。情動について論議するとき，たとえば，恐怖について記述するとき，暗黙のうちに共通の理解を前提としているが，残念なことに大部分の科学者が同意できる定義というものは存在していない。**図 3.1** は感情と情動の仮説的関係を示したものである。

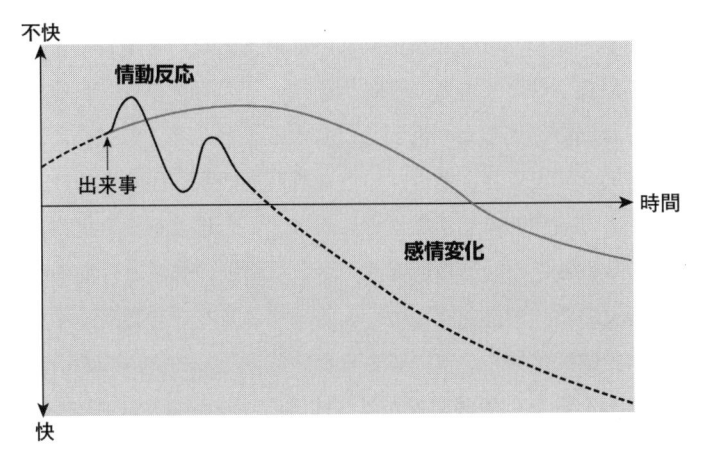

図 3.1　感情と情動の仮説的関係

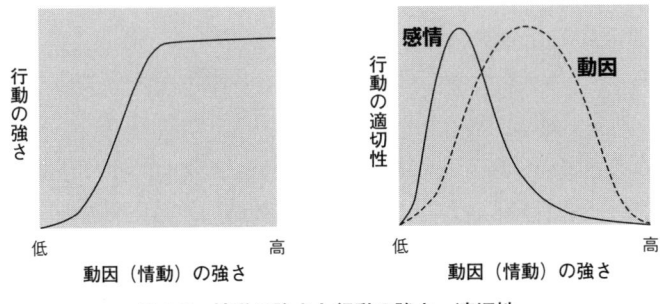

図 3.2　情動の強さと行動の強さ，適切性

3.1.2 情動反応と行動の適切性

　行動の遂行に際して情動反応が生じると，行動の経過にさまざまな影響をもたらす。情動反応が生じると行動の種類によっては行動を鋭敏化し，強烈化することにより行動を促進する場合もあるが，どちらかといえば，むしろ阻害的に働くことが多い。とくに強烈な情動反応は阻害的な影響が強くなり，行動を誤らせたり，停止させたりする。情動行動は，その行動以外に，他の行動にも影響し，他の行動を促進したり抑制したりすることがある。とくに知的行動に対しては阻害的に働くことが多く，冷静な判断や観察，思考を妨げ，しばしば，偏見を助長し，非論理的な感情的思考を導き，不合理な行動を起こす。

　図3.2は情動の強さと行動の適切性，および情動の強さと行動の強さの関係を示したものである。情動強度が強くなるのにともない行動は強くなるが，その適切性は情動強度が強くなるのにともない減少していく。この情動強度が強くなるのにともない行動の適切性が減少するとする説は**ヤーキース-ダッドソンの法則**とよばれ，本来は動因の強さで見出されたものであるが，情動の強度にも当てはまる。しかしながら，情動の場合，行動を鋭敏化するような適度な情動の強度という範囲は動因の場合に比べ，かなり限定されているものと予想される。このように情動の生起は，動機づけと同様，行動を積極的に体制化したり，促進させることもあるが，混乱させたり崩壊させたりすることのほうが多い。

　図3.3は，大学生の水泳選手（男女各5名）の競泳前後のストループ課題（赤色，青色，黄色，緑色で色名が書かれているストループCカードを，書かれた文字ではなく，書いてある色を読ませる課題，たとえば赤色で「あお」と書いてある場合は「あか」と読む）遂行を平均所要時間と言い間違い，つっかえ，言い直しなどの総誤反応数について示したものである。試合開始が近づくのに従って，所要時間，誤反応数といったストループ課題の遂行成績が悪くなり，試合開始直前でもっとも悪くなった。この結果は，試合を目の前にした緊張ないしは情動的な高まりが，行動の適切性を減少させていることをうかがわせる。なお，陸上競技の試合前後に行った同様の実験の結果も，ほとんどこの結果と同じであった。

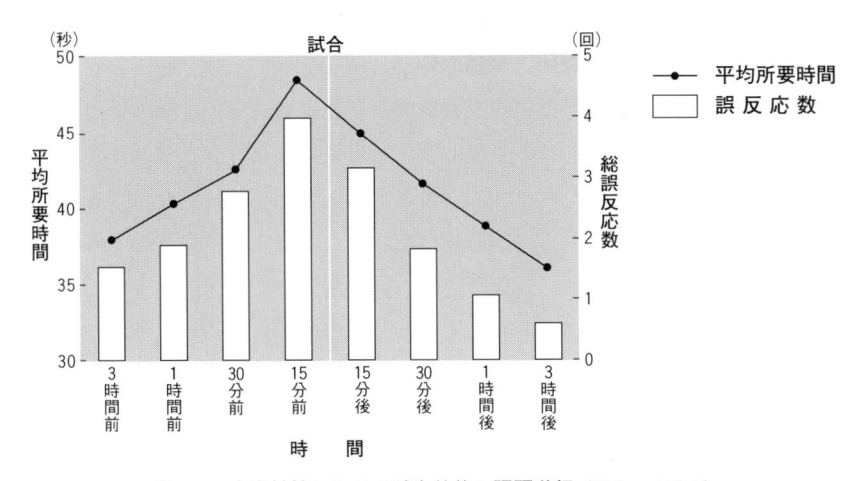

図 3.3 水泳競技における試合前後の課題遂行（鈴木，未発表）

表 3.1 各器官に対する自律神経系の作用

交感神経	効果器	副交感神経
散 大	瞳 孔	縮 小
弛 緩	毛様体筋（眼）	収 縮
──	涙 腺	分泌促進
分泌（粘液性）	唾液腺	分泌（漿液性）
弛 緩	気管支平滑筋	収 縮
心拍数増加	心 臓	心拍数減少
収縮力増大	心 臓	収縮力減弱
運動の抑制	消化管	運動の促進
分泌の抑制	消化管	分泌の促進
分泌の抑制	膵 臓	分泌の促進
分泌の促進	副腎髄質	──
収 縮	皮膚血管	──
分 泌	汗 腺	──
収 縮	立毛筋	──
弛 緩	膀 胱	収 縮
収 縮	膀胱括約筋	弛 緩

3.2 情動と生理的反応

3.2.1 定位反応，防御反応，驚愕反応

　情動の発生の際には，その強烈な意識的な変化にともない，いろいろな身体的，生理的変化が生じる．この生理的変化は自律神経系（交感神経系と副交感神経系）の活動によりもたらされる（**表3.1**）．両者は，拮抗的な作用をもち，シーソーのような関係にあるが，一般に交感神経系は恐れ，怒りのように外界に対して戦闘的な情動行動に身体の活動を備えるように働き，副交感神経系は逆に平静にゆったりしているときにエネルギーを蓄えるように働く．どちらかの神経系の亢進や減退は病理的な状態を作り出す．

　ネコが餌を食べているところにイヌが近付いてきた場面を考えてみる（**図3.4**）．ネコがイヌの存在に気がつくと定位反応（orienting response），防御反応（defence response），あるいは驚愕反応（startle response）が生じる．定位反応はパブロフ（Pavlov, I. P.）が「What is it? response（おや何だろう反応）」とよんだ反応に相当し，ソコロフ（Sokolov, 1963）によって名づけられた．定位反応は刺激に対する非特異的な反応で，刺激の反復呈示で慣れが生じ，消失する．ただし，この定位反応の消失は刺激の属性により選択的である．定位反応の出現時，感覚受容器の感受性は増加し，皮膚電位反応の増加，身体，筋肉の緊張の増加，脳波のβ波成分の増加，呼吸の振幅の増加，心拍数の減少，呼吸数の減少，脳血管の拡張，末梢血管の収縮などが生じる．

　防御反応は危険で苦痛をともなう強い刺激に対して生ずる反応であり，定位反応に比べて慣れが遅い．防御反応時の生理的な変化としては感覚受容器の感受性の低下，心拍数の増加，皮膚電位反応の増加，脳血管，末梢血管の収縮，身体や筋は運動しやすいように緊張が低下する．刺激の出現に対して定位反応が起こるのか，防御反応が生じるのかは生体の主観，とくに生体が恐怖や不安を感じるかどうかによって影響される．たとえば，クモが嫌いな被験者は，クモの絵を突然示されると防御反応を示すが，それほど嫌いでない被験者は定位反応を示す．

　驚愕反応は刺激の突然の出現で生じる．驚愕反応にともなう生理的反応とし

3.2 情動と生理的反応

緊急反応

攻撃性↑
活動性↑
交感神経系活性化
　立毛，発汗，心拍数↑，血圧↑，顔面の紅潮，
　瞳孔の散大，唾液の分泌，皮膚・内臓血管の収縮，
　胃活動の抑制，気管支の拡張
　アドレナリン濃度↑，ノルアドレナリンの分泌
呼吸が深く速くなる
骨格筋への血流量の増加
血中ブドウ糖濃度↑

行動抑制反応

行動抑制
　フリージング・偽死反応
母性行動↓，摂食行動
意欲↓，社会的な従属化
不安↑，無力感↑
副交感神経活性
　心拍数↓，血圧↓，鳥肌
　頻尿，瞳孔収縮
　皮膚・内臓血管拡張
息切れ
ACTHの分泌↑
血中コルチゾール↑
末梢血管抵抗↑
ペプシン分泌↑
脳内ノルアドレナリン代謝↑

闘争行動

緊急反応の諸症状
怒り
耳を伏せる
顔面の紅潮
骨格筋の緊張増大

逃走行動

緊急反応の諸症状
恐怖
蒼白

固着行動

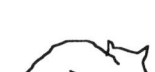

交感神経系優位　　　　　　副交感神経系優位

定位反応

感覚受容器の感受性↑
皮膚電位反応↑
身体・筋肉の緊張↑
β波↑，呼吸の振幅↑
心拍数↓，呼吸数↓
脳血管拡張
末梢血管収縮

防御反応

感覚受容器の感受性↓
脳血管・末梢血管収縮
心拍数↑
筋の柔軟化

驚愕反応

心拍数の加速
指の血管収縮
頭部の血管拡張

図 3.4　緊急反応と固着反応（鈴木，1995を改変）

ては心拍の加速，指の血管収縮，頭部の血管拡張（定位反応よりも速い）などが知られている。

3.2.2 情動行動発現時の生理的変化
1. 緊急反応説

定位反応，防御反応，驚愕反応に続いて，種，経験，環境などにより，生存確率が高まると思われる方向に，交感神経系または副交感神経系の活動亢進にともなう生理的変化が生じる（図 3.4）。交感神経系の活動亢進はキャノン（Cannon, 1929）が「闘争か逃走」のための準備反応とよんだ緊急反応に相当する。この反応は，個体のエネルギー源を動員し，血液を身体表面や内臓から骨格筋に配分し，闘争や逃走に必要な筋肉の活動を可能にし，闘争時の出血を少なくするという機能的な意味をもっている。闘争反応では，うなり，叫び，耳を伏せる，立毛，発汗，脈拍が速まる，血圧上昇，顔面紅潮，呼吸が深く速くなる，骨格筋の緊張増大，瞳孔の散大，副腎髄質からアドレナリンやノルアドレナリンの分泌，唾液の分泌・胃腸活動の抑制といった交感神経の活動亢進による闘争行動に必要な生理変化が生じ，主観的には怒りの感情，行動的には噛むなどの攻撃行動が生じる。逃走反応では，瞳孔の散大，毛を逆立てる，冷や汗，口の渇き，蒼白，脈拍の増加，気管支の拡張，小腸の活動の抑制，内臓血管の収縮など逃走行動に必要な生理的変化が生じる。これは闘争行動の場合と同じ交感神経系の活動亢進による反応であるが，主観的には恐怖の感情をともない，逃げるという行動がとられる。また生体が不安な状態に置かれたときには，脈拍の増加，鳥肌，冷や汗，口の渇き，頻尿，息切れ，呼吸が深く速くなるといった交感神経の働きを示す変化がみられる。

麻酔したネコの視床下部を電気刺激すると，心拍数や血圧の増加といった循環器機能の賦活，皮膚および内臓血管系の収縮，骨格筋血流量の増加といった緊急反応と類似した反応が生じる。また，このネコの視床下部を無麻酔下で刺激すると，うなり声をあげ，実験者に対して攻撃行動を取ることがある。視床下部刺激と自然刺激による防御反応は本質的に同じものであるが，表 3.2 のような点で違いがみられる。これは視床下部刺激の場合，視床下部への末梢性入

表3.2 緊急反応と視床下部刺激による緊急反応様反応の相違（堀，1991）

- 自然行動の場合，活動筋の血管拡張と非活動筋・内臓の血管収縮がほぼバランスが取れているため，同程度の攻撃行動が見られても，自然刺激の方が血圧上昇が小さい。
- 視床下部性防御反応は必ず頻脈と心拍出量の増加をおこすが，自然刺激の場合，もし動物が闘争行動を行わなければ徐脈となり，心拍出量も減少する。
- 血圧受容器反射による徐脈効果は，自然反応時には正常に働くが，視床下部性防御反応では抑えられている。
- 視床下部性防御反応ではコリン作動性の筋血管拡張反応が全身的に起こるが，自然防御反応ではこの反応は闘争行動が生じている場合の，しかも当該筋においてのみ生ずる。

表3.3 緊急反応説の問題点（堀，1991）

- 生体が有害刺激，侵害刺激など危機に遭遇した場合，常に緊急反応説のように交感神経活動の亢進が起こるわけではなく，副交感神経活動の亢進が生ずることもある。

  恐怖条件づけにより条件刺激に対して交感神経系全般の活性化が生ずるが，ウサギやラットを拘束した場合，副交感神経系の亢進（生体に行動抑制（フリージング反応），心拍数の低下，血圧の降下，皮膚，内臓血管の拡張など）が生ずる（Pascoe & Kapp, 1985）。またラットに無拘束状態で電気ショックを与えると，交感神経系の亢進を示す頻脈が生じるが，拘束状態では副交感神経系優位を示すフリージング反応とともに徐波を生じる。

- 情動喚起刺激による交感神経系の亢進は，つねにすべての器官に一様に生じるわけではない。情動刺激の違い，状況の違いなどによって亢進される器官が異なる。

  アックス（Ax, 1953）は，恐怖刺激（手指への電気ショックの強さの増加）と怒り刺激（実験者が乱暴な言葉づかいをする）に対するさまざまな自律反応の変化を検討し，GSRの頻度の増加，心拍数の減少，筋緊張の増加，拡張期血圧（DBP）の上昇などは恐れよりも怒り刺激に対して強く（ノルアドレナリン，アドレナリンの同時注射時に類似），呼吸速度の増加，皮膚抵抗の増大，心拍数の増大，拡張期血圧（SBP）の増加は恐れのほうが怒りよりも強いこと（アドレナリンの注射時に類似）を見出した（図3.5）。これらの結果により，アックスは，怒り，恐怖のときの自律反応は血中のノルアドレナリンおよびアドレナリンによって生じると主張した（アックス-フランケンシュタインのカテコールアミン説）。

力やその他の入力が電気刺激により無視されてしまうのに対し，自然防御反応の場合は循環器系などからの入力によってホメオスタシス系が乱れないように制御されているためである（堀，1991）。

2. 情動行動に特異的な生理反応の変化

情動反応の違いによって自律反応に違いがあることは確かであろうが，ただそれは単一の反応においては明確なものではない。つまり，アックス（Ax, 1953）の実験結果（図 3.5）のように怒りや恐れといった特定の情動反応にそれぞれある決まった生理的反応パターンが存在すると考えることには問題がある。たとえば，怒っているとき，顔が赤くなる人もいれば，蒼白になる人もいる。また同じ人でも怒ったときに必ずしもつねに同じ一定の生理的変化パターンを示すとは限らない。そのときの状況によって変化する。しかしながら，ある情動反応で一定の生理的変化パターンが生じたことを示す例もある。エクマンら（Ekman et al., 1983）は，表情筋の動かし方を FACS（Facial Action Coding System, 4.1.4 参照）に従って訓練し，特定の表情を表出させる課題と過去の感情経験を想起させる課題を遂行させ，その間の主観的な感情尺度と心拍数，指尖皮膚温度，皮膚電位水準，前腕筋の緊張などの生理反応を測定した。その結果，両課題に共通して喜びよりも怒りや恐れにおいて心拍数の増加がみられ，皮膚温度の上昇は喜びよりも怒りのほうが大きかった。また表出課題では，心拍数は「喜び」，「嫌悪」，「驚き」で減少し，「怒り」，「恐れ」，「悲しみ」で増加する。皮膚温度は「怒り」の上昇が他の情動よりも大きかった。また想起課題では「悲しみ」の皮膚電位水準が「恐れ」，「怒り」，「嫌悪」よりも高かった（図 3.6）。

表出課題についてこの実験を追試したレベンソンら（Levenson et al., 1990）も，正の情動と負の情動間に異なる自律反応パターンがあることを報告している。つまり「怒り」，「恐れ」，「悲しみ」では心拍数は増加し，「嫌悪」，「驚き」では減少した。「怒り」，「恐れ」の心拍数は「喜び」よりも多く，もっとも少ないのが「驚き」であった。皮膚電位水準は「恐れ」や「嫌悪」の表出時には「喜び」や「驚き」の表出時よりも高くなり，皮膚温度は「怒り」のほうが「恐れ」よりも高かった。彼らはこれらの反応パターンには性差や職業による違いはな

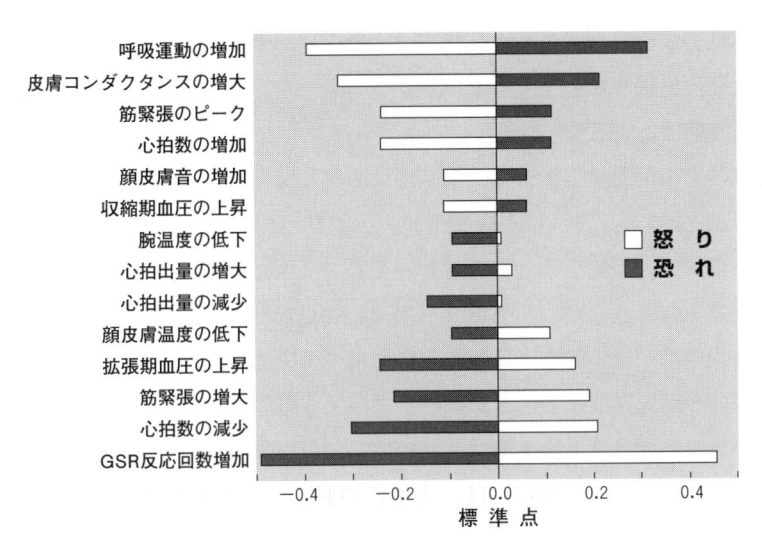

図 3.5 恐れと怒りにおける情動性自律反応の違い（Ax, 1953）

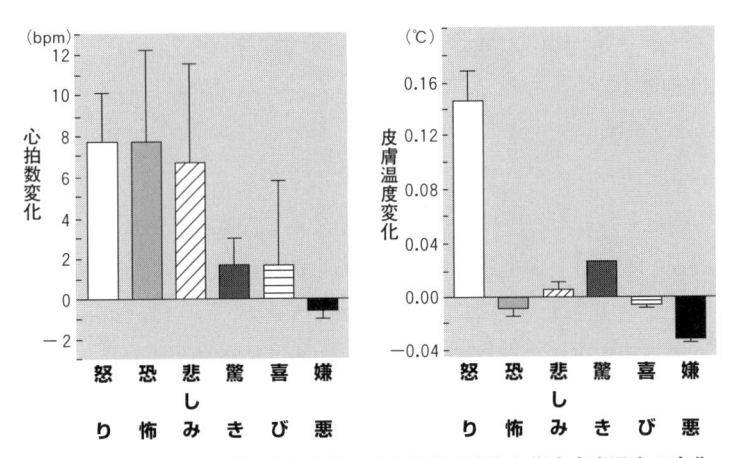

図 3.6 FACSにもとづく表情生起時の心拍数の変化と指尖皮膚温度の変化 (Ekman et al., 1983)

く，随意的に生じさせた表情が上手に表出できた場合や対応する情動経験が報告される場合には強くなることも報告している。また彼らによれば，このように基本感情に特有な表情および自律反応の変化パターンは高齢者やアメリカ以外の文化圏の民族でも生じるという。

3. 不快感情と快感情の機能

従来の感情研究は圧倒的に不快感情に関する研究報告が多い（Fredickson & Levenson, 1998）。これは不快感情のカテゴリーの数が多いことにもよるが，不快感情が心身の健康に対して悪影響をもつと考えられ，またそれを支持する報告がなされてきたためであろう（Anderson, 1989）。マイネ（Mayne, 1999）は，不快感情が身体的健康に与える影響について展望し，不快感情に関係した交感神経―副腎髄質系の活性が疾病を促進する可能性を指摘している。とくに敵意や怒りといった不快感情は心筋梗塞などの心臓血管系疾患と関係があることはよく知られ（Barefoot et al., 1983；Booth-Kewley & Friedman, 1987；Smith, 1992），抑うつは免疫機能を抑制しガンの進行を速め（Temeshock et al., 1985），HIV疾患の死亡率（Mayne et al., 1996）を高めることが報告されている。

ワトソンら（Watson et al., 1988）は，快感情と不快感情が単一の連続体ではなく，質的に異なるものであると主張した。これは同時に両者の機能が違うということも含有している。フレディクソンとレベンソン（1998）は不快感情を喚起するフィルムの後に快感情を喚起するフィルムを呈示すると，不快刺激によって喚起された不快感情と心臓血管系の活性が素早く回復する「**元通り効果**（undoing effect）」が生じ，不快感情の生体への影響を除去する力が快感情にあることを実証した。これはソロモンとカービット（Solomon & Corbit, 1974）の**相反過程理論**（**図3.7**）を代表とする不快感情の直後に快感情が生じるといった理論を支持するものである。ラザラス（Lazarus, 1991）は快感情の機能として，個体と環境との有害な関係性が変化することを示すシグナル，あるいは不快感情の生体への影響を除去し，個体に有益な未来を確約する機能をもつと仮定した。

最近，門地と鈴木は快感情の中の安堵感に注目し，安堵感が「緊張からの解

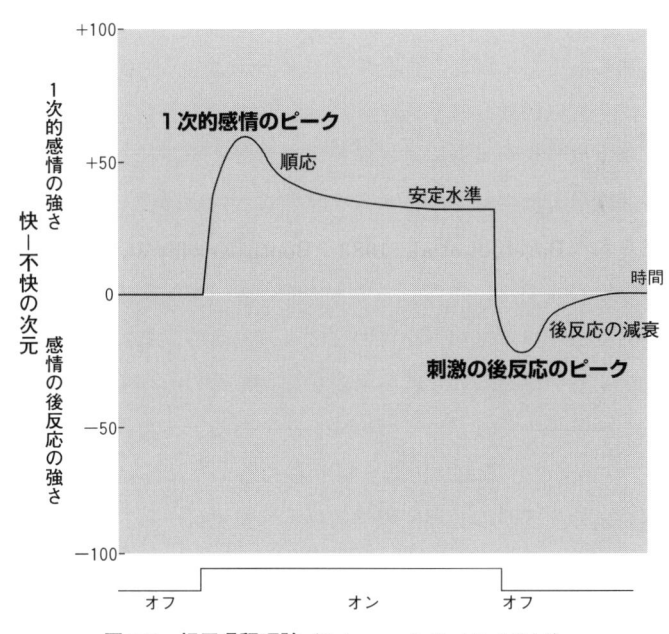

図 3.7　相反過程理論（Solomon & Corbit, 1974）

放状況」と「やすらぎ状況」に分けられること，またそれに対応して諸反応に違いがみられることを報告している（門地・鈴木，1998；1999a, b, c；2000）。

3.3 心理学的尺度と生理的尺度

3.3.1 心理尺度と生理尺度の関係

　ジェームズが身体活動にともない感情が生起するという末梢説を提出し，キャノンが緊急反応説を主張して以来，心理的現象と生理的現象の間には多かれ少なかれ何らかの対応関係が存在するであろうとする仮説が提唱されてきた。これに対し，今村（1978）は心理学の理論体系が物質科学の理論体系と異なっており，テクニカルタームも同音異義語であることを指摘し，心理学的諸変数と生理学的諸変数の間の対応関係を云々することの困難性を論じている。しかしながら怒りに満ちたときに生ずる顔の紅潮と速い鼓動や呼吸，恥ずかしいときに起こる赤面や冷や汗，恐ろしいときの顔の蒼白や心臓のドキドキなど，今村の指摘は甘受しなければならないとしても，両者の間には何らかの関係があり，情動反応あるいは感情の生起時に身体に何らかの心理生理学的な変化が生じていることを予想することはきわめて自然である。一方，後述するカチオッポらの展望（Cacioppo et al., 1993）にみられるように，研究レベルでは各情動反応（感情）の生起時の心理生理学的反応の挙動は一致しないことが多い。情動反応（感情）生起時の心理生理的反応を実験心理学的に扱おうとするときに生ずる問題点としては表3.4のような点が指摘できる（鈴木，1995を加筆）。情動反応（感情）の心理生理学的知見の多くが混沌とし，確固たる知見が得られていないのはこのような理由によるものと考えられる。

　心理的尺度と生理的尺度の関係を明らかにすることは心理生理学，生理心理学を専門とする研究者の一つの夢であり，おそらく心理学始まって以来の大命題であろうがまだ明確な結果は得られていない。両者の関係を明確にするためには指摘したようなさまざまな問題点をできる限りクリアしなければならない。また新しい研究手段として重回帰分析法，相互相関法等の多変量解析法を用いたアプローチ，最近研究が進みつつある各人の人格特性によって被験者を分類

表 3.4　情動反応の実験心理学的研究の困難性（鈴木，1995 を改変）

- 真に喚起された情動反応を扱うことが難しい。
  実験的に喚起した情動反応は，意図的に作り出されたもの，模倣されたもの，あるいはイメージを用いて喚起させたものが多く，真に生じた情動反応（感情）を直接対象とすることは難しい。また仮にそれが可能であるとしても，微笑や笑いなどは例外として，ネガティブな情動反応（感情）を喚起することは社会的・道義的に問題がある。このような意図的に作られた情動反応条件下で得られた実験心理学的反応が，日常の情動反応（感情）が生起したときと同じ状態の反応といえるかどうか。
- 対象とする情動反応（感情）は通常非常に弱いものである。
  実験的に喚起する情動反応（感情）は通常弱いもので，そのような弱い情動反応（感情）でみられる現象が，日常生じる強い情動反応（感情）と同じものであると考え，その結果を一般化してしまうことは間違った結論を導く可能性がある。
- 心理学的事象と生理学的事象の間に一義的な関係がみられない。
  同じ情動反応（感情）が喚起されたとしても個人により生理的な反応パターンは異なる。同じ心理的状態であったとしても，その生理反応は異なる。ある人ではある生理反応と対応がみられたとしても，他の人は異なる生理反応との間に対応がみられるという可能性もある。最近では，このような問題を考慮に入れ，人格特性を変数に取り入れた検討が行われている。
- 心理学的事象の測定法は時系列的な変化に鈍感なことが多い。
  心理学的事象の測度は生理学的な尺度の測度に比べ時定数が長いか，あるいは時間的な変化を問題にしないものが多い。このため時系列的な変化を重要視する生理的尺度との対応関係をみることが難しい。
- 情動反応（感情）は主観的な経験であり，さまざまな内的・外的条件により影響されるため，同一条件が設定されたとしても，同一被験者内でさえ反応が変わる可能性がある。
- ある個人にとっての情動反応喚起刺激が他の人にとっては同等の意味をもたないばかりか，喚起刺激にならない場合すらある。
  情動（感情）喚起刺激実験では通常，一般的に快あるいは不快な情動ないしは感情を喚起するとされる刺激を呈示し，それに対する反応を調べるという方法がとられる。しかしながら，恐怖刺激を喚起する刺激として呈示したホラー映像が実験参加者全員に対し恐怖を喚起するとは限らない。その映像はある実験参加者には不快感を与えるかもしれないし，他の実験参加者にはむしろ快感を与えることもある。多くの喚起刺激を用意し，実験参加者の反応によって呈示刺激を変えるという見本評定法（津田・鈴木，1990）や，悲しみの心理生理学的反応の検討に当たって，実際に涙を流した者のみを分析対象とするといった研究方法も必要であろう。

し，各人の心理生理学的反応との関係を研究する個人差研究など新しい方法の導入が考えられよう．

3.3.2 情動反応の生起と自律神経活動

カチオッポら（1993）は，情動反応生起時の自律神経系活動を整理し，3つ考え方があることをあげている．最初の立場は情動特異的な自律神経活動および表出パターンが存在するとするエクマンやレベンソンらの立場である．2番目は，各々の情動反応は自律神経系活動の高まりの認知もしくは喚起と関係するとするシャクターとシンガー（Schachter & Singer, 1962）らの立場，最後は，情動それ自体というよりも，むしろ情動的な課題の予期的なあるいは現実の活動欲求が刺激に対する生理学的な反応を規定するとするフライダ（Frijda, 1986）やラングら（Lang et al., 1990）の立場である．

カチオッポら（1993）は，感情の心理生理学的研究の留意点として10項目（**表 3.5**）をあげている．カチオッポらは多くの研究を展望し，次のように結論づけた．「多くの研究でもっとも多くの条件（9項目）を満たしていた研究はエクマンら（1983）の感情喚起実験である．しかし彼らの実験で示された恐れや怒りや嫌悪よりも悲しみで皮膚抵抗水準が減少することは再現されていない．また，イメージによる感情喚起は，たとえ被験者が異なる感情経験を報告したとしても，自律神経系の特定のパターンを生み出すような感情喚起手続きとはいえない．感情と身体動揺，収縮期血圧，顔面温度，呼吸，皮膚コンダクタンス水準，心臓の拍出量との間には再現可能な差異は生じない．自律神経系の活動のうち感情との関係が見出しうる可能性があるものは，拡張期血圧（DBP），指尖皮膚温度，心拍数である．DBPは13対の感情間比較のうち6対で差がみられ，とくに怒りのときDBPが高い傾向がある．指尖皮膚温度は感情特異的な自律神経系の活性に関係している可能性がある．95対の感情間を比較したところ14対（15％）のみが有意であり，怒りと恐れの間の36.4％で怒りのほうが指尖皮膚温度が高かった．心拍数はもっともよい感情の判別子であるが，それも感情間で一貫した結果はみられない．たとえば悲しみと嫌悪（83.3％）の区別，怒りと嫌悪（83.3％）の区別，恐れと嫌悪（66.7％）の区別において差

表 3.5 情動の心理生理学的研究の留意点
(Cacioppo et al., 1993)

- 最低2つの感情が比較されねばならない。
  さらにある感情における自律神経系の活動の変化と比較するためには，ベースラインの測定，非感情的な比較条件，または感情の強度の操作を含めることが重要である。
- 別々の感情の起きた時期が分けられること。
  1つ以上の感情が同時にまたは時間的にきわめて接近して生起することがあり得る。このため別々の感情の生理学的な基礎の同定が妨げられることがある。
- 感情の生じた時期が長さの点で比較でき，従属変数の時定数と一致しなければならない。
- ある特定の感情がその時期に生じたということが，他の事柄から示しうること。
- 所定の感情以外の感情もしくは運動と認知の活動における変動が，所定の感情が現れている間に存在していないということが他の事柄から示しうること。
- 引き起こされた感情の強度が比較される時期全般にわたって同等であるということが他の事柄から示しうること。
- 感情が生じているという独立した証拠の収集と生理学的な測度の収集は，同時に進行されるべきである。
- 所定の感情を測定するのに十分な時間，接続していなければならない。
- ある感情生起にともなう従属変数間の特異性を説明でき，間違った結果を排除しうる適切な統計法が使用されねばならない。
- 多様な操作をできるようにすること（例：eliciting tasks）。
  得られた結果が課題特異的なものではなく，感情特異的であるような手続きを用いるべきである。

がみられた。また同様に悲しみと怒り（50％），幸福と恐れ（44.4％），悲しみと驚き（60％），恐れと驚き（60％）においても差がみられている。」

3.3.3 心理生理学的喚起理論と情動発射理論
1. 心理生理学的喚起理論

情動反応（感情）は生物学的因子，認知的因子，社会的因子，発達的因子などによって規定される。顔面表情，発声，姿勢，身振りなどの外在化された表出行動は，内臓反応，体液反応，免疫反応のような内在化された反応に比べ，社会化の影響を受けやすい。この表出行動と生理的反応の関係に関して2つの考えがある（Cacioppo et al., 1992）。

一つは，表出行動と交感神経活動の全体的活性化あるいは相補的活性化を仮定するもので，キャノン（Cannon, 1927），マンドラー（Mandler, 1975），シャクターとシンガー（Schachter & Singer, 1962）の**心理生理学的覚醒理論**（psychophysiological arousal theory）である（図3.8 (a)）。前述したようにキャノンは緊急事態に遭遇すると，非特異的な交感神経系の散在性の刺激伝導が生じ，「闘争か逃走」反応を生じるという緊急反応説を提案した。この心理生理学的喚起理論は，激しい情動反応（感情）事態や動機づけの事態において身体の力が動員されるとき，自律神経系（Cannon, 1929）だけでなく体性神経系（Malmo, 1957；1959），皮質電気系（Lindsley, 1952；1957）が同時に活性化され，固有受容が強められる（Mandler, 1975）という幅広い理論にもとづくものである。

ダッフィ（Duffy, 1957；1962）もまた，行動の遂行は情動反応（感情）の強度によって逆U字型関数で変化し，情動反応（感情）の強度は，内在化される反応（たとえば皮膚コンダクタンスや脳波）と外在化される反応（たとえば筋緊張や表情）を通して観察でき，一般的な生理的な喚起のように両者同時に喚起されるとする喚起理論を提唱した。つまりダッフィは，個体は総合的な喚起の次元に沿って変化するものであり，内在化反応と外在化反応の両方の反応が個体内で同様に活性化されると考えた。このように心理生理学的覚醒理論は，強い情動反応（感情）事態の間，身体の力を出すためにすべての効果器に共通

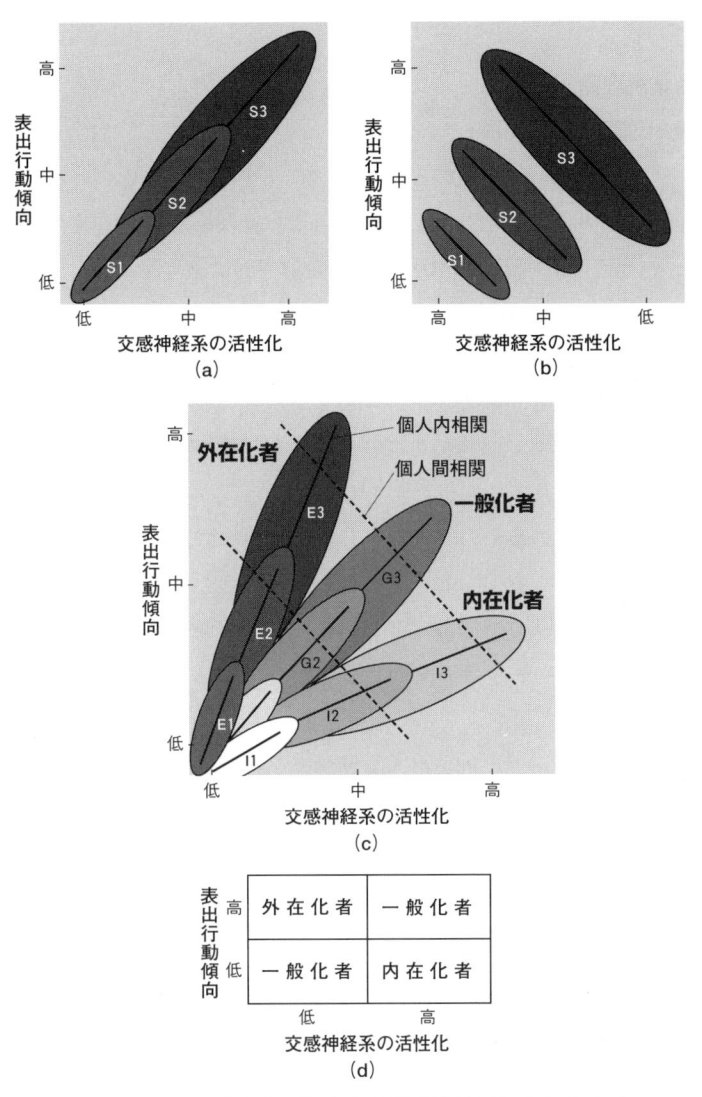

図 3.8 心理生理的覚醒理論 (a) と情動発射理論 (b) および外在化者と内在化者 (c), (d) (Cacioppo et al., 1992)

した興奮性の機制が存在していることを仮定しており，交感神経系の活性化と表出の傾向は，この覚醒機制の作用により，個体内で密接に共変化すると考える。

2. 情動発射理論

情動発射理論（emotional discharge theory）は，フロイト（Freud, S.）やアレキサンダー（Alexander, 1950）の力動論にまでさかのぼることができ，情動反応（感情）の外的な表出行動と内的な自律神経反応との間に逆相関の関係があることを仮定する（**図 3.8（b）**）。情動発射理論はその後ジョーンズ（Jones, 1930 ; 1935 ; 1950 ; 1960），ノタリウスら（Notarius & Levenson, 1979 ; Notarius et al., 1982）によって指示されている。この理論は，目に見える感情の徴候が大きくなればなるほど，生理反応は少なくなるというような主に臨床的観察から提出されたものであり，感情を抑制することが健康を脅かし，感情を表出することが健康的な効果をもつことを見出しているペンネンベーカー（Pennenbaker, 1982）らの多くの研究からも支持されている。

ジョーンズ（Jones, 1935）は，表出傾向は小さいが交感神経系（皮膚電気活動など）の活動が大きい人を指す用語として**内在化者**（internalizer），高い表出傾向をもちながら交感神経系の活動が弱い人を指す用語として**外在化者**（externalizer）という語をはじめて使用した。ジョーンズ（1930 ; 1935）は「引き起こされた明白な応答の抑制は，交感神経系の反応を増加させる」と仮定し，ノタリウスら（1982）は「感情はエネルギーの形としてみなされ，それ自体エネルギー保存の基本的な力学に従わなければならない。また人が感情的に喚起されたなら，この喚起は直接的には表出を通して，間接的には内的経路を通して，両方で発射されねばならない。このように感情反応が，顔面の筋肉または明白な表出チャンネルを通して直接的に表出されたとき生理的反応性は弱められる」と述べている。「エネルギー保存」に関する仮定は，被験者内の感情の表出的な活性化と交感神経の活性化の間の基本的なトレード・オフを意味する。ある一定の感情エネルギーの量があり，そのエネルギーは交感神経系の活性化（内在化される過程）と表出行動（外在化される過程）の二者択一的な反応チャンネルを通じて発射される。もし表出行動がブロックされたなら，感情エネル

表3.6 カチオッポらの外在化者，内在化者，一般化者に関する仮定
(Cacioppo et al., 1992)

- ある刺激に対する反応システムには素因的な差，つまり個人差があり，それにより反応性が異なる。カチオッポらはジョーンズ（1935）の外在化者，内在化者の概念に一般化者（generalizer）という概念を導入し，情動表出と交感神経系の反応性の次元に沿って，個体の区分ができると考えた。一般化者というのは，感覚刺激に対し，外在化者や内在化者のように表出行動や交感神経系活動のどちらかが優勢に出現するのではなく，両者がともに同程度に共変化するタイプの個体である。
- どのタイプの個人も，刺激が強くなればそれに応じて両反応は強くなり共変化する。この変化は心理生理学的喚起理論を支持するもので，刺激強度の変化に対する個人内の正の相関関係として示される。
- 交感神経系の活性化，表出行動の反応性の違いはそれぞれの個人の利得機制の違いによる。これが具現されたものが被験者間にみられる交感神経活動，表出行動間の負の相関関係であり，情動発射理論で支持されてきたものである。

ギーは交感神経系の活性化として現れ，もし表出反行動が増すなら交感神経系の活性化の減少が生じると主張する（**図3.8**）。

3. 個人的反応特性と表出

ノタリウスら（1982）は感情喚起時の表出傾向と交感神経系の活性化の関係は比較的一貫しており，被験者間を対象とした場合，自律神経活性と顔面表出の間に負の関係がみられることを指摘し，情動発射理論を支持した。一方，ツッカーマンら（Zuckerman et al., 1981）は被験者内分析の結果，交感神経系の活性化と顔面表出との間に正の相関関係が存在すると述べ，心理生理学的覚醒理論を支持した。またこの結果は，情動発射理論を支持する実験の被験者内分析によってさえも得られることを見出した。カチオッポら（1992）は，以上のような実験の結果にもとづき，心理生理学的覚醒理論と情動発射理論は相対立する仮説ではなく，1つの実験の中で心理生理学的覚醒理論と情動発射理論の両者が成り立っていると主張した（**図3.8 (c)**）。

内在化者は臨床的には心身症，外在化者は神経症のモデルと考えることもできる。また**図3.8 (d)** の一般化者の左下（つまり両反応共に反応が弱い）の個人は刺激に対して弱い反応しか示さないため，右上（つまり両反応共に反応が強い）に到達するためにはより強い刺激を必要とする。つまり，左下の個人はより刺激を求める外向型の個人であり外向的な，衝動的な，あるいは脱抑制された行動パターンを示す。このように反応特性にもとづく外在化者，内在化者，一般化者という個人の分類は一つの人格次元を提唱しているといえる。バック（Buck, 1979）はこの点を指摘し，感覚探索検査（Sensation Seeking Scale；Zuckerman, 1979）や内向性—外向性（Eysenck, 1967），その他，気質や衝動性との関係からの研究が有用であると述べている。

人格特性が行動上の表出，生理学的表出に及ぼす影響について，ワインバーガーら（Weinberger et al., 1979）は特性不安尺度の得点が低いため低不安群とされる場合でも，社会的望ましさの得点が高い場合には，生理反応や行動観察と自己報告が一致しないことを見出している。つまりこのような人は，実際には自律神経系の生理反応が高不安群の反応と同等かそれ以上に大きいため，「不快な体験を意識から遠ざける」という防衛的情報処理方略が働くことで喘

BOX3.1　生理的覚醒と心理的覚醒

図3.9は生理的な覚醒水準と皮膚電気活動との関係を示したものである。

一般に覚醒のレベルは①睡眠，②弛緩，③明晰状態，④興奮，⑤狼狽に分けられる（松本，1997）。明晰状態までは覚醒度の増加は中枢神経系の覚醒のレベルと対応し，適応的な行動をもたらす。また自律神経系の反応である皮膚電気活動も覚醒度の増大と一義的な関係が認められる。ところが，中枢の覚醒のレベルがさらに増大し，いわゆる興奮状態になると，中枢神経系の覚醒のレベルと行動や動作，知覚の鋭敏性などとの間の関係が維持されなくなり，乖離現象が生じ，適応的な反応ではなくなる。同様に皮膚電気活動も安定的なものでなくなる。

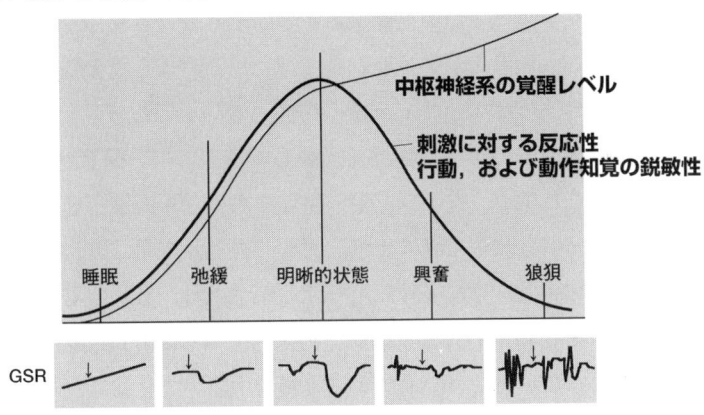

図3.9　覚醒水準と皮膚電気活動の関係（Silverman et al., 1959）

表3.7は心理的な覚醒を検査するためにセイヤー（Thayer, 1978）を参考に畑山ら（1994）が開発したアラウザル・チェックリスト（GACL）短縮版の下位尺度の項目を示したものである。下位尺度は心理的覚醒を全般的活性，脱活性―睡眠，高活性，全般的脱活性の4尺度で構成されるが，下位尺度から活力アラウザル得点，緊張アラウザル得点を求めることができる。

表3.7　アラウザル・チェックリスト（GACL）短縮版（畑山ら，1994）

下位尺度名	項　目
GA（全般的活性）	活動的な，活発な，熱中した，積極的な，活気のある
DS（脱活性―睡眠）	疲れた，うとうとした，だらだらした，眠い，だるい
HA（高活性）	緊張した，どきどきした，そわそわした，緊迫した，びくびくした
GD（全般的脱活性）	のどかな，くつろいだ，のんびりした，静かな，ゆったりした

活力アラウザル得点＝GA－GD　　緊張アラウザル得点＝HA－DS

息やガンなどの促進因子となる可能性がある。一方，両尺度において得点の低い真の低不安者の場合，生理反応や行動観察と自己報告が一致する。

3.4 感情の側性化

3.4.1 感情の側性化と非対称性

　脳は左右2つの半球に別れており，左右半球が司る機能は非対称的であることはよく知られている。古くはブローカ（Broca, P. P.）やウェルニッケ（Wernicke, C.）により，脳の左半球に言語中枢があることが明らかにされ，左右半球に機能的な差異があるとする考えが定説となってきた。このような大脳両半球の機能差の研究は，スペリーら（Sperry et al., 1969）が脳梁切断患者を使って行ったきわめて巧妙な分離脳の実験を契機に，著しく進展した（図3.10）。左半球に言語中枢があることから，左半球を優位半球，右半球を劣位半球と言い習わしてきたが，最近では右脳が左脳に比べ，図形的感覚，空間認識，経時間的統合，有機的全体論的像形成等に優れていることが示され，右脳の重要性を強調するものが多い（図3.11）。一方，感情についてもその認知や表出に関して，左右の大脳半球でのかかわり方が違うとする報告が数多く見受けられる。このような感情における左右大脳半球のかかわり方の違いを，**感情の側性化**とよぶ。感情の側性化という言葉は左右の脳で同じように感情が生じるのではなく，それぞれの半球は特定の感情と結びついているという考えも含有している。左右差を問題とするときよく使われる用語に，側性化（laterality）と非対称性（asymmetry）がある。側性化は基質的な違い，本質的な構造や機能の違いを指す場合に用いられ，非対称性は側性化のように基質的な違いによるものではなくて生じるような左右の差を指す。たとえば相貌の左右の違いは側性化であり，表情の左右差は非対称性である。

3.4.2 感情の側性化に関する臨床的知見

　大脳の側性化と感情の関係は非常に興味深い研究テーマである。コルブとテイラー（Kolb & Taylor, 1990）は，ヒトの大脳前頭部は進化の過程において非

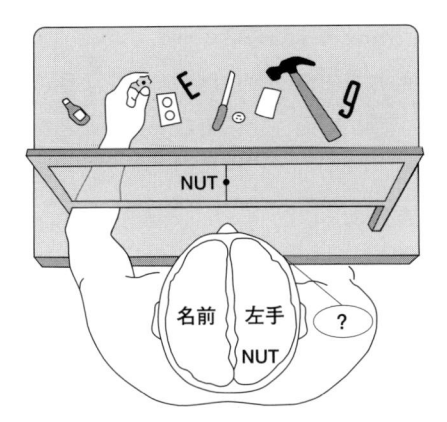

図 3.10 左右の大脳半球の機能差のテスト状況 (Sperry et al., 1969)

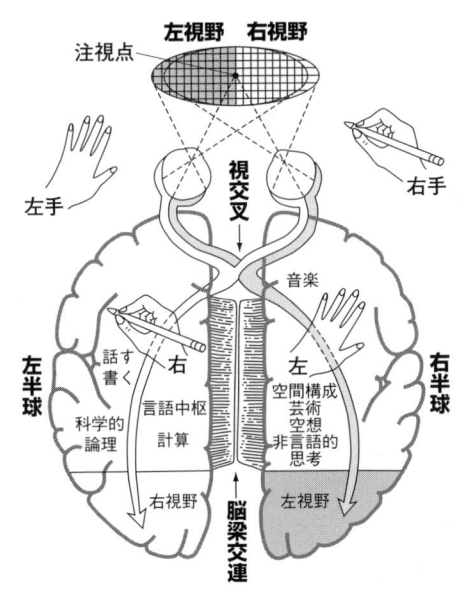

図 3.11 左右大脳半球の機能差 (Sperry et al., 1969)

常に著しい発達を遂げた部分であり（Luria, 1973；Jerison, 1973），この部位が感情の処理に大きな役割を果たすことは明らかであると主張している。初期の研究には一側性の脳損傷を有する患者の観察がある（Jackson, 1878）。片側の脳に損傷を受けた症例報告をみると，以下に示すように感情の側性化を示唆するものが多い。ただ，感情の側性化に限らず，問題となっている現象を支持しない実験結果（ネガティブデータ）は報告されないことが多いため，その点は割り引いて考える必要がある。

　ゴールドスタイン（Goldstein, 1948）は，左半球の損傷は右半球の損傷に比べ，強い憂うつ状態をもたらすことを見出した。逆に，デニー–ブラウンら（Denny-Brown et al., 1952）は，右半球の損傷が不適切な躁状態，多幸症，冷淡，無関心をもたらすことが多いと報告した。これに加え，ヘイルマンら（Heilman et al., 1975）やタッカーら（Tucker et al., 1976）は，右半球の損傷では失語症などの言語障害がないにもかかわらず，感情のこもった言葉と感情のこもらない言葉を区別できないこと，感情のこもった言葉と感情のない中立的な言葉を区別して模倣できない場合があることなどを見出している。またセイファーとレベンタール（Safer & Leventhal, 1977）およびタッカー（Tucker, 1981）は，右半球が全体的・並列的処理あるいはデータの統合に優れているため，感情の処理に適していると指摘した。

　一方，ロビンソンら（Robinson et al., 1984）は，左半球が抑うつ症状をもたらし，左半球でも前頭部の先端に近い損傷の方が激しい抑うつ状態になることを報告した。またサッカイムら（Sackeim et al., 1982）は，左半球の損傷により病的泣きが生じ，右半球の損傷は病的笑いを生じさせるという臨床知見を発表した。これらの結果は，左半球前頭部の不活性化あるいは損傷が極度の不安や悲観などのネガティブ感情を引き起こし，右半球前頭部の不活性化あるいは損傷は不適切な多幸症，笑いなどのポジティブ感情を引き起こすことを示唆している。すなわち，大脳の左半球前頭部はポジティブな感情に関係し，右半球前頭部はネガティブな感情に関係しているという大脳の側性化が存在する可能性が想定される。

表 3.8 デビッドソンの感情誘意性モデルの理論的根拠

- 脳の側性化は進化の過程によって有用であるため生み出されたものであり，感情を司る大脳も他の機能と同様側性化が存在する。
- 接近と回避は，行動の基本的次元であり，あらゆる進化の段階の生物に認められる。
- 左前頭部は，意志や自己制御，計画などの中枢であり（Luria, 1973），接近行動に大きくかかわる。たとえば，乳児や幼児が面白そうな対象に接近，接触するときは多くの場合左半球が支配する右手を用いる（Young et al., 1983）。このように大脳の左半球が右手を伸ばすという接近行動に関係し，接近行動はポジティブな感情に関係している。
- 左前頭部の損傷は，接近行動を減少させ，悲しみや憂うつを生じやすくさせる。
- 正常な成人に退避的感情を喚起すると，右前頭部と右側頭前部が選択的に活性化される。モーリスら（Morris et al., 1991）は右側頭部の切除患者にポジティブとネガティブな感情を喚起するスライドを呈示し，皮膚コンダクタンス反応（SCR）を測定した。その結果，ポジティブなスライドに対しては正常な人と同量のSCRが現れたのに対し，ネガティブな喚起スライドに対してはSCRは著しく減少した。これはネガティブな感情に関係する右半球が切除されたためである。またレイマンら（Reiman et al., 1984）はPETを用い，パニックを起こしやすい患者は，右半球の皮質下で著しい活性化がみられると報告している。
- 表情の表出，解読，認知に左右半球のかかわり方が違うとする報告がみられる。

  サッカイムら（Sackeim et al., 1978），シュウォルツら（Schwartz et al., 1979）らは右半球が感情的な過程と表情の表出に重要な役割を果たすことを指摘した。またサーベリとマッキーバー（Suberi & McKeeber, 1977）らは悲しい顔の認知では右半球の活性化が優位であり，逆にロイター-ローレンツとデビッドソン（Reuter-Lorenz & Davidson, 1981 ; Reuter-Lorenz et al., 1983）は嬉しい表情の認知では左半球の活性化が優位であると報告している。

- 側方眼球運動（lateral eye movement ; LEM）の存在。

  物事を考えるときしばしば，右や左の上方向を見る側方眼球運動（Day, 1964）が生じることが経験的に知られている。シュウォルツら（Schwartz et al., 1975）は，楽しいことを考えるときにはこの側方眼球運動は右上方向に生じ，この動きには左脳が関与していると主張した。しかしながら，側方眼球運動は必ずしも斜めに動かず，垂直方向に動くこともあることも指摘（Ehrlichman et al., 1974）されており根拠としては乏しい。

3.4.3 感情の側性化とデビッドソンの感情誘意性モデル

デビッドソン（Davidson, R. J.）らのグループは，「大脳半球の左前頭部には接近（approach）システムを促進する機構が存在し，右前頭部には回避（withdrawal）のシステムを促進する機構が存在する。接近と回避とは異なる感情から構成されており，左右の異なる側の前頭部を活性化する」とする**感情誘意性モデル**を提唱した（Davidson, 1984；Davidson et al., 1990）。デビッドソンとフォックス（Davidson & Fox, 1982）はこのモデルを確かめるために左・右前頭部，左・右頭頂部から脳波を導出し，楽しいビデオ，悲しいビデオの呈示時におけるα波の挙動を指標として感情の側生化を検討した。その結果，楽しいビデオに対しては左前頭部の活動が右前頭部の活動を，悲しいビデオでは右頭頂部の活動が左頭頂部の活動を上回ること（**図 3.12**），生後 10 カ月の乳幼児でも楽しいビデオで左前頭部の賦活が生じることを見出した。

従来より，大脳右半球が感情に関係する可能性を示唆する報告は多い。一方臨床的知見はともかく感情誘意性モデルの実験的な支持はデビッドソンらのグループを除くとそれほど多いわけではない。鈴木（1993）は，表情写真，イメージ，VTR 刺激などにより快や不快の感情を喚起した状況で，脳波の周波数分析やトポグラフィ，誘発電位，CNV などを用いた自らの実験を展望し，右半球の優位性はともかく，感情誘意性モデルを支持するようなシステマティックな変動はみられなかったことを報告している。同様に吉田倫幸はダイポール法によって臭い刺激に対するα波の源泉の同定を行い，不快な臭いでは右半球前頭部に源泉があることを見出している。しかしながら氏の結果も，快の臭いに対しては左半球に若干の源泉が認められたのみで，同時に記録した右半球に比べて弱いものであった。

以上のように感情の誘意性モデルは，実験的に必ずしも証明されているとはいえない。この原因として実験的研究の多くが喚起刺激の認知に関わる左右半球の機能差を検討しているのに対し，臨床的知見で得られている大脳半球の機能差は主に，表出にかかわるものである。感情の表出と認知という課題の違いが大脳半球の側性化の結果が一貫したものでない理由の一つかも知れない。

3.4 感情の側性化

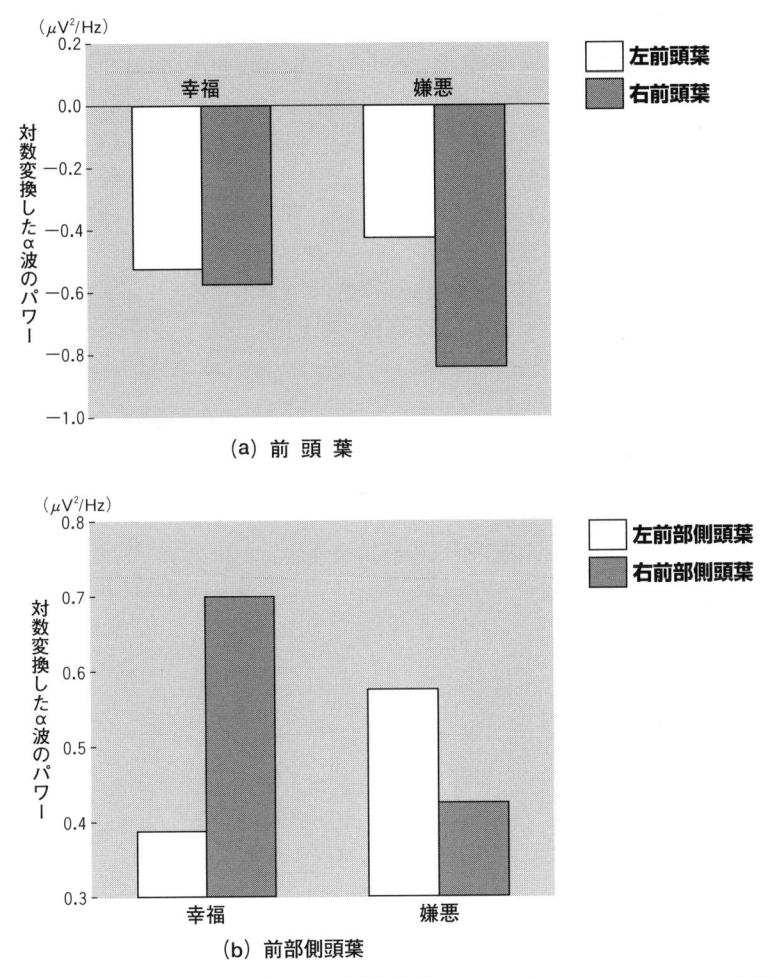

(a) 前頭葉

(b) 前部側頭葉

図 3.12 感情による左右前頭葉，左右前部側頭野の反応の違い (Davidson et al., 1990)

[**参 考 図 書**]

次の3冊は，感情・情動の心理学の理論と実際について，広範囲に，しかも分かりやすく書かれている。

松山義則・浜　治世　1974　感情心理学Ⅰ　理論と臨床　誠信書房

浜　治世（編）　1981　現代基礎心理学8　動機・情緒・人格　東京大学出版会

Lewis, M., & Haviland-Jonesm, J.M.　2001　*Handbook of emotions. 2nd ed*. N.Y.：Guilford Press.

感情と情動を生理学および生物学の観点からとりあげたものとして以下の図書は参考となる。

堀　哲郎　1991　脳と情動——感情のメカニズム　共立出版

高田明和　1996　感情の生理学——「こころ」をつくる仕組み　日経サイエンス社

ヴァンサン，J.-D.　安田一郎（訳）　1993　感情の生物学　青土社

安田一郎　1993　感情の心理学——脳と情動　青土社

感情・情緒（情動）の伝達と測定 4

　日常の対人場面では，お互いのコミュニケーションの手段として，またお互いを理解するための情報として表情，音声，姿勢，しぐさなどの非言語的行動（nonverbal behavior）が重要な意味をもっている。非言語的行動の研究は1960年代に始まったが（Davis, 1979），最近，さまざまな分野で非言語的行動に関する関心が高まっている（伊藤, 1991）。2人の状況であっても，上司と部下，友人同士，恋人同士などの状況によって，そこで生じる非言語的行動は大きく変わってくる。伊藤（1994）はコミュニケーションが人と人との相互の意志疎通，メッセージの伝達をさすものである以上，2人以上の人の間に形成される「場の共有」という概念でとらえる必要があると主張している。本章では非言語的行動の測定方法を中心に解説する。

4.1 感情と表情

4.1.1 顔の特徴——多重通信システムとしての表情

　顔はギリシャ時代の昔から芸術家や科学者の興味の対象であり，乳児が学習する最初の行動の一つは顔の認識や顔面表情の模倣であるといわれている。また顔は自分と他人を区別したり，同一視したりする重要な手がかりであると同時に，感情状態の情報を提供し，非言語的コミュニケーションや社会的相互作用の中心となっている。われわれは日常，お互いに会話をしながら相手の表情を見ている。相手に表情を見られていることを意識すると，その表情は違うものとなる。言葉と表情は一般に言葉のほうが建前で，表情のほうが本当の気持ちを表しているとされる。

　顔の左側と右側は骨相学的に非対称的である。一般に顔の右側は左側に比べ顔の幅が狭く，左側は広い。したがって顔の右側部分のみで合成した**合成顔**は引き締まった，精悍な印象を与えるが，左側部分だけで合成した合成顔は鈍く，たるんだ印象を与える（**図4.1**）。このためエクマンは顔の右側は公的な顔であり，左側は私的な顔であると指摘している。顔にはさらに多くの表情筋があり，この筋肉の組合せによりさまざまな表情が作り出される。相貌における左右の非対称性そして表情筋の複雑な組合せによる表情表出があいまって，表情を通じてきわめて複雑な，またさまざまな情報が提供される。このような意味からエクマンとフリーセン（Ekman & Friesen, 1975）は表情を多重信号システムとして位置づけ，素早い信号，ゆっくりした信号，静的な信号の3つをあげている。

　恐れや怒り，喜びや悲しみなどの感情が生じた場合，それにともない表情が表出される。このような顔貌の一時的な，素早い信号，すなわち表情表出という通信システムを介して伝達されるものが「感情メッセージ」である。受け手側は表情を介することで相手の感情の比較的正確な判断が可能となる。一方エクマンらが分類した他の2つの信号，すなわち皺や皮膚の色などの変化によるゆっくりした信号や，目鼻立ちといった静的信号では感情メッセージは伝達されないが感情の全体的な印象には影響を及ぼす。第2は「気分メッセージ」で，

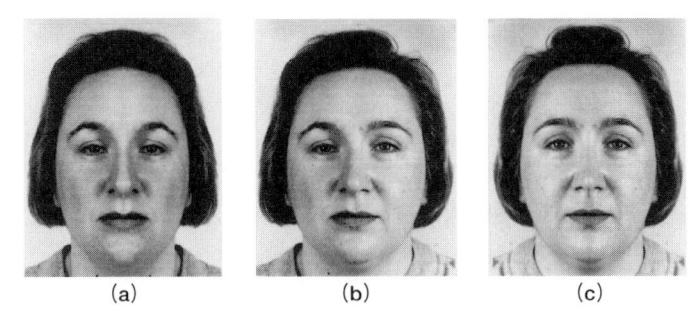

図 4.1 右—右合成顔（a），通常の顔（b），左—左合成顔（c）
（通常の顔はラッセル（Russell, J.A.）より許可を得て転載。
左—左，右—右合成顔は著者が作成）

図 4.2 著者のゼミ生男女13名の平均顔

ある程度は表情を介して伝達される。感情と気分の違いはその持続の長さの違いと考えられる。第3は「表象的メッセージ」で，非常に特殊な非言語的な信号の伝達，たとえば，ウィンクなどがそれに相当する。エクマンは，顔は単に多重信号システムだけでなく，感情，気分，態度，性格，知能，魅力，年齢，性，人種などに関するメッセージをも伝える多重通信システムであるとも述べている。

4.1.2 表情を作る筋肉——表情筋

顔には46の**表情筋（顔面筋）**があり，頭蓋冠の筋群（5），眼瞼裂の周囲の筋群（8），鼻部の筋群（4），口裂の周囲の筋群（29）に分けられる（越智，1986）。とくに口の回りに多くの筋群が分布しているのは発声に細かい動きが必要なためである。この筋肉の活動の組合せによってさまざまな表情が作り出される。また，顔の左右は骨相学的に不均整であり，顔面筋の活動の左右差とあいまって非常に複雑な表情表出を可能にする。

表情筋は皮筋とよばれる小さな筋肉で，骨格筋とは異なる特徴をもつ（**表4.1**）。通常骨格筋は骨と骨を関節を挟んで結んでいる。ところが表情筋は骨と骨を結ぶことはなく，骨と皮膚，皮膚と皮膚を結んでいる。このため表情筋の収縮は顔の表面の皮膚を歪めることになり表情が作り出される。これに加え表情筋に対する神経支配は数本から十数本ときわめて少ないため繊細な動きが可能になる。脳による神経支配は顔の部位により異なる。一般的にわれわれの身体は反対側支配が原則である。ところが表情筋に対する神経支配は特異的で，顔の上部は同側支配と反対側支配が50％ずつであり，特別な訓練をしないと額の部分の表情筋で繊細な動きを作り出すことはできない。顔の中央部は同側支配の割合が減り（25％），反対側支配の割合が大きくなる。これに対し顔の下部はすべて反対側支配を受け，より繊細な動きが可能となっている。また運動領で占める割合も大きい。表情筋は発生学的には魚のエラと同じで，横紋筋からなるが，その性質は横紋筋と平滑筋の中間的な性質をもつ。骨格筋とは違い，同じ筋肉が機能的にはまったく別の筋肉のような動きをする点も特異的である。

表 4.1 顔面筋と骨格筋の相違点

顔 面 筋	骨 格 筋
●顔の骨と皮膚の間，あるいは皮膚と皮膚の間を結ぶ 　　　↓ 　顔面の皮膚を動かす　→　表情	●骨と骨を関節をはさんで結ぶ 　　　↓ 　関節の曲げ伸ばし
●1つの神経細胞が支配する筋繊維数がきわめて少ない（数本～十数本） 　　　↓ 　繊細な動きを可能にする	●1つの神経細胞が支配する筋繊維数が多い 　　　↓ 　大きな力を発揮できる
●横紋筋と平滑筋の中間の性質をもつ 　心臓の筋肉・呼吸筋が同じ性質をもつ 　発生学的には魚のエラと同じで，横紋筋であるが完全に随意的ではない	●横紋筋 　横紋筋……速い動きに適すが持続性がない 　　　　　　随意的，手，足の筋肉 　平滑筋……速い動きには適さない 　　　　　　持続性がある・不随意 　　　　　　内臓の筋肉
●脳の支配は顔の上下で異なる 　上部……同側支配（50%）＋反対側支配（50%） 　　　　　繊細な動きができない 　　　　　訓練を要する 　中部……同側支配（25%）＋反対側支配（75%） 　下部……同側支配（0%）＋反対側支配（100%） 　　　　　繊細な動きが可能 　　　　　運動野で占める領域も広い	●脳の神経支配は反対側支配
●同じ筋肉が機能的にあたかも別の筋肉のような動きをする	●同じ筋肉は同じ働きをする
●共同筋，拮抗筋がない	●共同筋と拮抗筋がある

4.1.3 表情筋の脳支配

表情筋を支配する脳神経は脳幹の顔面神経核を起始核とする**第7脳神経（顔面神経）**と三叉神経核を起始核とする**第5脳神経（三叉神経）**の2つのみである。第7脳神経は耳の下あたりで5つに分枝し，表情筋を支配する（図4.3）。随意的な表情は新皮質の運動野の錐体細胞から顔面神経核に投射する錐体路によって制御されている。これに対し不随意に生じる自発的な表情は，新皮質の前運動野や大脳辺縁系から顔面神経にいたる錐体外路を介する投射により制御されている。興味深いのは左側の顔面筋は左の顔面神経によってのみ支配され，左右にまたがるような筋肉，たとえば口輪筋の左右も同様に同側の顔面神経によって支配されていることである。また，顔の左右が類似して動くのは左右の顔面神経核が上位運動中枢から類似した信号を受け取るためである。なお，リン（Rinn, 1989）によれば，表情は大脳皮質と皮質下からの抑制およびその解除（脱抑制）によって作り出される。オートマチック車はつねに前に進もうとしているのをブレーキを弱めたり強めたりすることで車の動きを制御している。アクセルを踏みこんで制御するよりもはるかに制御が容易で確実である。われわれの身体の制御をみるとこの上位中枢からの抑制とその脱抑制の関係は非常によくみられ，顔の表情筋の制御もその例に漏れないと考えられる。

第5脳神経はすべて下顎を動かす筋肉を支配し，主に咀嚼運動に関係する。また怒りのときみられる歯を食いしばる行動などにも関与する。その他，眼球運動，眼瞼挙筋の運動，瞳孔の縮・散瞳を支配する第3，4，6脳神経が表情に影響を及ぼす。

4.1.4 表情研究の方法

1. 符号化——表情表出

●**符号化システム**　エクマンとフリーセンら（Ekman & Friesen, 1978）はドゥシェンヌ（Duchenne, 1862/1990）の顔面筋肉に関する研究を参考に，顔に針電極を刺し，不明瞭な筋肉の動きを確認しながら，1つ以上3つまでの筋肉の動きによって作り出される表情の**基本的アクションユニット**（Action Units；**AU**）を確認し，表情の動きを顔面上の機能的単位であるこの44のAUの組合

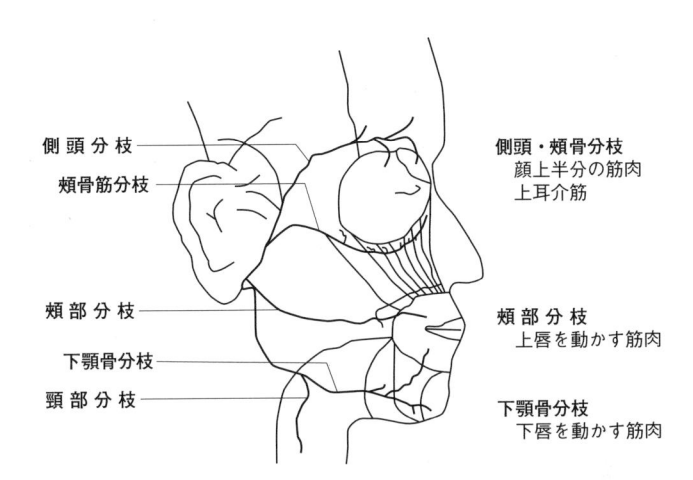

図 4.3 顔面神経による神経支配（Rinn, 1989を改変）

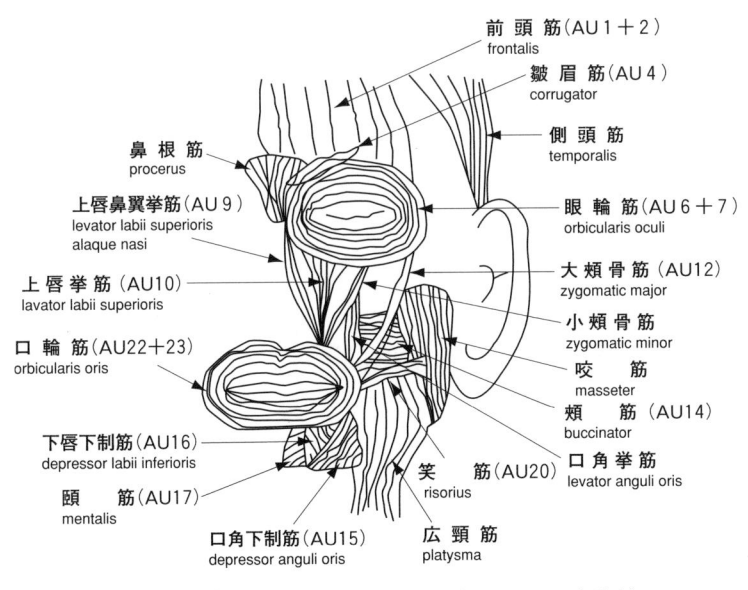

図 4.4 表情筋とアクションユニット（Rinn, 1989を改変）

せとして符号化する **FACS**（Facial Action Coding System）を開発した。この FACSのAUは筋肉の動きそのものではなく，1つ以上の筋肉が働くことによって生じる表情の変化を作る単位であることには注意する必要がある。エクマンらは当初33のAUを選定したが，後に唇の動きに関係するユニットなど11を加え，最終的に44のAUで符号化システムを完成させた。現在ではその後の表情研究の過半数近くが何らかの形でFACSを使用しているといっても過言でないほど，多大な影響を与えている，ポピュラーな方法である。エクマンとフリーセンは（Ekman & Friesen, 1976）はこのFACSにもとづいて訓練した表出者のさまざまな感情表現を行った表情写真の標準テキスト版ともいうべき Pictures of Facial Affects（**PFA**）を発表した。

FACSでは一定のAUの組合せが，喜び，悲しみ，怒りなどの情動時の表情変化に対応する（Wiggers, 1982）。たとえば，喜びは口角を斜め上方向に持ち上げる頬骨筋の活動を表すAU12と目の回りの筋肉である眼輪筋の働きを反映するAU6の動きによって表すことができる（**図4.5**）。

一方，イザード（Izard, 1979）は彼の分化情動理論にもとづいて9つの基本情動と苦痛の表出の弁別を目的として表情の符号化システム **Max**（Maximally Discriminative Facial Coding System）を開発した。Maxは眉の部分（6ユニット），目・鼻・頬の部分（9ユニット），口の部分（14個ユニット）に分割したものでFACSに比べてかなり簡略化されている。たとえば，驚き—驚愕に関与するユニットは第20, 30, 50ユニット，興味—興奮は0, 24, 51などのユニットの動きとして符号化される。また，イザードはMaxを表情の時間的推移をとらえやすくするためにAFFEXも開発している。

これらの表情の符号化システムの長所としては，まず第1に表情の客観的な符号化を可能にした点にある。その結果，表情の表出のみならず解読をも定量的に同一基準で記述することが可能になった。第2に表情の時系列的測定がある程度可能になったことである。われわれが相手の表情を認識する場合，最大表出された表情ばかりを見ているわけではなく，その表出の過程も重要な要素と考えられる。従来の表情研究ではこの時系列情報の処理方法がなく，無視されてきた。符号化システムの導入により表情の新しい側面の研究が可能になっ

4.1 感情と表情

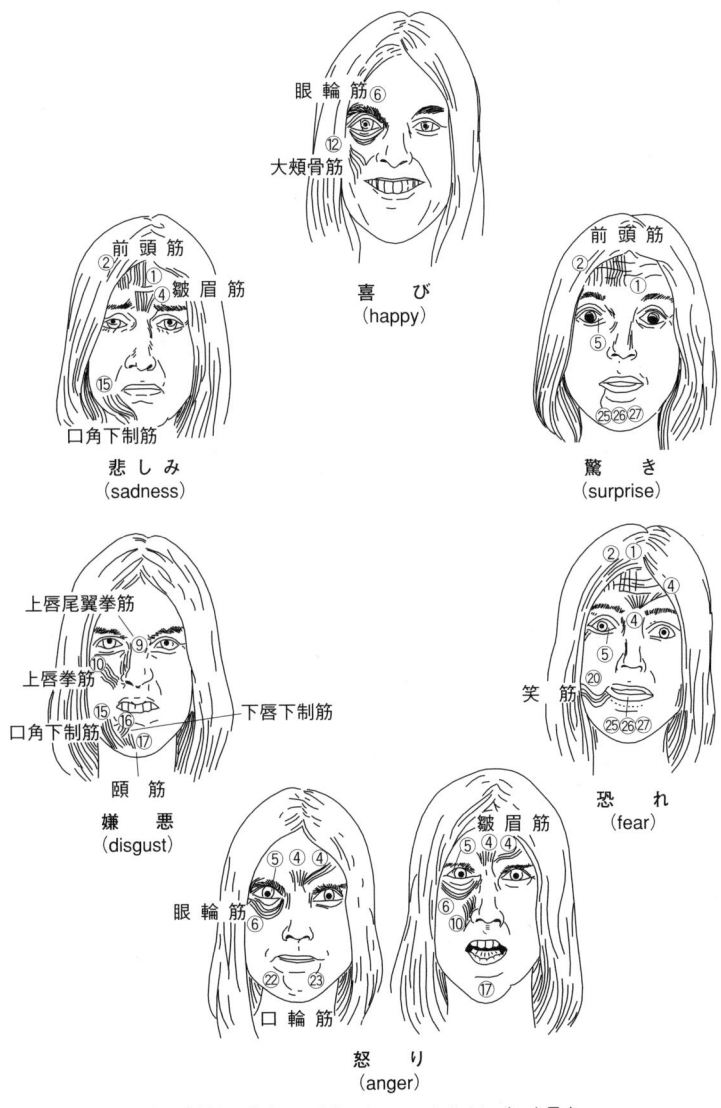

注：丸付きの数字はアクションユニットのナンバーを示す。

図 4.5 表情のFACSによる評価（Ekman & Friesen, 1978）

たといえる。一方，符号化システムの短所としては，符号化をする人（符号化者）は長期にわたる訓練を必要とする点，解析に非常に時間がかかる点があげられる。表情の表出には驚きのように素早い顔の動きでも1秒近くかかり，悲しみや恐れの表出の場合には1.5秒あるいはそれ以上の時間を要する。これを符号化システムで解析するためには1/30秒ごとのフレームを一枚一枚静止画像にし，FACSの場合所定の40近くのAUを符号化していくため非常に時間がかかる。またこの際フレームからフレームへ変化が生じないときは得点化がなされないという問題点もある。このAUが移動したかどうかの微妙な判断は符号化の主観的判断に任されるため，主観が入るおそれも指摘できる。この信頼性の問題に関しては，FACSやMaxを用いる場合2人以上の符号化者が符号化を行い，その一致率で信頼性を保証している研究が多い。

符号化システムに対する問題点として，FACSやMaxのように外国で開発された符号化システムがはたして日本人にも適用できるのかという問題もある。たとえば鈴木ら（Suzuki et al., 1991）は日本人の悲しみの表出はさまざまであり，眉の内側が上がるのにともない眉の下の皮膚が内側に上がり三角状になる。上瞼は内側が上がり，口元は下がるというエクマンとフリーセン（Ekman & Friesen, 1975）の指摘するような表情ばかりではないことを指摘している。また，エクマンらがFACSにもとづいて作成した**Pictures of Facial Affect**の表情写真を日本人に呈示すると，恐れの表情は驚きの表情と混同されることが多くの研究で報告されている（たとえば，Ekman et al., 1982；Ogawa & Suzuki, 1999；2000；Ogawa et al., 1999；Takehara & Suzuki, 1997）。

●**顔面筋電図**（facial electromyograph；fEMG）　表情筋の存在する皮膚上に電極を装着し，筋肉が活動する際に生じる微細な筋電位（electromyogram；筋繊維の活動電位の集合電位）を記録する方法。測定方法に関してフリドルンドとカチオッポ（Fridlund & Cacioppo, 1986）が装着部位，測定方法の指針を作成している（**図4.6**）。**顔面筋電図**法の長所は，外見上見ることのできない繊細な反応を表すことができる点にある。一方，短所は，顔の形態的な非対称性のため正確に筋肉の上に装着するのが難しい。電極を貼るため動きが制限され，心理的負担が大きい。所定の顔面筋の活動しかみられない。実験状況が不自然に

表4.2 アクションユニット（AU）とその役割
(Ekman & Friesen, 1978)

AU No.	部位	アクションユニットの名称	関連する顔面筋
1		眉の内側を上げる	前頭筋内側部
2	眉	眉の外側を上げる	前頭筋外側部
4		眉を下げる	鼻根筋・眉毛下制筋・皺眉筋
5		上眼瞼を上げる	上眼瞼挙筋
7		眼瞼を固くする	眼輪筋眼瞼部
44		細目	眼輪筋眼瞼部
41		眼瞼を下げる	上眼瞼挙筋の弛緩
42	目	薄目	眼輪筋
43		閉眼	眼輪筋眼瞼部
46		ウィンク	眼輪筋
45		まばたき	上眼瞼挙筋の弛緩・眼輪筋眼瞼部
6		頬を上げる	眼輪筋眼窩部
9	頬	鼻に横皺を作る	上唇鼻翼挙筋
10		上唇を上げる	上唇挙筋
11		鼻唇溝を深くする	小頬骨筋
12	頬	口角を引く	大頬骨筋
13		頬を膨らます	口角挙筋
14	頬	笑窪を作る	頬筋
20	口	唇を伸ばす	笑筋
15		口角を下げる	口角下制筋
16	口	下唇を下げる	下唇下制筋
17		頤を上げる	頤筋
25		唇を開く	唇下制筋，頤筋や口輪筋の弛緩
26	口	顎を下げる	咬筋，側頭筋や内側翼突筋の弛緩
27		口を大きく開ける	翼突筋，顎二腹筋
18		唇をすぼめる	上唇門歯筋，下唇門歯筋
22		漏斗型にする	口輪筋
23	唇	固く結ぶ	口輪筋
24		圧迫する	口輪筋
28		吸いこむ	口輪筋
8		合わせる	口輪筋
AD10	口	舌を出す	
AD37	口	唇をなめる	
21	首	首をこわばらせる	
AD29		顎を突き出す	
AD30	顎	顎を水平移動させる	
31		歯を食いしばる	
AD32		唇を噛む	
AD33		頬を膨らます	
AD34	頬	空気を吹き出す	
AD35		頬を吸いこむ	
AD36		舌で頬を膨らます	
AD38	鼻	外鼻孔拡大	鼻筋翼部
AD39		外鼻孔縮小	鼻筋横部，鼻中隔下制筋

なることが多いことなどがあげられる。

　角辻（1978）は直径70ミクロンの細いステンレス電極を毛根から刺入し，被験者に大きな負担を与えずに多数の表情筋からEMGを記録する方法で，各感情出現時の表情筋の活動を記録した。その結果，「驚き」では**前頭筋**の収縮がもっとも著しく，「怒り」では皺眉筋の収縮，**前頭筋外側部**の収縮，上唇挙筋の強い収縮がみられ，恐れでは前頭筋，皺眉筋の収縮が強く，顔面下半分の筋緊張が弱い，「悲しみ」「泣き」では**皺眉筋**，口角下制筋，頤（おとがい）筋の収縮が強く，ついで上唇挙筋，前頭筋，**大頬骨筋**の活動が認められる。最後に「喜び」「笑い」では快の笑いでは大頬骨筋，笑筋の活動がきわめて強く，頤筋，上唇挙筋，口角下制筋，眼輪筋にもかなりの筋収縮が認められる。また社交的な笑い（角辻は挨拶の笑いと記載している）ではほぼ快の笑いと同様であるが，大頬骨筋，笑筋，眼輪筋の筋活動の顕著な増大と，皺眉筋活動の減少が特徴的であったと報告している。

　また最近，ウィトブレットとブラナ（Witvliet & Vrana, 1995）の研究をはじめとして，シュウォルツ（Schwartz, G.E.），カチオッポ（Cacioppo, J.T.）など多くの研究者が喜びなどのポジティブな情動状態では頬骨筋活動の活性化，怒り，嫌悪などのネガティブな情動状態では皺眉筋の活動の活発化を報告している。しかしながら皺眉筋に関しては，ネガティブな情動との対応関係を疑問視する報告もみられ（鈴木，1994），注意の集中等を反映しているとする報告もみられる。**図4.7**は，感情価をもつ刺激に対する皺眉筋，大頬骨筋の活動を示したものである。皺眉筋の活動は感情価と反比例の関係にあるが，大頬骨筋の活動は感情価と直線的な関係はみられない。

●**画像解析法**　画像解析法は，表情をVTRに取りこみ，それをフレームごとに二値化するなどの処理を加えることで顔の所定の部位（参照点；reference point）の動きを求めたり，減算，加算あるいは平均したりすることで，前のフレームからの動きを明確にしたりする比較的最近開発された方法である。従来は左右の顔を合成し，左―左，右―右の合成顔（合成写真法，**図4.1**参照）に対する評価を求めることで，顔の左右の形態的特徴の違いがもつ意味の違いを研究する方法や，モアレを作成したりする方法や，顔の凹凸を反転するなども

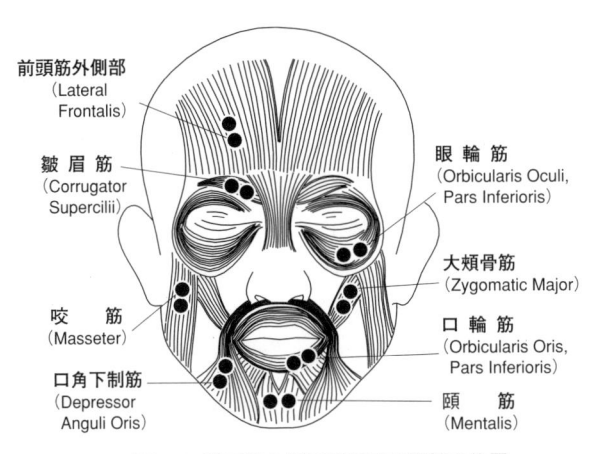

図 4.6 顔面筋と顔面筋電図の電極の位置
(Fridlund & Cacioppo, 1986)

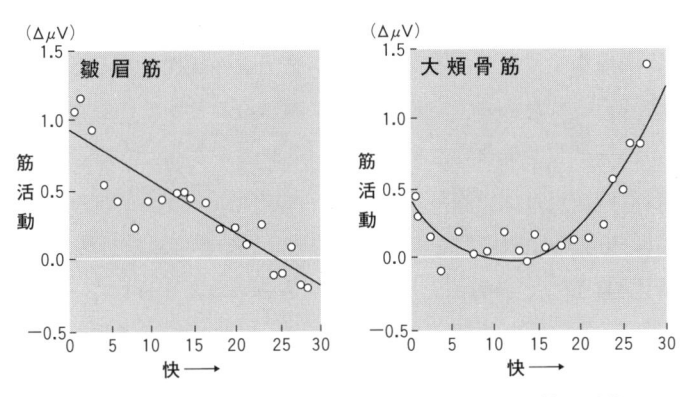

図 4.7 感情価をもつ刺激に対する皺眉筋,大頬骨筋の活動
(Lang et al., 1993)

この画像解析法に含まれる。最近よくコマーシャル等でみかけるモーフィング技法を用いた平均顔（図 4.2, 図 4.9 参照）の研究や空間周波数を用いた研究もその一つである。

画像解析法の長所は，FACS よりも客観的に符号化できること，時間的な変化に対応できること，FACS のように特別な訓練を必要としないことなどがあげられる。他方，画像解析法はある程度のコンピュータに関する知識を必要とし，符号化システムと同様，解析に時間がかかること，顔に参照点を貼らない限り，二値化して残るのは，目，眉毛，鼻の穴，唇，その他ホクロなどしかないため，顔の動きの細かい解析が難しいことがあげられる。この問題を解決するため催ら（1989）によって，AU を考慮した**ワイヤーフレームモデル**が開発されている。その他にも筋電図法と同様，顔の非相称性のため顔の同一部分の測定が困難などの短所を有している。図 4.8，図 4.9 は著者の研究室で行った画像解析法を用いた研究の一例である。

2. 解読――他者による表情解読

●**強制選択法**　基本感情とされる感情語のカテゴリー（たとえば，エクマンの基本感情であれば喜び，悲しみ，驚き，恐れ，怒り，嫌悪（軽蔑））を選択肢として用意し，回答させる方法。エクマンらが各感情の表情は普遍的であり，民族，文化に関係なく共通であるとする基本感情説の根拠とする報告の多くはこの方法により得られたものである。安易に調べることができることが最大の長所であるが，選択肢が少ないため，チャンスレベルが高くなる。質的データであるため統計の検定方法が限られるといった短所がある。なお，最大の問題点である統計的方法の制限に関しては，質的データの多変量解析法である DUAL III や数量化 III 類などの方法を用いた研究もみられるようになってきた。

●**プロフィール法**　基本感情とされる感情語を用意し，呈示された表情が，各カテゴリーをどの程度強く表しているかをリッカート法，評定尺度法などを用いて回答を求め，MDS（多次元尺度構成法）などの多変量解析手法を用いて解析する方法。量的データとなるためさまざまな解析や多変量解析を用いることができ，次元説の多くはこの方法を用いている。この方法の利点は感情の解読を質的なデータとしてのみでなく量的なデータとして処理できるだけでなく，

4.1 感情と表情

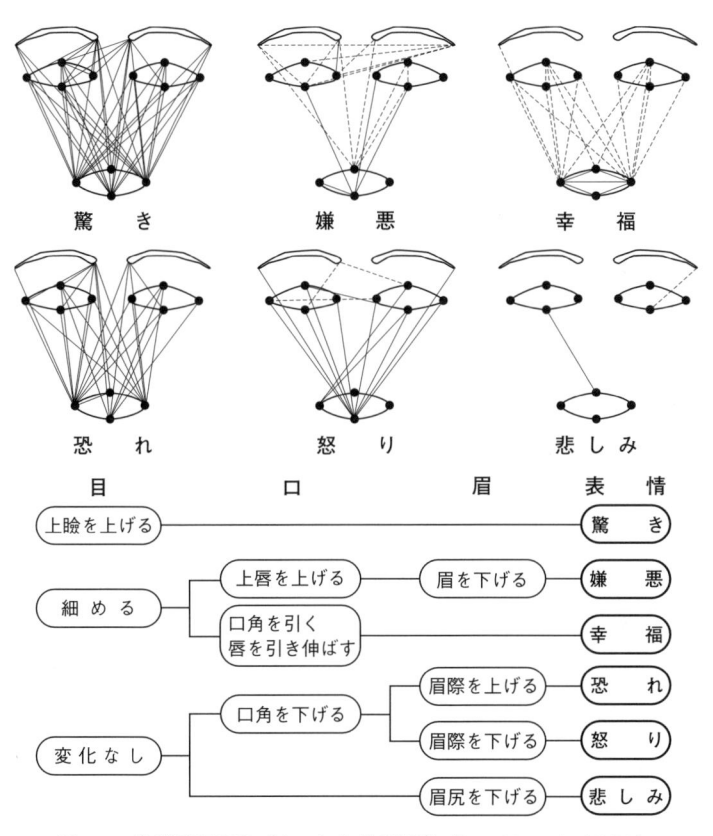

驚き　　　嫌悪　　　幸福

恐れ　　　怒り　　　悲しみ

| 目 | 口 | 眉 | 表情 |

上瞼を上げる ──────────────── 驚き

細める ┬ 上唇を上げる ─ 眉を下げる ─ 嫌悪
　　　 └ 口角を引く
　　　　 唇を引き伸ばす ─────── 幸福

変化なし ┬ 口角を下げる ┬ 眉際を上げる ─ 恐れ
　　　　　　　　　　　　├ 眉際を下げる ─ 怒り
　　　　　　　　　　　　└ 眉尻を下げる ─ 悲しみ

図 4.8　**各感情の表出パターンとその認識**（Suzuki et al., 1991）

感情間の関係も問題にすることができる点にある。**図4.9**は，2つの表情をモーフィングして作成した表情について，プロフィール法で評定を求め，表情間の心理的距離をMDSにより布置したものである（Takehara & Suzuki, 1997）。図にみられるように任意の表情のモーフィングの割合に応じ，心理的な評価が布置された。

●**自由回答法**　強制選択法とは異なり，実験者のほうで回答の選択肢は用意せず，自由に被験者が感じたままを回答させる方法。この方法の長所は，カテゴリーに捕らわれないため，さまざまな回答が得られ，正確に被験者の感じ方を反映していることである。しかし，得られた回答が多義に富むため統計的検定が難しい，回答を強制しないため回答が得られないことがある，語彙の少ない実験参加者がいる，感情語以外がしばしば回答される，などの問題点も含んでいる。

3. 表情を用いた感情研究の問題点

●研究に用いられた写真が，たいていの場合，俳優の表情写真であるため実際場面での表情とは異なる。現在の表情研究も多くの場合，使用される表情はposer（表出者）によって意図的に表出されたものであり，誇張されたものが多く，自発的に表出された表情とは異なっている。

●顔面表情はそれだけでは判断が困難で，状況と合わせて理解されるもので文脈を無視した表情の判断は正確でない。つまり，研究に用いられる表情写真は，状況と合わせて，時間的に連続した呈示が必要である。表情研究の多くは現在でも最大表出された表情写真を用いることが多く，表情の表出過程を扱った研究さえ少ないのが現状で，ましてや，文脈を扱った研究はきわめて少ない。

4.2　感情と音声

　日常生活の感情伝達において，音声は非常に重要なコミュニケーションのチャンネルである。音声による感情伝達は2つのものを媒介として行われる。一つは言葉自体の意味を媒介とする伝達であり，もう一つは強度，ピッチ，速度などの音声の非言語的成分による伝達である。本来，言語自体の意味を媒介

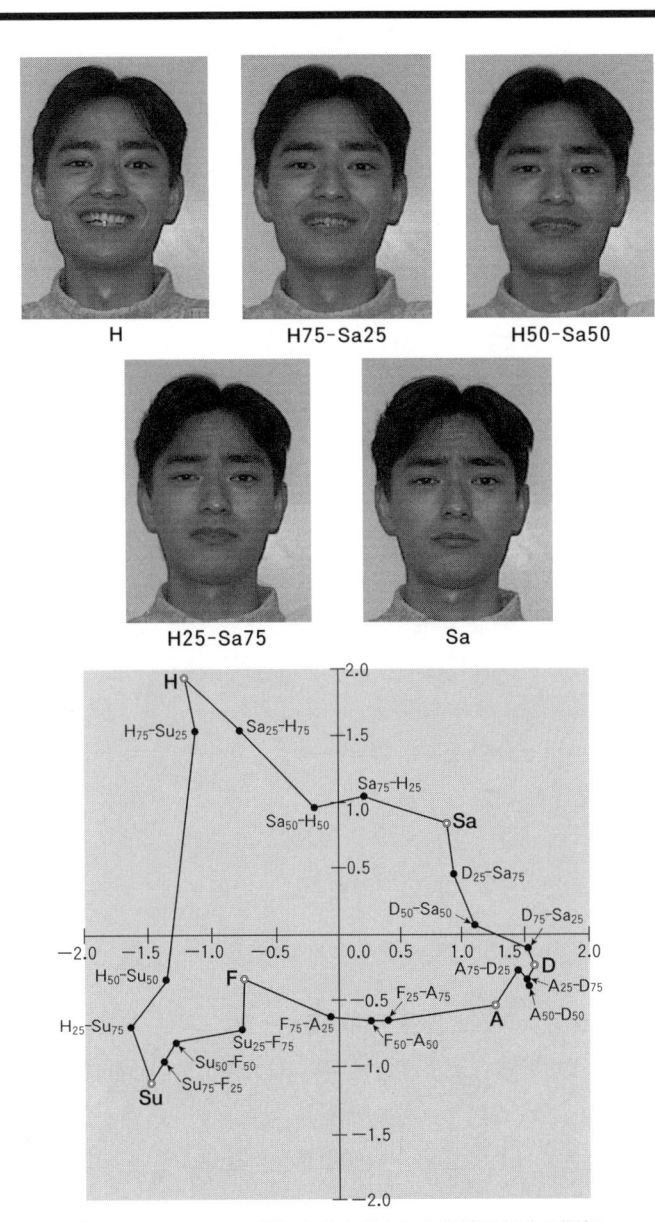

図 4.9 モーフィングにより生成された表情に対する評価
(Takehara & Suzuki, 1997)

とする伝達方法は，情動のもっとも有効な伝達方法であるはずであるが，実際の対人場面では社会的ルールや表示規則が働くため，有効な手段とならないことが多い。つまり言葉自体の意味それ以上に自己の感情を相手に伝えるのは声のピッチや大きさ，話す速さといった非言語的成分による伝達である。音声は，主として呼吸器と発声構音器官（喉頭，声道）の調節により生じる生理学的過程であるが，感情などの心理的な要因の影響が強く，音声表出も非言語的行動の一つであるとみなすことができる。バードウィスル（Birdwhistell, 1970）は，二者間の対話では，言葉によって伝えられるメッセージは全体の35％にすぎず，残りの65％は話しぶり，ジェスチャー，相手との間の距離の取り方などの言葉以外の方策により伝えられることを強調し，音声伝達における非言語的行動の重要性を指摘している。

このようなヒトの情報伝達における非言語的行動の重要性の指摘は，古くはダーウィン（Darwin, 1872/1965）の「人間を含めた多くの動物では，表出手段として発声器官が極めて有効に働く」という指摘に始まり，メーラビアン（Mehrabian, 1972）の「音声は表情よりも情動の伝達力は弱いが，言語内容よりもその人の情動や態度を伝えるのには有力である」とする報告，最近では表情と同じかあるいはそれ以上の情報を提供するとするカッパスら（Kappas et al., 1991）らの見解も報告にもみられる。これに関し，宇津木（1993）は，「人間の音声活動は言語的コミュニケーションの手段としてみなされることが多いため，情動の表出という本来の機能の方が過小評価されているといえるかもしれない」と指摘している。

4.2.1　発声のメカニズムと音響学的パラメータ

音声の生成には呼吸器官が重要な役割を演じている（**図4.10**）。肺より呼気流が咽頭に送り出される際に，途中の喉頭に位置する声帯が振動することで「ブーン」という準周期性の音波（**喉頭原音**）が発生する（発声）。声帯振動に際して声帯縁が瞬間的に開くたびに少量の空気の流出が生じ，声門部分での圧変化（**声門加圧**）を生じる。これが音源となる。喉頭原音は，咽頭，喉頭，口腔，鼻腔などの構音器系に送りこまれ，それを共鳴させることにより「あ」，

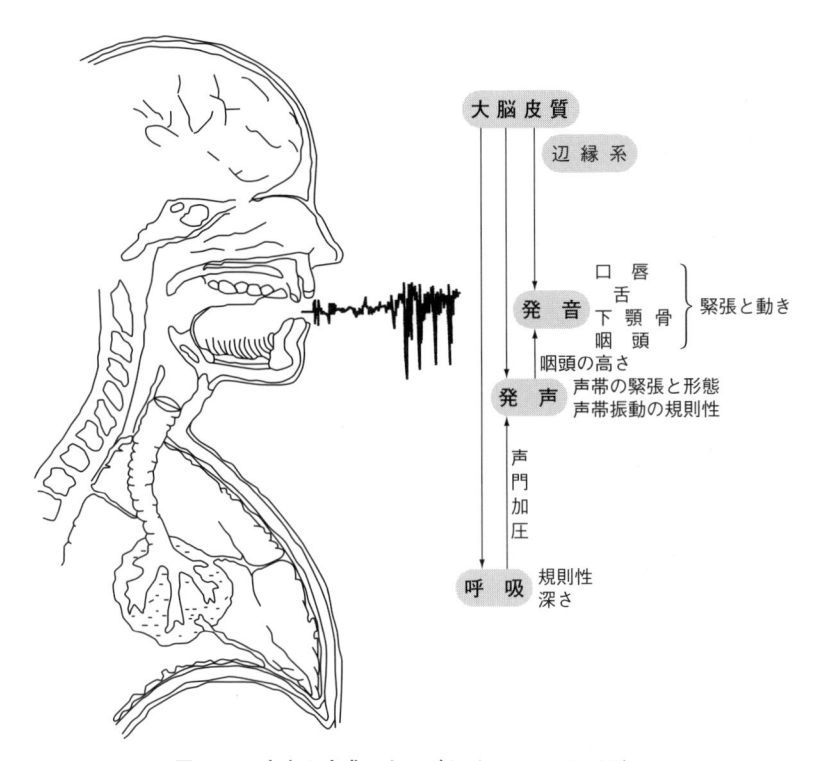

図 4.10　音声の生成メカニズム（Scherer, 1982）

「い」などの母音が作り出される。また子音は，喉頭原音を舌や唇などを使って部分的に止めたり，完全に止めたり，有声音にしたり，無声音にすることによって作り出される。この過程を発音，構音，または調音とよぶ。声の音質は声帯振動の性質が関係し，声の高さは声帯の振動数によって決まる。またいわゆるハスキーな声（かすれ声）は声帯の振動が不十分なために生じる。

　情動反応が生じると，呼吸に変化が生じ，また発声にかかわる筋の緊張も変化する。また，口の開け方や舌の位置の変化により口腔等の形にも微妙な変化が生じる。これらの変化が音声表出における非言語的成分の変化となる。たとえば，興奮すれば心拍数や呼吸数が増え，声が高くなり，発話の速度も速くなり，声が大きくなる。小田（1999）によれば，音声への情動の影響は生理学的なレベルでなされているという。しかしながら，情動の指標としてどの音響学的パラメータが適切であるかは明確でない（**表 4.4〜表 4.6 参照**）。

　シェーラー（Scherer, 1982）によると情動を表出する音声の物理的な音響パラメータは大きく，時間，周波数，大きさの3要素に分けられる。時間のパラメータとしては，たとえば怒りが生じたときには早口になり，分節が増えることが知られているように，**スピーチレート**，**ポーズ**（音声の場合はスピーチの「間」を意味する）の長さ，そして分節の数などが情動状態の指標となる。時間のパラメータはどこまでが発話で，どこまでがポーズであるのか判定が困難という欠点をもつが，一般的に心理量と物理量がよく対応する。周波数はもっともよく用いられるパラメータで，**基本周波数**（F0：声帯の振動周波数，すなわち喉頭原音の振動を表す）やその範囲およびその変動が尺度として用いられる。一般に興奮している場合は**ピッチ**（基本周波数）が上がり，悲しみや愛情の表現ではピッチが低くなり，変動が少ない。大きさのパラメータとしては，悲しみの表現や愛情の表現では小さな声になることが多いように，音圧，音の強度などが指標として用いられる。音圧や強度はもともとの声の大きさなど情動とは無関係な要因も深くかかわっており解釈が難しい。また，複合次元的な聴覚的変数として，音圧が最大振幅に達するのに要する時間と振幅が0になるまでに要する時間から求めるエンベロープ（音声的包絡線）や，**フォルマント**などが用いられる（**表 4.3，図 4.11**）。音声に関する文献でよくみかけるフォルマン

表 4.3 主要な音響学的指標の概要 (Scherer, 1986)

指　　標	説　　明
F0 摂動	声門サイクル間のわずかな変動
F0 平均	基本周波数（スピーチの発声の平均した声帯の振動数）
F0 レンジ	発声のもっとも高いレベルともっとも低いレベルのF0 間の違い
F0 分散	分散の測定（例：F0 の標準偏差）
F0 曲線	時間（イントネーション）に付置させた基本周波数の値
F1 平均	発声を平均した最初の（もっとも低い）フォルマント（スペクトルの中で重要なエネルギーの集中）周波数
F2 平均	第2フォルマントの平均周波数
フォルマント帯域幅	重要なフォルマントエネルギーを含んでいるスペクトル帯域の幅
フォルマントの密度	フォルマント周波数が言語の音声学的システムによる規定された値を得る度合い
強さの平均	発声を平均したスピーチ波形に対するエネルギーの値
強さの範囲	発声のもっとも高いレベルともっとも低いレベルの強さ間の違い
強さの分散	発声の強さの値の分散の測定（例：標準偏差）
周波数レンジ	スピーチエネルギーにある周波数スペクトラムのF0ともっとも高い点の間の差
高周波エネルギー	より高い周波数領域の相対的な割合（例：1kHz より大きい）
スペクトル雑音	スペクトルの非周期的なエネルギー要素
スピーチレート	時間に対するスピーチの分節の数

トというのは話者の声帯の振動によって生み出された音声が，それぞれの部位で共鳴するときに生ずる音により，異なる母音や子音を表現する声をそれぞれの波形に分解したもので，第1フォルマント，第2フォルマントなど無数にあり，第1と第2フォルマントは母音の生成の基礎となる。

4.2.2 音声表出と感情のコミュニケーション

音声により表出された情動がどの程度聞き手に伝達されるかに関しては古くから関心がもたれてきたが，あまり研究が進んでいるとはいえない。ダーウィンもその著『人及び動物の表情について』で情動表出の手段としての音声に注目しているが，そのほとんどが表情の記述に費やされ，音声に関する記述は少ない。この理由の一つは音声を視覚的に示すことの困難性にある。しかしながら，1920年代の音響分析器の発明にともない，さまざまな情動を表現する音声表出が，いかなる音響学的特徴をもつかに関する研究が大幅に伸展した。

先駆的な研究として，オートレブ（Ortleb, 1937）の研究があげられる。オートレブは，15人の一般男女に文章を朗読させ，その音声を5人の一般男女に呈示し，その表現力を評定させた。その結果，表現力が高いと評定された表現は，発話の持続時間が長く，ピッチの変化が大きいものであり，声の大きさ，ピッチのレベルとの関係は明確ではないことを見出し，情動と音声の間に関係がある可能性を指摘した。

一方フェアバンクスとプロノヴォスト（Fairbanks & Pronovost, 1939）は，軽蔑，怒り，恐怖，悲しみ，無関心の5つの情動をこめて「ほかに答はない。あなたはその質問を何度となく繰り返してきたけれど私の答はいつも同じだった。これからも同じだろう」というセリフを6人の男性俳優に表出させ，その音響学的特徴を分析した。また彼らはこうして得た30通りの音声を64人の大学生に聴取させ，5種の情動に7種の情動（楽しみ，驚き，疑い，高揚，恥ずかしさ，ねたみ，愛情）を加えた12の選択枝で評定させた。その結果，表出された5種類の情動は66％から88％という高率で識別された。音響分析の結果，怒りの表現は，基本周波数が高く（229 Hz），基本周波数の変動が大きい。恐れの表現は，怒りの表現よりも基本周波数が高く（254 Hz），怒りと同様に変

4.2 感情と音声

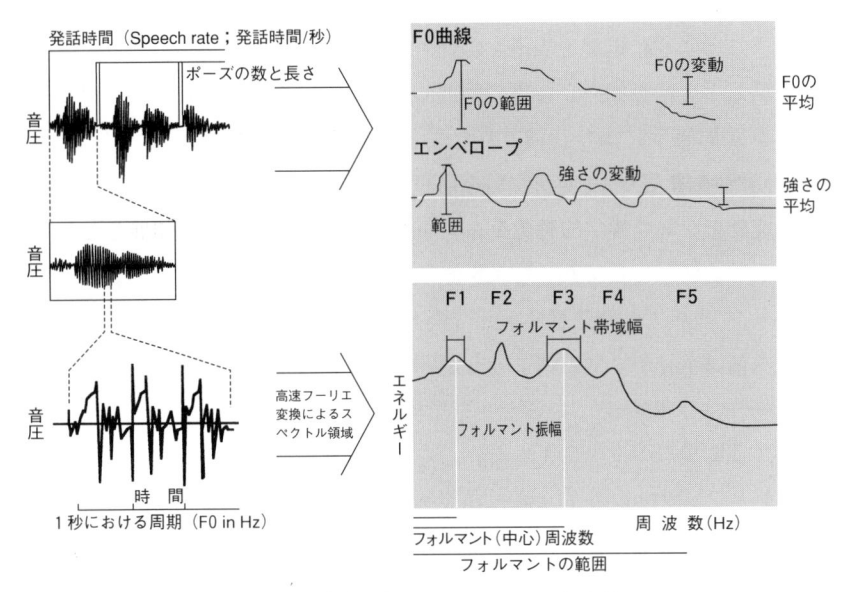

図 4.11　音声分析（Scherer, 1982を改変）

動が大きい。無関心の表現は基本周波数（108Hz）の変動があまりみられず平坦である。悲しみの表現は基本周波数が低く（136 Hz），ビブラートがあるが変動幅がもっとも小さい。軽蔑の表現は基本周波数が低い（124 Hz）わりには変動が大きいことを見出した。

また，デイビッツとデイビッツ（Davitz & Davitz, 1959）は，4人の男子学生，4人の女子学生および1人の女優に感情をこめてアルファベットを朗読するように求め，この音声を30人の大学院生に呈示した。その結果，表出された情動と聞き手が受け止めた感情との間に有意な一致がみられたことを報告している。このように情動を表出した音声を聞き手が正しく認識できるということは，話し手の情動状態が音声の物理的特性に反映され，何らかの変化が起こり，それが聞き手により認識されたことを示唆している。また，デイビッツ（1964）は情動を表す14の形容詞を用いて評定を求め，音声の大きさ，ピッチ，音質，速度をシュロスバーグ（Schlosberg, 1954）の3次元に適用することを試みた。その結果，①ピッチや大きさなどの聴覚的変数は活性次元（緊張―睡眠）に関係し，②リズムは誘意性次元（快―不快）に関連していること，③ポジティブ感情はネガティブ感情よりも規則的なリズムがあり，声の調子やリズム（プロソディ）が関係していることを指摘した。

また，音響機器の進歩にともない，音声の要素を操作した研究も行われ，リバーマンとミッシェルズ（Liberman & Michaels, 1962）はシンセサイザーを用いて基本周波数と振幅とを独立して操作する実験を行った。彼らは3人の一般男性に8種類の情動（退屈，秘密，疑義，恐怖，幸福，客観的質問，客観的叙述，尊大）を表出させ，基本周波数と振幅を抽出した。①抽出した基本周波数と振幅の両要素を保存した合成音，②基本周波数のみを保存した合成音，③振幅のみを保存した合成音，元の音声の4つを呈示し，解読させたところ，その識別率は順に47％，44％，14％，85％であった。この結果は基本周波数さえ保存されていれば振幅はあまり関係がないことを示している。

その後，音声による情動表出に関する研究は，俳優あるいは一般人を用いて，オートレブのように詩や小説の朗読，あるいはフェアバンクスのようにある特定の言葉をそれぞれの感情をこめて発声させるという方法を用いて行われ，そ

表 4.4　感情とその音響学的特徴（Murray & Arnott, 1993）

ピッチ
- 情動間の区別によく用いられ，覚醒レベルと密接に相関がある
- 情動表出に関係（Scherer, 1986）
- ストレス情報の伝達にも関係（Ortleb, 1937）

持続時間
強　　度
音　　質
- 情動の区別に重要（Scherer, 1986）
- ストレス情報の伝達にも関係（Ortleb, 1937）

アクティブな情動
- 速いスピーチレート，音量が大きく，高いピッチ，はっきりした音質に特徴づけられる

パッシーブな情動
- ゆっくりしたスピーチレート，音量が低く，低いピッチ，よく通った音質に特徴づけられる（Davitz, 1964）

中　性（neutral）
- ピッチレンジが狭い（Cowan, 1936）
- 一般に情動的なスピーチは平均のピッチレベルが広がる傾向がある

怒　り（anger）
音声表出に関する文献の中でももっとも多く研究がされているが，矛盾した結果が多い。これは，怒りには多くの形態があり，何が原因で，内側，外側のどちらに向けられるかによって変化することによる。
- 高いピッチ（少なくとも中性よりも1オクターブ半上昇；Williams & Stevens, 1972）
- 広いピッチレンジ，長い発話間隔，スピーチレートが低い

喜　び（joy, happiness, humor）
- ピッチの増加（Skinner, 1935；Cowan, 1936；Oster & Risberg, 1986）
- スピーチレートの増加とそれにともなう強度の増加（Fonagy & Davitz, 1964）

悲しみ（sadness）
- 中性よりも低い平均ピッチ，狭いピッチレンジ，速いテンポが特徴（Skinner, 1935；Davitz, 1964；Oster & Risberg, 1986 など）
- また下さがりの抑揚，強度の減少（Fonagy & Davitz, 1964）
- ろれつの回らない話し方や不規則なポーズをともなったリズムなど

恐れ（fear）・不安（anxiety）
- 高いピッチ，広いピッチレンジ，平均ピッチの移動（Fairbanks & Pronovost, 1939）
- 高いスピーチレートやスピーチ時間中の多くのポーズの形式（Fairbanks & Hoaglin, 1941）
- 持続時間の減少やピッチレベルの上昇（Fonagy, 1978）など

嫌悪（disgust）・憎悪（hatred）・軽蔑（contempt）・冷淡（scorn）
- 低いピッチで，広いピッチレンジをもち，言葉の終わりの抑揚が大きく，強度が弱くなっていく（Fairbanks & Pronovost, 1939）
- スピーチレートは低く，全スピーチ時間の33%でポーズが生じる（Fairbanks & Hoaglin, 1941）

れらが受け手にどの程度正確に伝えられるか，またその音響学的特徴は何かということに注目して研究が行われてきた（**表4.4～表4.6**）。本邦でも荘厳（1975）が「さぁはやくいきましょう」という言葉をさまざまな感情をこめて表現させる実験を行い，解読能力と人格特性との関係を研究している。しかしながら表情研究における FACS のように音声の表出行動を客観的に符号化し，分析する手段は開発されていない。これまでの多くの研究で情動を判断するための刺激として用いられている音声は，表出者が同一文章を，情動をこめて発声したものであり，聞き手は，評定を行う際には，同一文章を聞き分ける作業をともなっている場合が多い。日常的に情動を判断するために同一の文章を聞き分ける作業を行うというのは，実験としてはともかく，不自然な実験状況であると言わざるを得ない。このような欠点を避けるためには表情研究ではキャロルとラッセル（Carroll & Russell, 1997）がハリウッド映画を用いて研究を行っている。情動の音声表出に関する研究も，たとえば外国語で表出された音声を，あるいは各情動を自然に表出している日本語を，それぞれ言葉の意味がわからない民族にが評定させること，あるいはまたフィルターをかけることで音声のF0成分のみを抽出し，音声の意味を取り除いた非言語的成分のみでどの程度情動が伝わるかを検討することで情動表出における音声の音響学的特徴が明確になるであろう。

4.3 その他の非言語的行動

われわれは初対面の人と会ったとき，言語情報ばかりでなく，表情，音声，動作，姿勢，行動などの非言語的行動を通じて，その人の性格，人となり，感情状態などに関する非常に多くの情報を取り入れている。多くの対人行動場面において，言葉によるメッセージ（verbal message）は同時に生起している体の動き，姿勢の変化などの**非言語的行動**（nonverbal behavior）を手がかりとして強められたり，弱められたりしている。対人行動場面における表示規則を研究したエクマンとフリーセン（Ekman & Friesen, 1969b）は，他者が存在し，表情が抑制されるときには，手などのそれ以外の部位にその感情が表出される

4.3 その他の非言語的行動

表 4.5 音声情動と音響学的特徴 (Murray & Arnott, 1993)

	怒り	喜び	悲しみ	恐れ	嫌悪
スピーチレイト	わずかに速い	速いまたは遅い	わずかに遅い	とても速い	かなり遅い
ピッチ平均	かなり高い	とても高い	わずかに低い	かなり高い	かなり低い
ピッチレンジ	とても広い	とても広い	わずかに狭い	とても広い	わずかに広い
強さ	強い	強い	弱い	普通	弱い
音質	気息性 胸式音	気息性 明るい	反響する	不規則な発声	ぶつぶつ言う 胸式音
ピッチ変化	強調された音節が険しい	スムーズ 上部に抑揚	下部に抑揚	普通	広い，下部の終わりの抑揚
構音	緊張	普通	不明瞭	正確な	普通

表 4.6 情動状態の音声指標についての結果のまとめ (Scherer, 1982)

情動	ピッチ			大きさ	テンポ
	レベル	レンジ	変化		
喜び (happy/joy)	高い	?	大きい	大きい	速い
信頼 (confidence)	高い	?	?	大きい	速い
怒り (anger)	高い	広い	大きい	大きい	速い
恐れ (fear)	高い	広い	大きい	?	速い
無関心 (indifference)	低い	狭い	小さい	?	速い
軽蔑 (contempt)	低い	広い	?	大きい	遅い
退屈な (boredom)	低い	狭い	?	柔らか	遅い
悲嘆／悲しみ (grief/sadness)	低い	狭い	小さい	柔らか	遅い
評価 (evaluation)	?	?	?	大きい	?
活性 (activation)	高い	広い	?	大きい	速い
権力 (potency)	?	?	?	大きい	?

傾向があることを指摘している。またコリアー (Collier, 1985) は、人々は話すのをやめることができても、動きや姿勢を通して感情が表出されるのをやめることは難しいことを指摘している。

4.3.1 感情と姿勢

われわれは、気分がよいときは顔を上げ、胸を張り、背筋を伸ばした姿勢（**開姿勢**；open posture）をとり、気分が悪いときには、うつむき加減になり、背を丸めた姿勢（**閉姿勢**；closed posture）をとる。また対人場面において、ある人がまったく不動の姿勢をとっていたとするとその人に対し実際とはかなり違った印象形成がなされる。またこのような無動の姿勢は、恐怖や激しい不安、または精神病の一つのサインとも考えられる。このように感情と姿勢の間には何らかの関係が存在することが仮定されてきた。しかし、感情と姿勢の関係に関する研究は少なく、とくに子どもに関する研究はほとんどみられない。

感情と姿勢の関係に関する研究は2つに大別出来る。一つはジェームズ (James, 1932) の初期の研究にみられるように実験参加者にある姿勢や動きを行わせ、そのときの感情の変化を調べるものである。もう一つはある姿勢を呈示し、その姿勢が表現している感情を解読させるものである。

エスペナック (Espenak, 1972) は、自発的な筋肉の動きが感情反応を呼び起こす喚起刺激となると指摘した。同様に身体運動（body movement）はその動きを経験している人の感情に影響を与えるとロスバーグ-ゲンプトンとプール (Rossberg-Gempton & Poole, 1992) も報告している。また、ダクロスら (Duclos et al., 1989) は、ある姿勢を取らせ、その感情変化を調べる実験を行い、ある姿勢からある特定の感情を予想することができることを見出している。

ロスバーグ-ゲンプトンら (Rossberg-Gempton et al., 1992) は、ある姿勢を一定時間とらせ、そのときの感情状態を調べ、開姿勢はポジティブ感情を引き起こし、閉姿勢はネガティブ感情を引き起こすことを見出した。しかしながらロスバーグ-ゲンプトンとプール (1993) は、閉姿勢はネガティブ感情を増大させるが、開姿勢はポジティブ感情に影響しないか、わずかに減少させると前述の結果と一部矛盾する報告をしている。

4.3 その他の非言語的行動

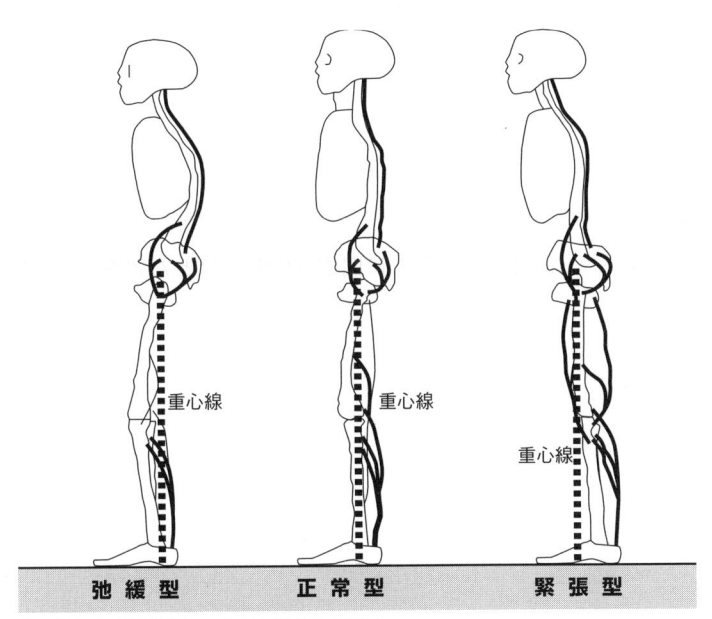

弛緩型　　　　　正常型　　　　　緊張型

注：線の太さは筋肉の収縮状態の強さを示す。

図 4.12　筋緊張からみた直立姿勢の分類（小片，1951）

最近，田中（1998）が非常に興味深い実験を行っている。彼は1円玉を右手あるいは左手に持って立たせる実験を行った。1円玉を右手に持って直立すると姿勢は後傾し，左手に持ったとき前傾姿勢を示した。1円玉を右手に持つ場合，右手を支配するのは左脳であり，左脳はデビットソンらの前部誘意性モデルによればポジティブ感情を司り，右脳はネガティブ感情を司る。後傾姿勢は開姿勢に通じ，前傾姿勢は閉姿勢に通ずることを考えると，左脳—ポジティブ感情—後傾姿勢（開姿勢），右脳—ネガティブ感情—前傾姿勢（閉姿勢）という関係が成り立ち，先に述べたデビットソンらの説の証拠ともなる。

一方，ショウストラとホッグストラテン（Schouwstra & Hoogstraten, 1995）は直立姿勢の立ち方（図4.12）によりどのようにその人の感情が推測されるかを検討した。その結果，頭部，脊髄が完全にまっすぐの姿勢がもっともポジティブに評価され，骨盤が後方になり，頭部と肩が前に出ている姿勢がもっともネガティブに評価された。この結果より彼らはそれぞれの姿勢は特有の感情パターンと結びついており，姿勢により人間の感情を評価することは正当な評価方法であると主張した。

これらの感情と姿勢との関係に関する研究の多くは，あらかじめ実験者が決めた姿勢をとらせたり，写真を呈示し，そのときの感情状態を調べる方法で行われてきた。これらの方法で呈示された姿勢は作られたり，誇張された姿勢であり，不自然さが問題となる。そこで著者らの研究室ではある感情を示す言葉を呈示し，その感情を表すと思われる姿勢を自由に表現させ，得られた姿勢を多変量解析法（双対尺度法，DUAL III；Nishisato & Nishisato, 1994）で解析し，行動の共通性を求めた。表出を求めた感情語は元気な姿，力強い姿，楽しそうな姿，のんびりした姿，弱そうな姿，疲れた姿，苦しそうな姿，怒っている姿の8種類であった。図4.13はその結果である。解1（横軸）の正の負荷量が高い感情は楽しそうな姿，元気な姿，力強い姿であり，行動はスキップ，飛ぶ，顔を回転させる，腕を前後に振る，腕を上げ下ろしする，腕を上げる，腕を開くなど活動性が高いもの，あるいは外に広がる行動であった。また負の負荷量が高い感情には弱そうな姿，苦しそうな姿，疲れた姿，のんびりした姿などが布置され，行動は肩を落とす，腕で脚を抱える，腰を曲げる，顔を下げる，

4.3 その他の非言語的行動

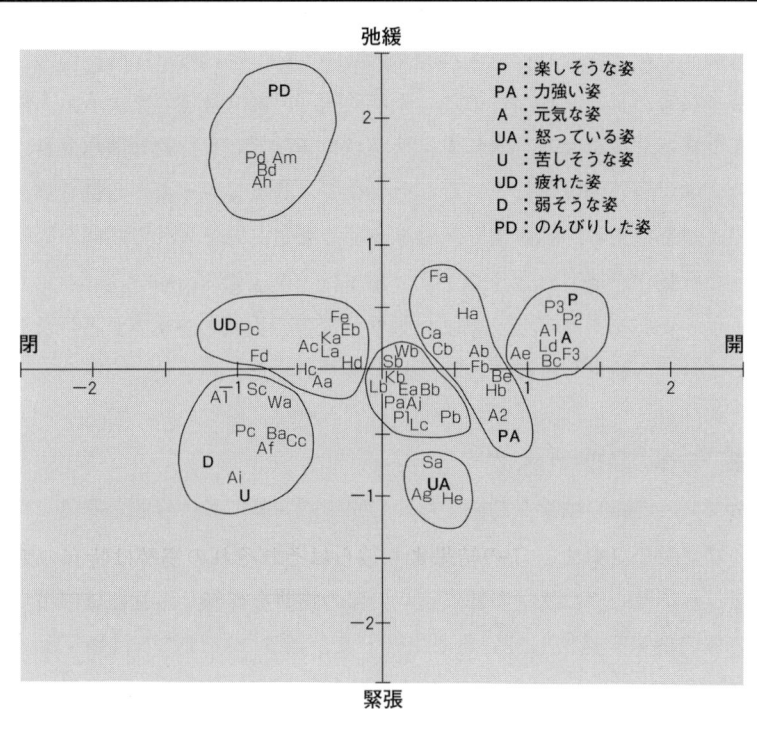

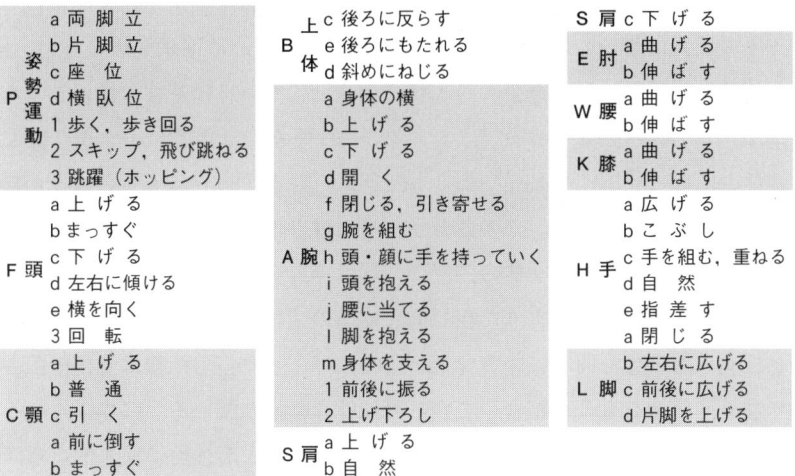

P ：楽しそうな姿
PA：力強い姿
A ：元気な姿
UA：怒っている姿
U ：苦しそうな姿
UD：疲れた姿
D ：弱そうな姿
PD：のんびりした姿

姿勢運動 P	a 両脚立 b 片脚立 c 座位 d 横臥位 1 歩く，歩き回る 2 スキップ，飛び跳ねる 3 跳躍（ホッピング）	
F 頭	a 上げる b まっすぐ c 下げる d 左右に傾ける e 横を向く 3 回転	
C 顎	a 上げる b 普通 c 引く a 前に倒す b まっすぐ	
B 体	c 後ろに反らす e 後ろにもたれる d 斜めにねじる	
A 腕	a 身体の横 b 上げる c 下げる d 開く f 閉じる，引き寄せる g 腕を組む h 頭・顔に手を持っていく i 頭を抱える j 腰に当てる l 脚を抱える m 身体を支える 1 前後に振る 2 上げ下ろし	
S 肩	a 上げる b 自然 c 下げる	
E 肘	a 曲げる b 伸ばす	
W 腰	a 曲げる b 伸ばす	
K 膝	a 曲げる b 伸ばす	
H 手	a 広げる b こぶし c 手を組む，重ねる d 自然 e 指差す a 閉じる	
L 脚	b 左右に広げる c 前後に広げる d 片脚を上げる	

図 4.13 立位姿勢における各動きのDUAL Ⅲ による布置

上体を前に倒す，腕を閉じる，頭を抱える，座位など身体や腕を小さく縮こませる行動などが布置された。また解2（縦軸）に正の負荷量が高い感情にはのんびりした姿が布置され，行動としては横臥位，腕で身体を支える，上体を後ろにもたれさせるなど力を入れずにリラックスしている行動と解釈され，逆に負の負荷量が高い感情としては苦しそうな姿，怒っている姿が布置され，行動としては頭を抱える，腕を組む，肩をあげるなど，力を入れて筋肉を緊張させるような行動が布置された。以上より解1は，開姿勢（open posture）と閉姿勢（closed posture）の次元，解2は弛緩と緊張の次元と解釈される。なお，座位姿勢における結果もほぼこの結果と同様であった。

4.3.2　身体の動き，しぐさ

エクマン（1965）は写真刺激を用いて感情の判断における頭と身体（首から下の部分）の手がかりについて検討している。その結果，エクマンは，頭は怒りか悲しみかといった感情の性質についての情報を提供し，身体は感情の強さについての情報を提供していると主張した。エクマンはこの結果をシュロスバーグ（Schlosberg, 1954）の3次元モデルに適用し，頭からの情報は快―不快および注目―拒否の次元に対応し，身体からの情報は緊張―睡眠の軸に対応すると考えた。さらにエクマンとフリーセン（1967）は追試実験を行い，「喜び」，「驚き」，「怒り」，「嫌悪」の4感情の識別については身体の情報よりも頭の情報からのほうが正答率が高く，「喜び」，「怒り」，「嫌悪」の感情に関しては身体の位置（body position）よりも，身体の動き（body acts）のほうが識別率が高いことを見出した。このことから彼らは身体の動きの情報は特定の感情についての情報を与え，身体の位置の情報はその情動がポジティブなものかネガティブなものかというような相対的な感情の情報を提供しているのではないかと推測した。また同時にエクマン（1965）は，手からの情報は感情の強さのみでなく，質的なものも抱合している可能性を指摘している。このようなしぐさは，バードウィスル（Birdwhistell, 1963）が，「表出行動は普遍的な意味をもたず，すべての動きは文化の産物であり，生理学的，遺伝的に受け継いだものでもないし，生得的なものでもない」と述べているように，表情や音声と

表 4.7　しぐさの分類 (Ekman & Friesen, 1969a)

- **象徴**（emblems）
  さようならの合図として手を振る，OKのサイン，あきれたときに肩をすくめるなど，一般にジェスチャーとして知られるある特別の意味をもつ行動で文化的に規定される。
- **説明者**（illustrators）
  言語活動にともなう動きで，大きく2つに分類される。
  動作目印（kinesic markers）：話題に上っている人や物を見たり，指さしたりする動きや行動の方向を指摘し，速いとか遅いとか，スムーズとかぎくしゃくしているなどのように行動を明らかにするために使用される。
  air picture（kinesic demonstrator）：話をしながら，同時にどのように行うかを動作で示す動き，たとえば文字を書くふりをする等により言葉を補う働きをする。
- **調整機能**（regulators）
  会話の流れにリズムをつけたり，ある言葉を強調したりするなどの目的で，うなずいたり，まばたきをしたり，唇を動かしたり，スタンスの移動をしたりするなどの動きで kinesic stress and junctions（動作協調）ともよばれる。
- **感情表出**（affect displays）
  ほほ笑みのように感情と結びついた動きで，言語によるメッセージの伝達を補うためだけでなく，言語の代わりに実際にメッセージを伝える働きをする動作。
- **身体の操作**（body manipulators; adaptors）
  頭をかく，鼻をほじる，唇をなめるなどのように身体の一部（通常は手）で身体の他の部分を操作するあるいは他の部分に触るというような習慣的行動をさし，何らかのメッセージを伝達するものではない。
  自己アダプター：満足したときに唇に触れたり，なめたり，悲しいときには眼に手をもっていくなど。
  他者アダプター：話をするときに相手との位置を変えたりすることで自分を守るような動き等のように他者との関係に関連した動きをさす。
  物アダプター：ペンを指先で回す等のしぐさをさし，他のアダプターと違い，わりと成長してから学習される。

違って文化的な影響が大きいと考えられる。また電話での会話のように非言語的手段が使用できないとき，会話の方法は根本的な変化が必要となる。

　アイブルーアイベスフェルト（Eibl-Eibesfeldt, 1972）らは，軽蔑のジェスチャー（人差し指と中指の間に親指を入れる，右手を左の二頭筋にあてがう）やはにかみの表現（顔を手で覆い，すき間から相手を垣間見る）などの例をあげ，これらのジェスチャーは普遍的な表現であると主張している（**表 4.8**）。しかしながら，イタリアやスペインでは侮辱を表すしぐさは片方の手の人差し指と小指を誰かに向かって広げるという動作であるが，イギリスでは人差し指と中指を立て，手のひらを自分のほうに向けることであり，アメリカでは中指を立てること，オーストラリアでは親指を立てることである。アメリカで親指を立てる動作はOKを意味する。これらのジェスチャーは下品な性的な意味を含んでいるという点は共通しているが，使われる指は異なっている。これらのジェスチャーは感情の表出やその過程が簡略化されたものであり，ある集団で取り決められた一定の規則にのっとって情報の伝達がなされる。これらのジェスチャー言語の学習と同じく，観察や模倣を通して獲得される（Collier, 1985）。

4.4　非言語的行動と人格特性との関係

　対人行動場面における非言語的行動は多様で，よく笑う人もいれば，寡黙な人もいる。その表出の仕方は各個人さまざまである。非言語的行動の出現の仕方に人格特性が関係しているのではないかという考えは，心理学の草創期からみられ，非言語的行動から相手の人格を読み取ろうとする試みはアリストテレスにまでさかのぼることができる（James, 1932）という。

　人格特性と非言語的行動との間に何らかの関係が存在することはメーラビアンら（Mehrabian, 1981；Bull, 1983；Haper et al., 1987）によって報告されてきた。それにもかかわらず，両者の結びつきに関しては疑問が出されている。この理由としてブル（Bull, 1983）は，第1に測定手段の稚拙さによる両者の関係のあいまいさ，第2に非言語的行動は性別（Hall, 1984），社会的状況（Duncan & Fiske, 1985），家具の配置（Gifford, 1983）などの影響を受けやす

表 4.8 コロンビアとアメリカ合衆国で用いられる共通のジェスチャー (Saitz & Cervenka, 1972)

ジェスチャー	意　味
うなずき	同　意
握りこぶしを固める	怒　り
手のひらをこすりあわせる	予　期
拍　手	賛成，承認
手をあげる	注　意
あくびをする	退　屈
両手をすりあわせる	寒　い
手招きをする	こちらに来なさい
手を広げる	ダンスに誘う
指　さ　し	方向を示す
親指を下に向ける	不同意，反対
肩をすくめる	無　関　心
背中を軽く叩く	励　ま　し
自分を鉄砲で打つまね	過　失
女性の身体のアウトラインを示す	魅力的な女性
胃をさする	お腹がすいた
手を振る	さようなら
握手をする	挨　拶

いこと，第3に両者間の相関関係は，多くは統計上有意なものにまでいたらず，有意な相関係数も満足できるほど高いものではないことを指摘している。

　ギフォードとオコナー（Gifford & O'Connor, 1987）はウィギンス（Wiggins, 1979）の開発した対人形容詞尺度 Interpersonal Adjective Scales（IAS）を用いて非言語的行動と人格特性との関係づけを試みた。ウィギンスの開発した IAS は人格特性測定のための尺度で，8個ずつ16のグループの形容詞で構成されている。ウィギンスは16グループを2つずつ組み合わせ，8尺度（4軸）を円環状に配置し，**インターパーソナル・サークル**（interpersonal circle）を作成した（**図4.14**）。インターパーソナル・サークルの8つの尺度はほぼ理想的な円環状にならび，各尺度は相互に関係しあっている。ギフォードらは，非言語的行動とインターパーソナル・サークルの各軸との相関係数を求めることで両者の関係の図式化を試みた。この**行動の図式化**（behavioral mapping）は，もし非言語的行動と人格特性との間に関係があるのなら，インターパーソナル・サークル上にプロットした両者の相関係数の増減はきれいなパターンを示すであろうというものである。**図4.14**はジェスチャーに関する行動の図式化である。ジェスチャーは IAS 尺度の「社交的な・外向的な」―「よそよそしい・内向的な」の軸に関し理想的な円環構造を示している。つまり両者の相関係数は「社交的な・外向的な」でもっとも高い正の相関を示し，この尺度からサークルの両方向に離れるに従って相関係数は小さくなり，直交する軸である「横柄な・打算的な」，「謙遜な・率直な」で最小になり，「社交的な・外向的な」と対局にある「よそよそしい・内向的な」で負の相関係数が最大を示している。以上の結果は，社交的で外向的な人はジェスチャーが多く，よそよそしく，内向的な人はジェスチャーが少ないことを示唆している。しかしながらギフォードらも指摘しているようにすべての非言語的行動がこの規則どおりに図式化できるわけではない。ジェスチャーに関しては本邦でもほとんど同様の図式化が描かれることが報告されている（鈴木，1997）。

4.4 非言語的行動と人格特性との関係　　　173

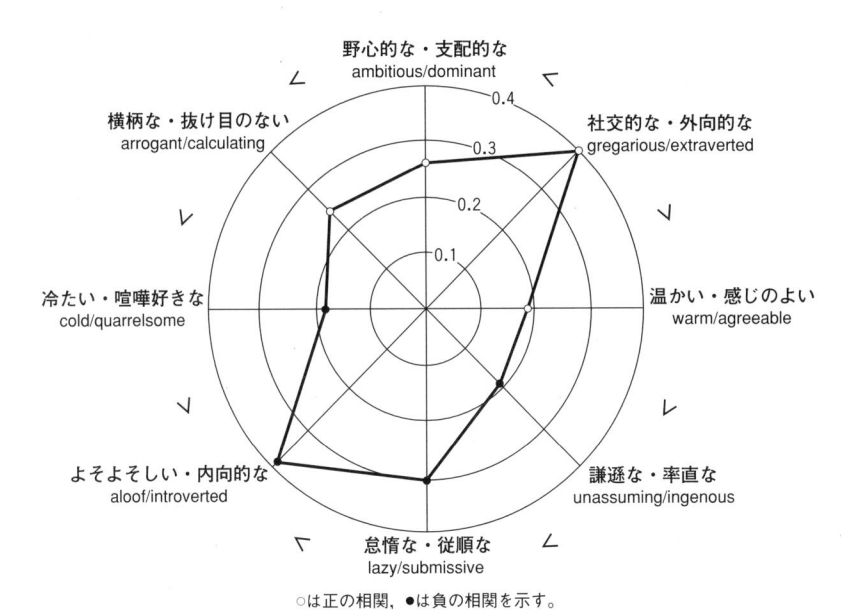

図 4.14　インターパーソナルサークル（Wiggins, 1979）とジェスチャーの図式化（Gifford & O'Connor, 1987を改変）

○は正の相関、●は負の相関を示す。

[参考図書]

感情の一般的理解については下記が適切である。

遠藤利彦　1996　喜怒哀楽の起源——情動の進化論・文化論　岩波書店
福井康之　1990　感情の心理学——自分と人との関係性を知る手がかり　川島書店
浜　治世（編）　1981　現代基礎心理学8　動機・情緒・人格　東京大学出版会
Lewis, M., & Haviland-Jonesm, J. M.　2001　*Handbook of emotions. 2nd*. NY: Guilford Press.
松山義則・浜　治世　1974　感情心理学1　理論と臨床　誠信書房
Oatley, K., & Jenkins, J. M.　1996　*Understanding Emotions*, MA: Blackwell Publishers.
齊藤　勇（編）　1986　感情と人間関係の心理——その25のアプローチ　川島書店
高田明和　1996　感情の生理学——「こころ」をつくる仕組み　日経サイエンス社
ヴァンサン, J.-D.　安田一郎（訳）　1993　感情の生物学　青土社
安田一郎　1993　感情の心理学——脳と情動　青土社
吉川左紀子・益谷　真・中村　真（編）　1993　顔と心——顔の心理学入門　サイエンス社

表情に関しては，下記が参考となる。

齊藤　勇（編）　1986　感情と人間関係の心理——その25のアプローチ　川島書店
高田明和　1996　感情の生理学——「こころ」をつくる仕組み　日経サイエンス社
ヴァンサン, J.-D.　安田一郎（訳）　1993　感情の生物学　青土社
安田一郎　1993　感情の心理学——脳と情動　青土社
吉川左紀子・益谷　真・中村　真（編）　1993　顔と心——顔の心理学入門　サイエンス社
エクマン, P.・フリーセン, W.V.　工藤　力（訳編）　1987　表情分析入門——表情に隠された意味をさぐる　誠信書房
エクマン, P.　工藤　力（訳）　1992　暴かれる嘘——虚偽を見破る対人学　誠信書房

音声およびその他の非言語的行動に関しては下記が参考となる。

大坊郁夫　1998　しぐさのコミュニケーション——人は親しみをどう伝えあうか　サイエンス社
異常行動研究会（編）　ノンバーバル行動の実験的研究——ダーウィンからアーガイルまで　川島書店

感情・情緒（情動）の発達 5

　本章では，感情・情緒（情動）の発達心理学的研究の歴史的発展を概観し，とくにブリッジスの提唱した情緒分化発達説と，イザードらによる情緒の不連続発達説について考察する。また，最近注目されてきた子どもの情緒に関する異文化間研究や，三世代同居家族と，二世代家族（核家族）において育まれる子どもを対象として，子どもの情緒の発達に及ぼす祖父母の影響を検討した，感情心理学的研究をとりあげた。

第5章 感情・情緒（情動）の発達

5.1 感情・情緒（情動）の発達心理学的研究

　感情・情緒（情動）の発達的研究は，すでに指摘してきたように，ヴント，ティチナー，ジェームズをはじめとする古典的研究から，ワトソンを中心とする行動主義的研究まで，きわめて広範囲に及ぶものである。1930年代になって今日の感情・情緒の発達的研究の基礎を構築した優れた研究者の名をここに列挙する。ホール（Hall, 1923），ビューラー（Bühler, 1937），ゲゼルら（Gesell et al., 1929；Gesell & Amatwda, 1941：新井訳，1958），シャーリー（Shirley, 1931），ブリッジス（Bridges, 1930；1931；1932），ジョーンズ（Jones, 1933）たちである。また，それより以前の1800年代後半には，すでにダーウィン（Darwin, 1872：浜中訳，1931）が乳児の観察的研究を発表していることは注目に値しよう。

　1930年代に開花した情緒の発達研究は，1970年代までに衰退の一途をたどることになる。発達の分野におけるのみでなく，情緒というテーマが心理学から排斥されたのである。1970年代になってから情緒の研究が再燃し，これが端緒となって情緒の発達研究も急速に発展してきたと考えられる。その推進役となった研究者として，ムッセンとアイゼンバーグ（Mussen & Eisenberg-Berg, 1979：菊池訳，1980），ケーガンら（Kagan, 1971；Kagan et al., 1978；Kagan et al., 1989），エクマンら（Ekman, 1972；Ekman & Friesen, 1972；Ekman, 1989），イザード（Izard, 1960；1977），ラッセル（Russell, 1987），キャンポスら（Campos, 1976；Campos et al., 1983；Campos et al., 1970；Goldsmith & Campos, 1990）そしてハーロウ（Harlow, 1958）を特記すべきであろう。また，愛着理論の研究がボウルビィ（Bowlby, 1951；1958；1969），アインスワースら（Ainsworth et al., 1978）によって進められている。また，認知発達的主義を貫いたピアジェら（Piaget, 1964；1970；Piaget & Inhelder, 1966：波多野ら訳，1969）の寄与についてはここでは他の文献に譲ることにする。

BOX5.1　ハーロウらの代理母親の実験

　ハーロウ（Harlow, 1959）は，愛の性質（The nature of love）の研究論文に続いて，ジンメルマンと共同で子ザルを対象にした実験（Harlow & Zimmermann, 1959）を発表して一躍有名になった。ハーロウらの代理母親の実験（1959）では，身体の表面が柔らかい布で作られた母親模型と，針金で組み立てられた母親模型が用意された。ハーロウらは，赤ん坊ザルが触れる代理母親の触感（柔らかい布か，固く冷たい針金か）の変数のほかに，授乳が可能かどうかの変数を用いた。すなわち，①布製で授乳可，②布製で授乳不可，③針金製で授乳可，④針金製で授乳不可の4種類の模型を用意した。被験体には8匹の赤ん坊ザルが用いられた。ミルクが出るという同じ条件であれば，赤ん坊ザルは布製の代理母親との接触時間を長くもつようになった。この結果は，肌触りのよさが母子間の愛情形成に関連のあることを示唆した。

図 5.1　ハーロウの実験に用いられた代理母親（Baughman & Welsh, 1962）

178　第5章　感情・情緒（情動）の発達

5.2 情緒の発達研究の歴史

5.2.1 情緒分化発達説

　ブリッジス（Bridges, 1930；1931；1932）は，**情緒分化発達説**を提唱した。彼女は乳児の示す最初の情緒反応は，種々の刺激に対する未分化な一般的興奮であり，この拡散的な興奮は生得的な情緒反応であると考えた。この未分化な興奮が次第に発達して分化していく過程を，モントリオールにある孤児院と乳児院の子どもたちを対象として実験を行った。被験児は1カ月以下3名，1〜3カ月16名，3〜6カ月23名，6〜9カ月18名，9〜12カ月11名，12〜15カ月20名，15〜18カ月8名，19カ月以上13名であった。

　情緒分化発達説では，たとえば怒りの情緒は，誕生のはじめから存在するのではなく，初期の興奮状態から徐々に分化して発達していくと考える。ブリッジスによると，誕生時には子どもには一般的興奮しかみられず，3カ月ごろから苦痛が現れ，しだいに怒りへと分化していくのである。**図5.2**はモントリオールの孤児院における観察データにもとづくものである。彼女は3〜4カ月おきに，用意したさまざまな刺激や状況に対する乳幼児の反応を詳しく観察した。

　ブリッジスの情緒分化発達説はさまざまな批判を受けながらも，どの教科書にも必ず引用されるという古典性をもち続けてきた。彼女の発表以来，60年以上を経た今日，ようやく彼女の考えを支持する研究が盛んになってきた。その一つとしてフィッシャーら（Fischer et al., 1989）の「基本的情緒から下位カテゴリー情緒へ」という研究をあげたいと思う。村田（1990）は，その下位カテゴリーの分化の一部分を紹介している。筆者は，この分類は今後の情緒研究に役立つと考えて，フィッシャーらの情緒のカテゴリーを全記した（**付表A**）。

　スロウフ（Sroufe, 1979）は，情緒分化発達説を修正して，情緒がその前兆である苦痛からどのように生じるかを説明しようとした。彼の見解では，初期の苦痛は激情を生じ，ついで怒り，怒った気分，反抗と続くのである。激情は3カ月ごろ，怒りは7カ月ごろ出現する。スロウフとブリッジスの仮説は一連の行動が阻止されると怒りが生まれるという点で一致している。

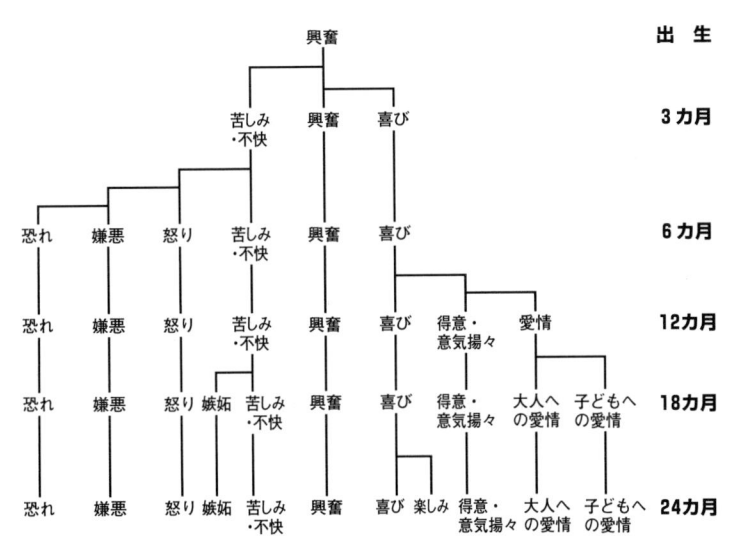

図 5.2 出生から約2年の間に現れる情緒の分化 (Bridges, 1932)
大人への愛情 (Affection for adults), 子どもへの愛情 (Affection for children), 怒り (Anger), 喜び (Delight), 嫌悪 (Disgust), 苦しみ・不快 (Distress), 得意・意気揚々 (Elation), 興奮 (Excitement), 恐れ (Fear), 嫉妬 (Jealousy), 楽しみ (Joy)。

5.2.2　情緒の不連続発達説

イザードら（Izard, 1977；1978；1989；Izard et al., 1980）は，**情緒の不連続発達説**を提唱した。この仮説は情緒表出の適応的役割と活動的機能を強調する。分化仮説とは異なり，怒りは4～6カ月ごろに障害に積極的に対処するために動機づけられた情緒として新しく生起すると考えるのである。イザードは，興味，喜び，恥，罪悪感が情緒表出の調節に主な役割を果たすと示唆している。

イザードら（Izard et al., 1983）は，乳幼児が，医者から予防注射を受けるときに表出する情緒を，顔面表情を対象として彼らが考案した表情評定システム Affex（Izard & Dougherty, 1980）を用いて測定している。第1実験の被験児は，19名の男児と17名の女児で4群に割り当てられた。平均月齢は 2.1，4.2，8.1，19.2 である。図 5.3 は注射開始後 10 秒間に示した苦痛と怒りの時間を示しているが，月齢の低いときは注射の痛みによる身体的苦痛が多いが 19.2 カ月になると，怒りが急激に増加して苦痛感情を凌駕したことを示している。これは注射を受けることに協力している母親への怒りである。

図 5.4 は第2実験の結果である。被験児には第1実験の被験児が一部含まれている。この図でも月齢の高い幼児は，強い怒りを表出している。

情緒の発達心理学的研究は，1970 年代に再出発した感情・情緒（情動）の研究と相呼応して発展してきた。イザードらの研究のみでなく，ケーガンらの研究をはじめ，アインスワース，ボウルビィらによる新規な状況を用いた母親のデプリベーション（剝奪）の研究もその発展の一翼を担ってきた。また次節で述べるキャンポス，ラッセルなどの貢献も特記すべきである。

5.3　ストループ・テストによるコンフリクトの発達的研究

ストループ・テスト（Stroop Color-Word Test）は，ストループ（Stroop, 1935a, b）が干渉の発達研究のために考案したものであるが，サーストン（Thurstone, 1944）が改訂を行って以来，このテストは，単に発達あるいは認知の研究分野にとどまらず，実験心理学の分野においても，コンフリクト（葛藤）の導入手続きとして利用されてきた。

5.3 ストループ・テストによるコンフリクトの発達的研究　181

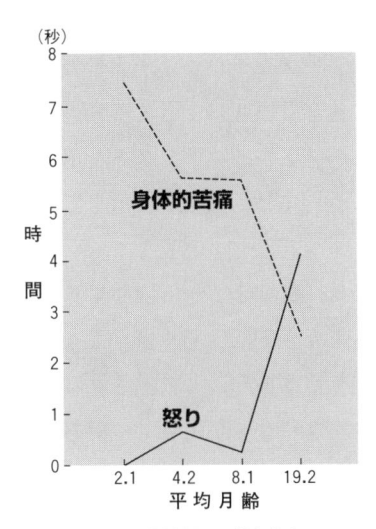

図 5.3　予防注射時における乳幼児の感情表出 (Izard et al., 1983)

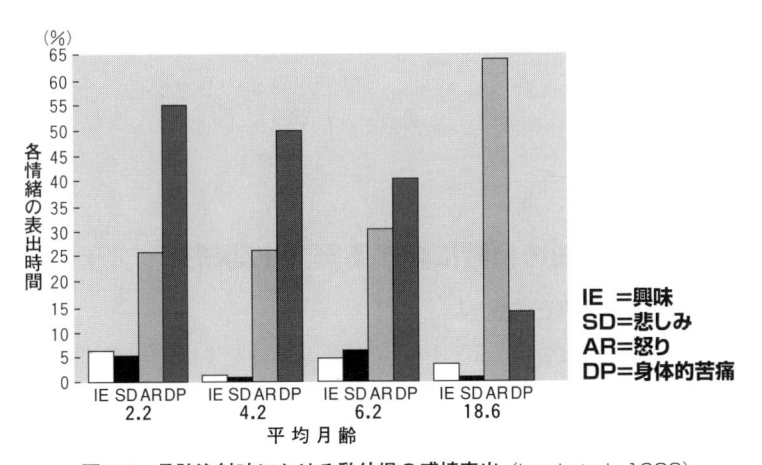

図 5.4　予防注射時における乳幼児の感情表出 (Izard et al., 1983)

IE ＝興味
SD＝悲しみ
AR＝怒り
DP＝身体的苦痛

5.3.1 筆者らの研究

サーストン（Thurstone, 1944）の改訂版ストループ・テストを浜（1969）が日本語版に作成した。これは浜がノースキャロライナ大学に留学中（1961）にサーストンの夫人（当時ノースキャロライナ大学教授）から版権を得たもので，英語はひらがなに直し，色彩は原版にできる限り近いものとした。

浜と橋本（1985）はこのストループ・テストを用いてコンフリクトの発達的研究を行った（被験者については，**表 5.1** に示している。テストについては**付表 B** を参照のこと）。

被験者は，A カードでは，文字をできる限り早く正確に読むようにと教示され，B カードでは，色名をできるだけ早く言うようにと教示される。C カードでは，文字ではなく，色を言うようにと教示される。被験者は文字に干渉されて反応時間が遅滞してコンフリクトが生じるのである（カードについては**口絵 1，口絵 2，付表 B** を参照のこと）。

結果は，A, B, C 3 枚のカード遂行に要した反応時間（秒）にもとづいて，（C－B）/A の式でコンフリクトの強さが算出された。**図 5.5** は，コンフリクト強度の発達的変化を示している。コンフリクトは他の年齢群に比して，6 歳と 70〜80 歳代の両端がとくに強く，10 歳と 12 歳に小さな山がみられる。10 歳と 12 歳でコンフリクト強度が強くなったことは，思春期の心身のアンバランスからくる動揺や不安が強い時期との一致を示唆している。

5.4 子どもの情緒に関する異文化間研究

5.4.1 乳児の情緒表出の比較

キャムラスら（Camras et al., 1992）は乳児の腕を実験者が軽く拘束する手続きを用いて，日本とアメリカの乳児の情緒表出反応を比較している。被験者はアメリカの 5 カ月の乳児 13 名と 12 カ月の乳児 7 名である。乳児の情緒反応は顔面表出，負の言語表現，身もだえの負の感情行動（これらはビデオに収録）への潜時を指標として分析された。顔面表出はエクマンとフリーセン（Ekman & Friesen, 1978）の表情評定システム FACS の乳児用（Baby FACS）のコード

5.4 子どもの情緒に関する異文化間研究

表 5.1 各年齢群と人数 (浜・橋本, 1985)

年齢群	男	女
6歳	15名	27名
7歳	27名	23名
8歳	26名	24名
9歳	24名	26名
10歳	29名	21名
11歳	27名	23名
12歳	29名	21名
13歳	31名	19名
14歳	36名	13名
19〜22歳	19名	31名
30〜39歳	14名	17名
40〜49歳	14名	26名
50〜59歳	22名	25名
60〜69歳	22名	38名
70〜89歳	25名	27名

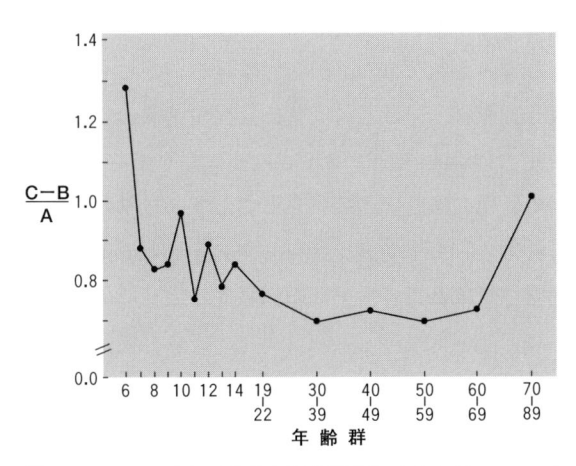

図 5.5 コンフリクト強度の発達的変化 (浜・橋本, 1985)

によって評点した。

　年長の乳児は年少の乳児に比べて辛抱することなく負の感情をすぐに表出して，文化差はみられなかった。しかし年少の乳児では，アメリカの子どもは日本の子どもに比べて負の表情を有意に早く表出した（$F\,(1,42)=4.63, p<.05$）。ボーゲルとボーゲル（Vogel & Vogel, 1961），ボーゲル（Vogel, 1967），コーディル（Caudill, 1971），コーディルとスクーラー（Caudill & Schooler, 1973）らはアメリカ人の母親と乳児の愛着関係と日本人の母親と乳児の相互関係とは質的に異なるものであると提唱した。とくにアメリカ人の母子関係では身体接触が日本人と比べるとより少ないと述べ，その理由の一つに日本人の母親はベビーシッターを雇うことがほとんどないことをあげている。

5.4.2　母子相互作用の異文化間研究
1.　母親の乳児に対する語りかけの異文化間研究

　ボーンスタインら（Bornstein et al., 1992）は，母子関係における言語的環境を4つの国の乳児を対象に比較検討している。とくに母親が乳児に対して語りかけるスピーチの内容が，感情（affect）が中心である場合と，インフォメーションを伝えることが中心になるときとでは，母子関係に及ぼす影響は異なってくると考えられる。東（Azuma, 1986）は日本の子どもの情緒の発達には母親のしつけが大きく影響し，さらに文化的要因が関係していることを指摘している。先述の三宅の研究も同様である。ボーンスタインら（Bornstein et al., 1989）は，日本の乳児の家庭での観察をとおして，日本の母親の反応性の特徴を報告している。さらにボーンスタインら（Bornstein et al., 1990）は，日本とアメリカの乳児を対象として母子間の活動性と相互関係の類似性と相違性を報告している。

2.　ボーンスタインら（1992）の実験

　アルゼンチン（ブエノスアイレス），日本（東京），アメリカ（ニューヨーク），フランス（パリ）在住の母親とその子どもたち（5カ月児と13カ月児）を対象とした。各国の乳児の男女の数は等しい。日本の子どもは各22名，アメリカの子どもは22名（5カ月児）と25名（13カ月児）であった。

BOX5.2　他者の目と羞恥心

　三宅（Miyake, 1993）は，5～6歳児のいる母親84名を対象に，母親の子どもに対するしつけについて実験室内研究で観察している。その結果，わが国の母親の主な関心事は，子どもが家の外で他人の迷惑となることなく，適切に振る舞えるかどうかということであることが，明らかとなった。日本では子どもを叱るとき，「そんなことしてごらんなさい，笑われてしまうよ」「男の子がそんなふうにメソメソしていたら，友だちに笑われるよ」「学校でそんなことしていたら，お母さん，恥ずかしくって先生にお会いできないでしょう」と，しつけの一環として，このような決まり文句を用いる。母親は子どもに他人／他の子ども／友人／先生の「目」の気づきと自覚を促そうとする。目的は，子どもに「世間体（social appearance）」の重要性を教えることである。この場合，「世間体」は子どもの行為や能力を見ている（注視している）世間の人の目のことである。実験場面で子どもがむずかり実験が順調にいかなくなったとき，子どもを叱ることはまずないが，母親は当惑することを見出した。そして，実験の終了時に，母親らは実験者に対して，子どもが期待どおりに振る舞わなかったので協力できなくて申し訳なかったと話すのである。母親にとって，実験室は「公」そのものであり，他者（観察者）の目を意識させるものである。多くの母親はよそ行きの服で訪れた。さらに，母親の羞恥と当惑の表出は，子どもの不安とむずかりを強めた。この種の行動は，他の公の場において子どもが成長するにつれて繰り返され，おそらく子どもにおける羞恥の情緒の発達と切り離して考えることはできないだろうと三宅は指摘している。

表5.2　負の感情行動への潜時（秒）(Camras et al., 1992)

行動の基準	月齢と日米両グループ			
	5カ月		12カ月	
	日本	アメリカ	日本	アメリカ
顔面表出	125.5	63.1	13.4	8.2
音声表出	51.6	45.0	11.9	5.7
身もだえ	84.8	52.5	16.1	7.0

各国の子どもは家庭で観察された。実験者（未婚の女性）は，母親に対して，子どもが目をさましているときに，その行動をできる限り自然な状態の中でビデオに収録したいことを告げた。各被験児を撮影した175本のビデオの中から母と子どもが玩具で遊んでいる場面を15分間単位で抽出した。母親のスピーチは次の2つの原則で分析された。①感情が顕著なもの (affect-salient speech)。たとえば，(a) あいさつ（「こんにちは」），(b) 復唱，児童語のようなもの（「いないいないばあ！」），(c) 擬声語（モーモー：ウシのなき声，チックタック：時計），(d) 愛情を示すような言葉（ぼくちゃん）など。②情報が顕著なもの (information-salient speech)。たとえば，(a) 直接的（命令口調の）語りかけ（「お茶ちょうだい」），(b) 質問調の語りかけ（「何してるの？」），(c) 報告的な語りかけ（「恐かったのね」）など。結果は4カ国における母親のスピーチの感情と情報の分類における頻数を2つの月齢群を加えてMANOVAにかけたところ有意な主効果がみられた（$F(2,104)=51.98$, $F(6,210)=16.93$, $F(6,210)=7.35$, $p<.001$）（**図 5.6〜図 5.8**）。

3. キャムラスらの実験

ラッセル（Russell, 1991）は，情緒の言語を通して文化差の研究を展望し，情緒語は国によって異なることを指摘している。たとえば，彼の民族心理学的研究で，アフリカ人は怒りと悲しみを同意語に用い，サモア人は憎しみと嫌悪を区別せず，タヒチ人は恥と困惑を区別しないと述べている。また日本人は恥と自責心を区別しないと述べている。また土居（1980）のいう「甘え」は英語では存在しないとラッセルは言っている。ラッセルによると甘えは誰かに依存する心地よい感情であり，甘い乳を吸いながら乳児が母に抱く感情であると定義される。

このようなラッセルの言語における文化間の差異を中心とした情緒理論に対してエクマン（Ekman, 1994）は強く反発し，「*Psychological Bulletin*」誌上で論争が行われている。エクマンをはじめとする共同研究者たちはプロトタイプ（原型）表情の分析が重要であると強調しているのである。キャムラスら（Camras et al., 1997）は，アメリカ，日本，中国の乳児の情緒の反応を実験室内における観察で研究した。実験的に導入する情緒は，怒り（フラストレーション），驚

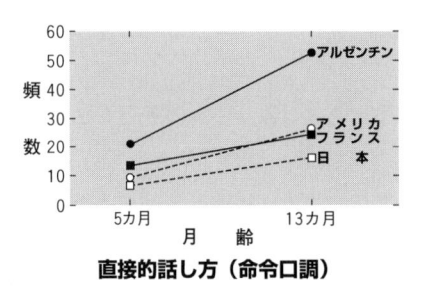

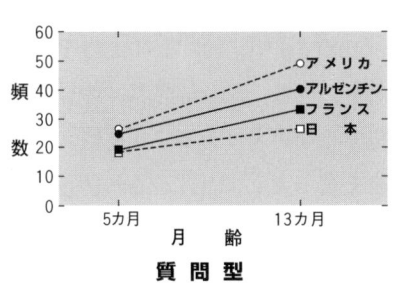

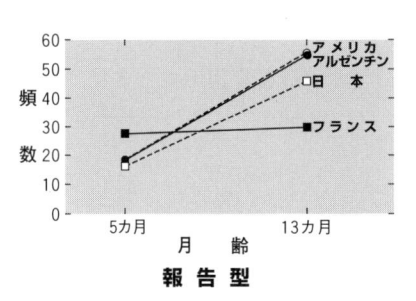

図 5.6 4つの文化における母親の話の内容
(Bornstein et al., 1992)

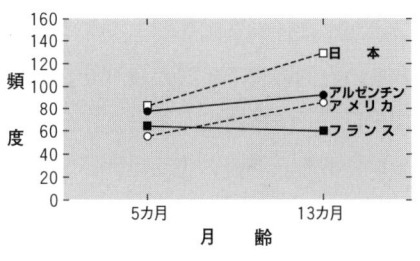

図 5.7 幼児に対する感情の顕著な母親の語りかけ
(Bornstein et al., 1992)

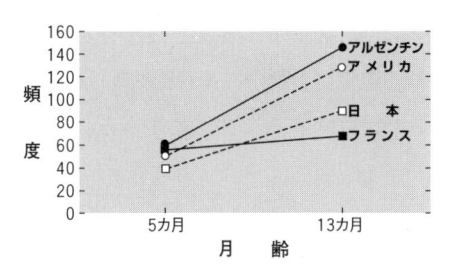

図 5.8 幼児に対するインフォメーションの顕著な母親の語りかけ
(Bornstein et al., 1992)

き，恐れである。怒りは，実験者が乳児の手首を3分間軽く締めつけて動かすことのできないようにする方法を用い，驚きは，玩具のイヌを15秒間あるいは乳児がイヌを見つめるまで見せてから，15秒後に実験者がそっとひもで引っ張って，消してしまう方法を用いた。恐れは，玩具の怖い顔をしたゴリラの面を見せる（不快な音とともに目が開いたり唇が動いたりする）方法で生起させた。

被験児は，11カ月の乳児で，アメリカの子ども24名，日本の子ども24名，中国の子ども21名で男女半々であった。全被験児は3つの手続きを遂行した。呈示順序は性別と国でバランスをとった。乳児は椅子に腰かけさせ，母親は子どもの右側の椅子に腰かけさせた。各被験児の情緒反応はすべてビデオテープに記録し，情緒的顔面表出を評定させた。評定者はアメリカの大学生（男女60名）である。評価の方法は，ハイアットら（Hiatt et al., 1979）のものを用いた。評定者はまずビデオを見て，楽しさ，驚き，興味，怒り，恐れ，悲しみ，嫌悪，苦しみ，フラストレーション，特定化できないネガティブな感情，その他の情緒のリストの中からもっとも強い情緒を選ぶようにと教示された。次に乳児の表情をリストにあげた各情緒を7段階のリカート尺度で評定させた。最初に評定者はネガティブな情緒の中から乳児のもっとも強いネガティブな情緒を1つ選択するようにと教示された。図5.9〜図5.11は楽しさ，苦しさ，驚きの評定値（7段階）を示している。玩具が消える手続きを用いたときに，楽しさの情緒で有意な文化差がみられた。

5.5 乳児における気質と情緒

乳児の情緒には気質的な傾向がみられるといわれる。ゴールドスミスとキャンポス（Goldsmith & Campos, 1990）は，気質の内的構造論の立場から乳児における気質上の恐れと喜びの情緒を実験的に研究した。9カ月の双生児70組（140名）と28名の単生児および彼らの父母を対象とした。双生児のうち30組，単生児のうち半数が女児であった。気質を測定するためにまず，父と母に，自分の子どもの気質をロースバート（Rothbart, 1981）の作成した乳児行動質問

5.5 乳児における気質と情緒

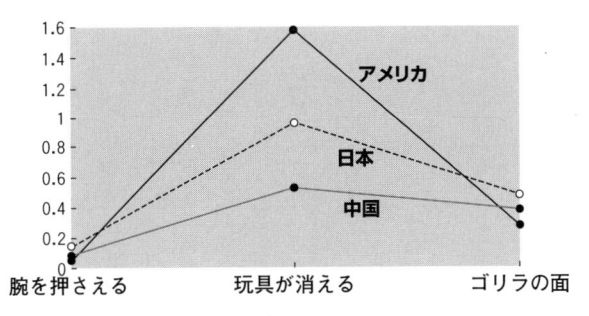

図 5.9 楽しさの評点（Camras et al., 1997）

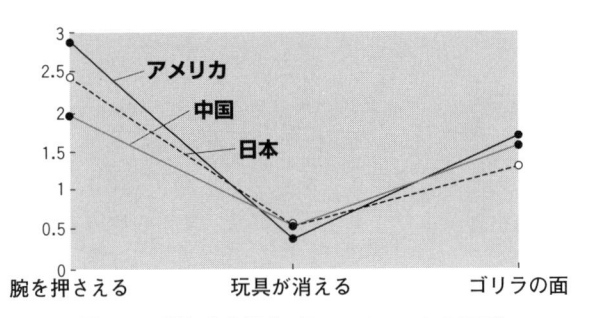

図 5.10 苦しさの評点（Camras et al., 1997）

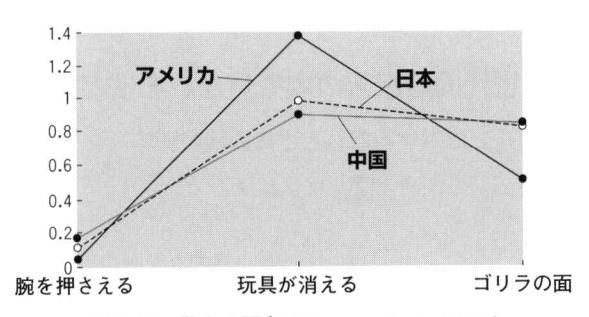

図 5.11 驚きの評点（Camras et al., 1997）

紙（Infancy Behavior Questionnaire；IBQ）で評価するよう依頼した。IBQは「先週赤ちゃんはどのくらい泣いたり，大きな音（ミキサーや掃除機など）に恐れを示しましたか」というような項目が含まれている。これは恐れの質問項目の例であるがこの他，IBQは活動水準，微笑みと笑い，探索（注目）の持続時間，あやし易さ，苦痛の限界の要素で構成されている。このIBQの他に個別法で乳児に次の実験を実施した。① 視覚的絶壁の横断移動，② 自由遊び，③ ひげを生やした見知らぬ男性が接近し乳児を抱き上げる，恐れを喚起，④ いないいないばあゲーム，喜びを喚起，⑤ 歩く指ゲーム，母親と実験者が交替で陽気な声で「つかまえちゃうぞー」と言いながらお盆の上に指を歩かせて，その間，軽く乳児のおなかをくすぐり，喜びを喚起する。双生児と単生児の情緒反応を比べた結果から，快―不快の情緒は気質的なものにかなり関わりをもつことが明らかとなった。

　視覚的絶壁（visual cliff）は，ギブソンとウォーク（Gibson & Walk, 1960）が考案したもので（図 5.12），彼らはこれを用いて子どもの奥行知覚がいつごろから発生するかを実験的に研究している。しかしながらギブソンとウォークの実験では，体の移動がまだできない乳児は対象から除外されていた。そこでキャンポスら（Campos et al., 1970）は視覚的絶壁の装置の上に体を移動することのできない乳児をおいて，心拍を生理学的測度として用い，恐れの程度を測定した（図 5.13）。

5.6　三世代同居家族の中で育まれる子どもの情緒

5.6.1　子ども（孫）に対する母親と祖母の情緒反応

　筆者らは，次の2つの仮説を立てて実験を行った。
① 三世代同居家族において，自分の子ども（あるいは孫）に対する情緒反応が一つ屋根にすむ母親と祖母で異なるかどうか。
② 母親あるいは祖母が自分の子ども（孫）に対して示す情緒反応は，他人の子どもに対するものと比較して異なるかどうか。

　被験者は，子どもが京都市内の幼稚園に通園中の三世代同居家族21組で祖

5.6 三世代同居家族の中で育まれる子どもの情緒

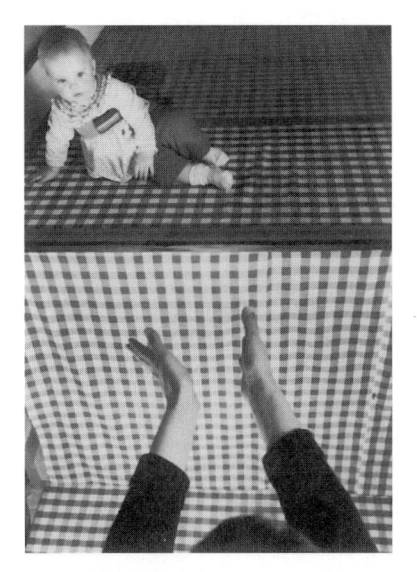

図 5.12 視覚的絶壁 (Gibson & Walk, 1960)

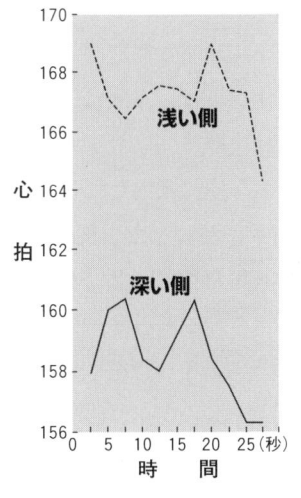

図 5.13 視覚的絶壁の浅い側と深い側におかれた生後55日の乳児の心拍
(Campos et al., 1970)

母は21名で平均年齢64.5（標準偏差＝7.1）歳であった。母親は21名で平均年齢35.4（標準偏差＝4.4）歳であった。被験者の子ども（孫）の平均年齢は5.2（標準偏差＝0.43）歳であった性別は男児16名，女児5名である。二世代同居家族は34組，母親は34名で平均年齢34.1（標準偏差＝4.6）歳であった。被験者の子どもの性別は男児19名，女児15名であり，平均年齢5.2（標準偏差＝0.4）歳であった。なお，本実験では子どもは，ロールシャッハ・テストを受けたのみで直接実験には参加していない。

刺激材料は次の2つである。実験刺激として子ども（他人の子どもと自分の子ども）の正面からの顔の表情や子どもの行動，しぐさがよく映し出されているカラービデオテープ（所要時間8分間）を用いた。これは実験者が，子どもにロールシャッハ・テストを施行している様子をワンサイドスクリーンをとおして撮影したものの中から子どもの表情がよく現れている部分（30秒）を取り出して編集したものである。中性刺激には京都御所の静かな風景を撮影したカラービデオテープを用いた。所要時間は2分であった。

装置は心拍数および血圧の測定のための非観血連続血圧計フィナプレスと顔面皮膚温度の測定のために，サーモトレーサー（赤外線放射温度計）を用いた。

実験は，同志社大学心理学実験室で個別法で行われた。子どもの祖母あるいは母親のロールシャッハ・テストは，実験に先立つ1週間前に行った。子どものロールシャッハ・テストは実験に先立つ1カ月前に実施した。各家族の被験者（祖母あるいは母親）を実験室に案内し，安楽椅子に着席させ，心拍と血圧を測定するためのカフを右手に装着した。被験者には，「これからしばらく前方のテレビに出てくるある画面を見ていただくが，どうぞ気分を楽にしてご覧ください」と教示する。呈示される刺激は，男児刺激35個，女児刺激20個の中から4個を用いた。そのうちの1つは被験者の実子（孫）のもので，他の3つは，残り54個の中から，被験児の子どもの性を含めて男児2名，女児2名になるようにした。刺激は各被験者用にあらかじめ編集された。被験者の生理指標のベースラインをとるために5分間の安静期間を設けた。刺激呈示順序は，刺激1（他児）→中性刺激→刺激2（他児）→中性刺激→刺激3（実子または孫）→中性刺激→刺激4（他児）→中性刺激であり，各刺激の呈示時間は30秒であっ

5.6 三世代同居家族の中で育まれる子どもの情緒

表5.3 子どもの刺激に対する母親と祖母の気分尺度の得点（浜，1993）

			刺激3 (実子)	刺激2 (他児)	刺激4 (他児)
喜	び	母親	4.73	1.71**	1.60**
		祖母	5.00	3.05**	3.76**
恐	れ	母親	0.51	0.53	0.13**
		祖母	1.19	0.95	1.00
寛	容	母親	3.60	2.53**	2.04**
		祖母	3.29	2.71	2.67*
怒	り	母親	0.13	0.22	0.18
		祖母	0.76	0.86	0.81
期	待	母親	4.42	2.45**	1.87**
		祖母	4.62	3.29**	3.29**
嫌	悪	母親	0.15	0.24	0.11
		祖母	1.14	0.95	0.71*
悲しみ		母親	0.22	0.29	0.09
		祖母	0.67	0.81	0.57
驚	き	母親	3.05	0.67**	0.95**
		祖母	1.86	1.10*	1.24†

実子刺激と各他児刺激の尺度得点の t 検定での有意差の結果を ** $p<.01$，* $p<.05$，† $p<.10$ で示す。

表5.4 子どもの刺激に対する母親と祖母の心拍（bpm）および血圧(mm/Hg)の平均変化値（浜，1993）

		刺激3 (実子)	刺激2 (他児)	刺激4 (他児)
HR	母親	−0.78	−0.50	−0.38
	祖母	−1.40	−0.79	−0.03
SBP	母親	−4.47	−2.60	−0.50**
	祖母	−5.34	−4.00	−2.94
DBP	母親	−2.01	−0.95*	0.63**
	祖母	−2.38	−1.68	−0.82*

実子刺激と各他児刺激の尺度得点間の t 検定での有意差の結果を ** $p<.01$，* $p<.05$ で示す。

た。被験者には，刺激呈示終了直後にプルチック（Plutchik, 1966）の作成した気分尺度によって，そのときの情緒を9段階（全く感じない=0，から非常に強く感じる=8）で口頭で評定させた。情緒は，喜び，期待，怒り，嫌悪，悲しみ，驚き，恐れ，寛容の8種である。

　表5.3が示すとおり，気分尺度では，母親および祖母は，他児に対するよりも，実子に対して肯定的情緒が有意に高く評価されている。

　心拍数と血圧の分析では，中性刺激呈示期間の値をベースラインとして，変化量を求めた。**表5.4**が示すとおり，母と祖母ともに実子と他児との間で心拍数に有意な差はみられなかった。しかし，他児に比べて実子のときに，母親は収縮期血圧（SBP）と拡張期血圧（DBP）が有意に低下し，祖母は拡張期血圧が有意に低下した。**表5.5**は皮膚温度の結果を示す。母親は何ら変化を生じなかったが，祖母は鼻頭の部位で孫を見たときに他児に比べて有意に低下した。これは祖母が，孫のビデオ画面での行動（ロールシャッハ図版にうまく答えているかどうかなど）を案じたためではないかと考えられる。

5.6.2　三世代同居家族の祖母，母，子どもの感情喚起

　筆者ら（浜，1993）は，刺激に対する感情喚起が，三世代同居家族における子どもを中心とした成員間でどのような過程を示すかに関心をもち，実験を行った。被験者は幼稚園に通園中の子どものいる5組の三世代同居家族の祖母（姑），母親，男児である。平均年齢は祖母65.4歳，母親36.4歳，子ども5.8歳であった。

　感情喚起刺激には「火事と子馬」と題するカラー・アニメーションビデオ（20分）を用いた（**表5.6**）。中性刺激は大学のキャンパス風景（6分）のカラービデオである。実験は，家族3人を子どもを真ん中にして着席させ，前方に設置したモニターにビデオを呈示し，その間の心拍数をパルスオキシメーターで測定した。

　結果は統計的処理は行わずに，各家族における3名の生理的指標（心拍）の変化とその一致の仕方などを中心に検討した。実験刺激を1分ごとに区切って毎分の祖母，母親，子どもの心拍を分析した。**図5.14**は，Iさん家族の実験中

表 5.5 子どもの刺激に対する母親と祖母の顔面皮膚温度の平均変化値（℃）（浜, 1993）

		刺激 3 (実子)	刺激 2 (他児)	刺激 4 (他児)
目　　頭	母親	0.14	0.14**	0.04
	祖母	0.03	0.07**	0.07
目と目の間	母親	0.12	−0.03**	0.004
	祖母	−0.13	−0.05**	−0.03
鼻の頭	母親	−0.05	0.08	0.01
	祖母	−0.14	0.03**	−0.03*

実子刺激と各他児刺激の尺度得点間の t 検定での有意差の結果を ** $p<.01$，* $p<.05$ で示す。

表 5.6 実験刺激ビデオ「火事と子馬」の内容

　ある村に住むキチという男の子は，足の悪い子馬，シロをたいそうかわいがっていた。しかし獣医から「シロの足が悪いのは生まれつきのものだから治らない。」と言われた。キチの父親は，「足の悪い子馬を育てても仕方がない。10日間経ってもシロの足が治らなければ，そのときは潔く諦めろ。」とキチに言い渡した。それでもキチは絶対に治してみせる，と毎日昼も夜も一生懸命シロの世話をした。明日までに足が治らなければ，シロが殺されてしまうという最後の日，キチは仲良しのハルという女の子と一緒に，シロに歩く訓練を施したが，努力の甲斐無くついにシロは歩くことができなかった。その夜，キチは馬小屋でシロに寄り添って眠った。
　夜半過ぎ，村の子どもたちの焚火の不始末が原因で火事が起こった。火事の気配を感じたシロに起こされて，キチが現場に駆けつけてみると，なんと炎に包まれていたのは仲良しのハルの家だった。村人たちが消火活動で騒然としている中に，炎の中に一人逃げ遅れたハルの名を叫び続けるハルの母親の姿があった。そのとき，芒然と立ちすくむキチが見たものは，燃えさかる炎の中へ飛び込んでいく白い馬の姿であった。急いでキチが馬小屋に帰ってみると，そこにはシロの姿はなかった。翌日，焼け跡から奇蹟的に助け出されたハルは，「シロが私を助けに来てくれたの。シロが私を穴の中に……。」と言うのだった。
　数日後，野原で遊んでいたキチとハルは，草原の中で憩う馬の群れの中に，シロらしき子馬がいるのを見つけた。キチが「シロー」と呼ぶと，子馬は一瞬立ち止まってキチを振り返って見たがすぐに，空に天がけて，シロの姿は見えなくなった。キチは，あふれる涙を拭いながら，「さようならー」と手を振って子馬に別れを告げた。

における心拍数を5秒平均したもののトレンドグラフである。上が母親（MO），真中が子ども（CH），下が祖母（GM）のグラフである。この図の中で丸印をつけている部分は，ビデオのクライマックスのシーン（**表5.6**の最後の文章）である。**図5.14**で明らかなように母親の心拍はほとんど変化していないが，孫と祖母の心拍は上昇している。**図5.15**は，Ｉさん家族の祖母と子どもが涙を流している場面である。Ｉさん家族とほとんど同様の結果が他の3家族にもみられた。孫と祖母が，感情喚起過程で，共感性を示すことが示唆されたのである。

5.6.3　母親の子どもへの賞罰に及ぼす祖母の影響

　欧米では，子どもを養育するときに，母親に強い影響を与える人として，祖母に注目した研究はかなり多く報告されている（たとえば，Blackwelder & Passman, 1986；Tomlin & Passman, 1989；1991；Kivett, 1991）。また最近では，『祖父母期のハンドブック』（*Handbook on Grandparenthood*）という書物が編纂されている（Ed., Szinovacz, 1998）。しかしながらこれらの研究は母方の祖父を対象としていて，父方の祖母は対象とされていない。また母方の祖母も娘や孫との関わりは密であっても同居家族ではない。それに比べるとわが国では，祖父母がその息子の家族と同居する家族形態がいまなお多く存在している。また，わが国では三世代同居家族のうち，父方祖父母との同居が約7割，母方祖父母との同居が約3割を占めるといわれている。そこで，われわれは三世代同居家族と二世代同居家族（核家族）の変数の他に，父方祖母と母方祖母の変数を加えて，祖父母と子ども，父母（とくに嫁または娘）と祖父母（姑または実母），父母と子どもの相互関係を情緒行動を中心として実験的検討を試みてきた。

　興津と浜（1998）は母親が子どもに対して，賞罰を与えるとき子どもの祖母のアドバイスがどのような影響を及ぼすかを検討した。とくにアドバイスを与える人物が父方祖母（姑）であるか母方祖母（実家の母）であるかによってその影響の相違を実験的に研究した。

　被験者は，京都市内に在住の父方祖母同居群14組，母方祖母同居群8組。子どもの平均年齢は70カ月，祖母および母親の平均年齢は，63.5歳と33.5歳。

5.6 三世代同居家族の中で育まれる子どもの情緒

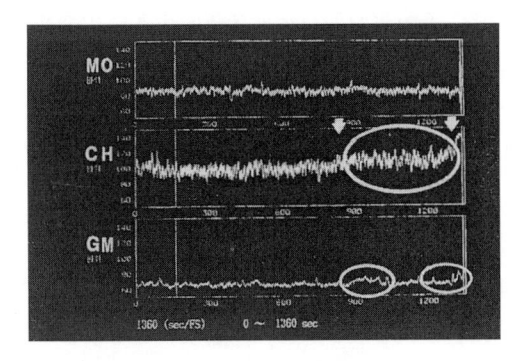

図 5.14 ビデオ呈示中における I さん家族の母親・子ども・祖母の心拍数を 5 秒平均したもののトレンドグラフ
(浜, 1993)

図 5.15 I 家族の祖母と子どもが最終場面で涙を流している様子
(浜, 1993)

実験の手続きは，子どもに簡単な知能テストを施行して，正解のときには褒美としてマーブルチョコレートを与え，失敗したときにはそれを取り上げるという事態を作った。結果は，父方祖母と同居している母親のほうが母方祖母と同居している母親に比べて祖母の助言に従う傾向が大きかった。たとえば，子どもが作業に失敗したときに父方祖母が罰の量を増加すると，母親も祖母の助言に従って罰の量を増やしたのである。嫁という立場が姑の助言に強制力を感じ取ったのかもしれないが，いざこざを避けようとする京都の女性の知恵かもしれない。

5.6.4 三世代同居家族および二世代同居家族における子どものロールシャッハ反応

筆者らは三世代同居家族および二世代同居家族を対象としていくつかの実験を行ってきたが，その度に，祖母，母親，子どもに個別法でロールシャッハ・テストを施行した。ここでは祖父母と同居の子どもと祖父母と別居の家庭の子どもとの間でとくに顕著な差のみられた結果について述べる。**表 5.7** と**表 5.8**にみるように三世代同居家族の子どもが Dd 反応と平凡反応（P）を有意に多く示すことが明らかとなった。Dd 反応は，子どもが図版の内部や通常あまりみられない領域に反応する場合であり，子どもが母親と祖母の両者に気づかいをしていることを示唆している。ホルパーン（Halpern, 1953：富田・松本訳，1971）によると，平凡反応を多く生じることは大人への同調性を示唆している。

5.6.5 母親の養育態度に及ぼす祖母の影響

筆者らは，母親の養育態度が三世代同居家族の母親と二世代同居家族の母親とでは異なるかどうかを検討した。被験者は三世代同居家族，二世代同居家族の母親各14組である。三世代同居家族の祖母の平均年齢は54.7歳，母親の平均年齢は34.0歳，子どもの平均年齢は5.92歳であった。二世代同居家族の母親の平均年齢は35.1歳，子どもの平均年齢は5.9歳であった。品川・品川（1958）の田研式親子関係テスト［両親用］を母親と祖母に施行した。**図5.16**に結果を示した。

5.6 三世代同居家族の中で育まれる子どもの情緒

表 5.7 三世代同居家族の子どもと二世代同居家族の子どもの Dd 反応（浜，1993）

Dd 反応	三世代	二世代
あ　り	31（91.2）	11（45.8）
な　し	3（8.8）	13（54.2）
合　計	34（100.0）	24（100.0）

$\chi^2=14.480$，$df=1$，$p<.00$。数値は被験者数，（　）内は百分率。

表 5.8 三世代同居家族の子どもと二世代同居家族の子どもの P 反応（浜，1993）

平凡反応	三世代	二世代
P≧15%	22（64.7）	9（37.5）
P<15%	12（35.3）	15（62.5）
合　計	34（100.0）	24（100.0）

$\chi^2=4.185$，$df=1$，$p<.05$。数値は被験者数，（　）内は百分率。

3群の養育態度の得点にもとづいて分散分析を行ったところ，交互作用がみられた（$F[18,342]=1.78, p<.05$）。養育態度の型の効果は，三世代同居家族の母親も二世代同居家族の母親も0.1％水準でそれぞれ有意であった（$F[9,342]=5.43$；$F[9,342]=4.27$）。また，三世代同居家族の母親と二世代同居家族の母親の養育態度型の各得点にもとづいて分散分析を行ったところ，三世代同居家族の母親のほうが二世代同居家族の母親に比べて全体に得点が低いという傾向が見出された（$F[9,234]=3.05, P<.10$）。

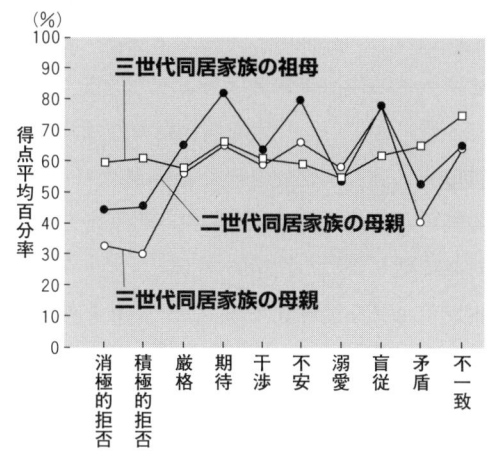

図 5.16 三世代同居家族と二世代同居家族における母親の養育態度（浜，1993）

5.6.6 乳幼児の泣き声と笑い声に対する子どもの反応

　筆者ら（興津・浜，1997；Okitsu et al., 1999）は，他の子どもの笑いや泣きに対する子どもの反応が，三世代同居家族の子どもと二世代同居家族の子どもとで相違があるかどうかを検討した。被験者は 55 名の幼稚園児（女児 30 名，男児 50 名，平均年齢 5 歳 5 カ月）でこのうち 34 名（男児 16 名，女児 18 名）は二世代同居家族の子どもで，三世代同居家族の子どもは 21 名（男児 9 名，女児 12 名）であった。

　音声刺激はアイゼンバーグら（Eisenberg et al., 1993）の使用した 4 種類（幼児の泣き，幼児の笑い，乳児の泣き，乳児の笑い）で幼児の声は 3 歳 3 カ月の日本人の男の子の泣き声と笑い声を編集したもので，乳児の声は市販の CD を使用した。

　手続きは，実験者が被験児に簡単な知能テストを開始後 1 分のときに室内のスピーカーから音声刺激が聞こえるようにした。音声刺激の呈示順序は，①幼児の泣き声，②幼児の笑い声，③乳児の泣き声，④乳児の笑い声として，①と③を入れ替えた 2 系列とした。実験者が被験児に与えた教示は次のとおりである。「この部屋の下の部屋に他の子どもが来ています。その子の声がいま聞こえているのです。カメラに向かって話をするとあなたの声がその子に聞こえ，あなたの顔が見えるようになっています。何か話しかけてあげて下さい。声を聞きたくないときはボタンを押すと聞こえなくなりますが，もう一度押すとまた聞こえてきます」その後，実験者はちょっと退室するのでその間，下の部屋の子どもに話しかけてもよいし，声を聞きたくなければボタンを押して音を消してもよいと被験児に話して部屋を出た。10 秒後に同じ音声刺激を 90 秒間呈示した。乳児の笑い声を除いた 3 種の刺激への反応を分析対象とした。子どもが音声刺激に対して話しかけた情緒的コミュニケーションの内容を 7 段階法で得点化した。ポジティブな情緒コミュニケーション得点はよその子どもに対するポジティブなコミュニケーションの指標であり，ネガティブなものはよその子どもに対するネガティブなコミュニケーションの指標であると考えた。結果は図 5.17 と図 5.18 に示されている。

5.6 三世代同居家族の中で育まれる子どもの情緒

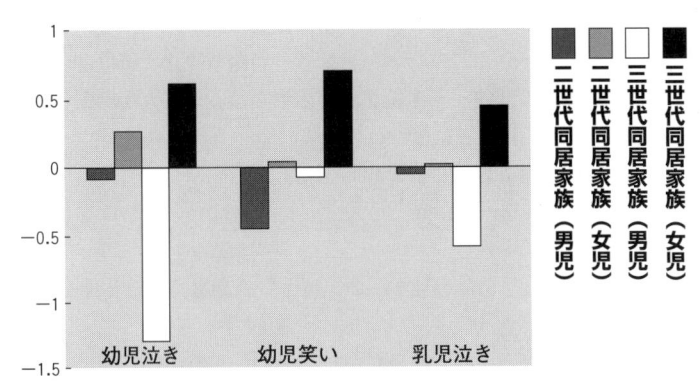

図 5.17 音声刺激に対する情緒的コミュニケーション平均得点
(興津・浜, 1997; Okitsu et al., 1999)

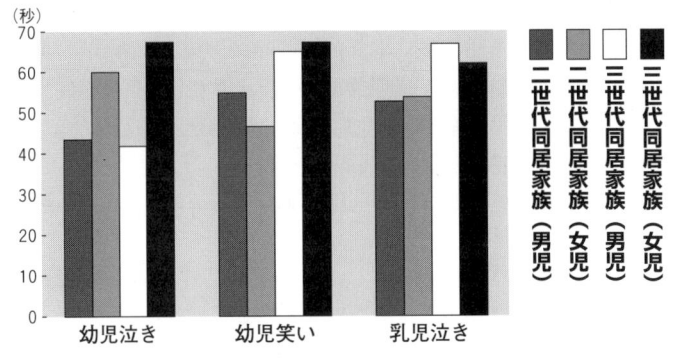

図 5.18 音声刺激を聞いている平均時間（秒）
(興津・浜, 1997; Okitsu et al., 1999)

　三世代同居家族の男の子は，他者の泣きのようなネガティブな情緒表出に対してネガティブなコミュニケーションをしている（たとえば，イライラした声で話しかける）。これに対して，三世代同居家族の女の子は他者の情緒的表出（泣きにも笑いにも）に対してポジティブなコミュニケーションを示している。二世代同居家族の子どもはこのような反応は示さなかった。このことは，三世代同居家族の子どもは祖父母から，男の子は男らしくして泣いてはいけない，女の子は人にやさしく親切にすべきであるという伝統的な男女役割ルールをつねに教えられていることが影響しているのではないかと考察される。この結果は前述のロールシャッハ・テストでP（平凡）反応が三世代同居家族の子どもに有意に高く出現したこととも一致する。

[参考図書]

感情・情緒の発達の基礎的問題については下記がくわしい。

東 洋 1984 子どもにものを教えること 岩波書店
松山義則 1967 モチベーションの心理 第3章 情緒の発達 誠信書房
三宅和夫 1990 子どもの個性――生後2年間を中心に 東京大学出版会
宮本美沙子（編） 1991 情緒と動機づけの発達 金子書房
村田孝次 1990 児童発達心理学 培風館
梅本堯夫・大山 正・岡本浩一 1999 心理学――心のはたらきを知る サイエンス社
矢野喜夫・落合正行 1991 発達心理学への招待――人間発達の全体像をさぐる サイエンス社

子どもの情緒の発達を家族心理学的視点から考察したものとしては下記が参考となる。

ブレックマン，E.A.（編） 浜 治世・松山義則（監訳） 1998 家族の感情心理学――そのよいときも，わるいときも 北大路書房
コーンヘイバー，A.・ウッドウォード，K.L. 和久明生・石川啓一（訳） 1990 孫とのちょっといい関係――三世代家族のイキイキ生活 同文書院
河合千恵子 1988 三世代関係――世代間関係への心理学的アプローチ 岡堂哲雄（編） 講座家族心理学6 金子書房
志賀令明 1992 親子孫―多世代関係の心理 岡堂哲雄（編） 家族心理学入門 培風館
鈴木乙史 1986 三世代家族の人間関係 島田一男（監） 瀧本孝雄・鈴木乙史（編） 講座人間関係の心理1 家族の人間関係（Ⅰ）総論 ブレーン出版

社会・産業場面における感情・情緒（情動）

　自分が人類最後の一人になったとしても恐怖や不安など感情心理学の対象となりうる問題は残るであろうが，自分以外の他者の存在が絡んでくると感情の問題は一層複雑なものとなってくる。単純な対人感情の発生から始まって，支配—服従関係における感情，三者関係における感情などいくつもの諸相を呈してくる。

　本章では，社会心理学と産業心理学の領域でこれまでに扱ってきた感情の問題を取り上げることにする。産業心理学の研究対象となる企業といってもしょせん人の集合体であるので，両者はもちろん無縁のものではないが，ここでは，基礎的な事柄を社会心理学的観点から説明し，より応用的な事柄を産業心理学的観点から紹介しようと思う。

6.1 社会場面における感情

われわれは人を好きになったり嫌いになったりすることを日常的に経験している。社会心理学では，このようなことを**対人魅力**とよび，これに関連する数多くの研究がなされてきた。快—不快を軸とした一般的情動あるいは感情とは異なり，対人感情は特定の人を対象とした感情である。社会心理学では仮説的構成概念であるところの**態度**という概念を用いて対象性のある評価（良い，悪い）や好嫌を扱ってきたが，対人感情は特定の人に対する態度の要素を構成するものである。以下ここでは，対人魅力の話を中心に進めるが，対人魅力の構成要素には対人感情だけでなく，対人認知や対人行動も含まれてくるので，その分離が困難なところでは包括的な説明になる。

6.1.1 認知的一貫性理論と対人感情——P-O-Xモデル

われわれ人間は外界からさまざまな情報を取り入れ，また，それに自分自身に対する情報（自分の状態や自分の感情など）を加味して認知的世界を作り上げている。しかし，その構成要素の情報が一貫性がなく矛盾に満ちたものであるときには，心理的に不安定な状態（不協和状態）に陥ってしまうので，そのような場合にはその不協和を低減しようと動機づけられる。これは有名なフェスティンガー（Festinger, 1957）の**認知的不協和理論**の考え方であるが，**認知的一貫性理論**（cognitive consistency theories）と総称される理論の最初のものがハイダー（Heider, 1946）の**バランス理論**である。これは別名，**P-O-Xモデル**といわれ，認知者（本人）を含めた三者関係の中での認知を扱ったものである。この理論では，認知者PのOに対する感情と，PのXに対する感情と，Pが認知するOとXの関係の間のバランスが問題にされる。ポジティブな感情や関係をプラスで表し，ネガティブな感情や関係をマイナスで表し，三者をかけた積の符号がプラスになればバランス状態で，マイナスになればアンバランス状態であると考える（図6.2）。そして，人はアンバランス状態を回避しようとするので，バランス状態になるように感情を変化させることもあるのである。たとえば，あなたは弘子と親友（プラス）であるが，和子とは犬猿の仲（マ

6.1 社会場面における感情

図 6.1 ひかれあう二人

バランス状態

アンバランス状態

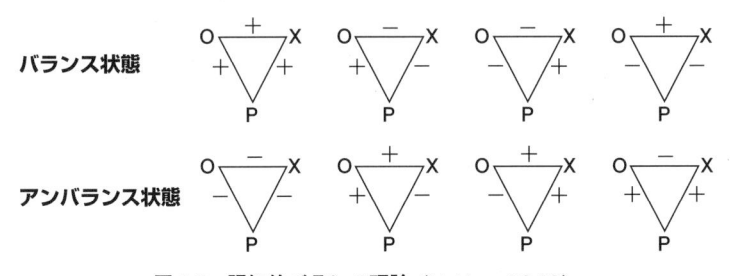

図 6.2 認知的バランス理論 (Heider, 1946)

イナス）であるとしよう。弘子と和子の関係も悪い（マイナス）場合は，三者の積はプラスになり，バランスが保たれた心地よい状態である。弘子と一緒に和子の悪口を言っていればあなたは幸せなのである。しかし，弘子と和子の関係が良い（プラス）場合，三者の積はマイナスになりインバランスの状態となる。親友が嫌いな人間と友達であるというので心穏やかではいられない。そこで，そのような場合，弘子のことまで嫌いになってしまうか，あるいは，和子のことを好きになってしまうかしてバランス状態を回復するようなことも起こるのである（図6.3）。

6.1.2 強化理論と対人感情

ロットとロット（Lott & Lott, 1974）による古典的条件づけモデルでは，報酬的経験がその場に存在する人に対する好意的対人感情を生起させると考えている。たとえば，不快な部屋にいる2人よりも，快適な部屋にいる2人の間のほうが好意的感情が生じやすくなるというグリフィット（Griffitt, 1970）の実験結果を説明している（図6.4）。これは，本来中性的刺激である他者に対する好意的反応が古典的条件づけによって学習された結果であると彼らは考えている。また，**強化—感情モデル**では，報酬を与えてくれた他者に対しては好意的感情が生じると考えている。エサを与えてくれる主人になつくイヌと同じ原理ではあるが，社会心理学的に関心のある報酬は，マズロー（Maslow, 1954）の**欲求階層説**（図6.5）でいうところのより高次の欲求に対応した報酬である。たとえば，社会的承認が与えられたり自尊欲求が満たされたりしたときにそれをもたらしてくれた他者に対して好意的感情をもつようになる現象に注目してきた。

1. しくじり効果

人は自尊心をもっており，それを傷つけられたり脅かされたりすることを嫌う。そして，そのような脅威の原因となる他者に対しては非好意的感情をもつ傾向がある。逆に，そのような脅威や不安を取り除いてくれた他者には好意的感情を示す傾向がある。ところで，人から好かれやすいタイプとはどのようなものかということについては，ルックス，スタイルなどの外見的要素から，性

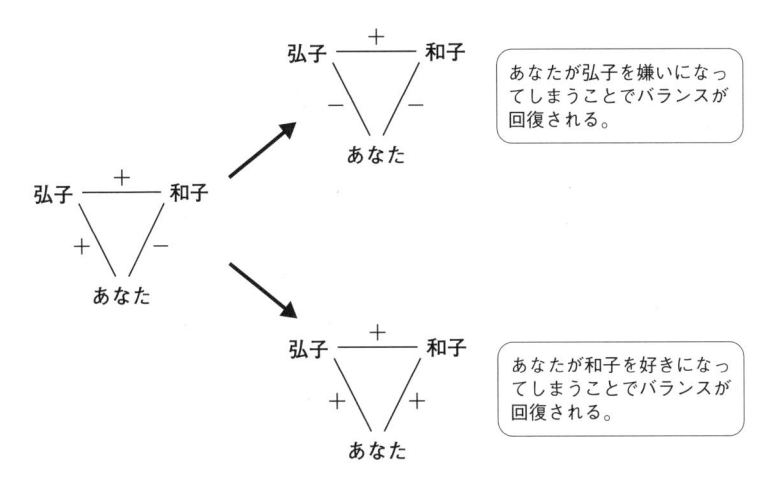

図 6.3　バランス理論によるインバランスの解消例

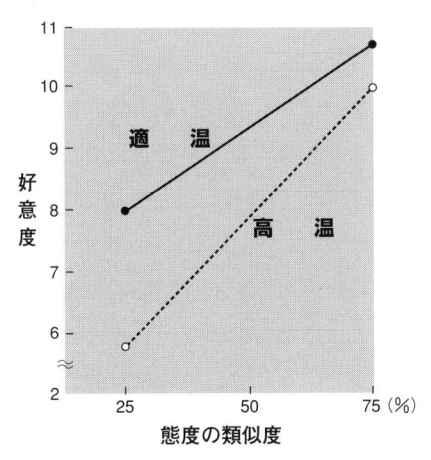

図 6.4　各気温条件における対人好意度の比較
(Griffitt, 1970)

格，能力などの内面的要素までさまざまな角度から検証されてきた。概して，美しく，スタイルが良く，能力が優れているほうが人々から好かれやすいという常識的な知見が多いが，能力に関する**しくじり効果**についての報告（Aronson et al., 1966）はおもしろい。「しくじり効果」とは，優秀な人ならばミスをしたほうが人から好かれるという現象である。

　実験では，被験者の大学生に，「隣の部屋にはあなたと同じ大学の学生がいます。これはその学生のプロフィールです」と言って，操作されたプロフィールを示す。そのプロフィールは2種類あって，優秀学生呈示条件では，勉学，スポーツともに超優秀な学生であるというプロフィールが呈示され，平凡学生呈示条件では，ごく平凡な学生であるという内容のプロフィールが呈示された。そして，被験者がしばらく部屋で待機している間に，隣の学生の気配と物音がテープレコーダーによって流されるのだが，このテープの内容も2種類準備された。ミスあり条件では，テープの途中にガチャンとコーヒーカップをひっくり返す音が挿入されており，ミスなし条件では，淡々と普通の物音が流され続けた。つまり，被験者は，**表6.1**に示したように4群にランダムに割り当てられたのである。そして，実験では最後に隣の大学生に対する対人魅力が質問紙で測定された。その結果，隣室の学生を優秀だと思っていた被験者は，その学生がミスをしたほうがしないよりも好きになる傾向が確認された。他方，平凡な学生の場合は逆で，ミスをしないほうが好かれるという結果となった。つまり，「しくじり効果」は優秀な人の場合に限って期待できるというのである（**表6.1**）。

　前述のように，われわれは自尊心をもっている。しかし，自分の価値を絶対的な基準でとらえている人はほとんどいない。みんな他人との相対的比較で，背が高いとか頭が良いとかという自分自身の相対的価値を認知しているのである。優秀な他者の存在はそれだけで自分自身の相対的価値を低めることになるが，その他者が失敗をすることで自尊心が回復し，そのような自尊心の回復をもたらしてくれた人に対する魅力は高くなるというのである。

2. 見つめることの効果

　図6.6の2枚の写真を男性被験者に呈示し，どちらのほうが魅力的に見える

成長欲求 *
(存在価値)
(メタ欲求)

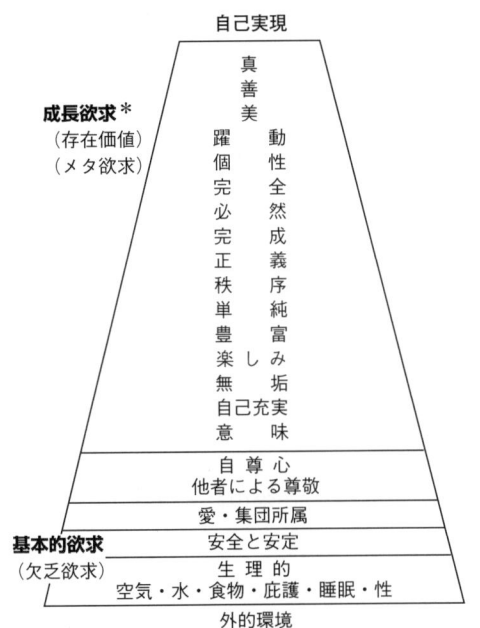

```
            自己実現
             真
             善
             美
          躍     動
          個     性
          完     全
          必     然
          完     成
          正     義
          秩     序
          単     純
          豊     富
          楽 し み
          無     垢
          自己充実
          意     味
```

自尊心
他者による尊敬

愛・集団所属

基本的欲求
(欠乏欲求)

安全と安定

生 理 的
空気・水・食物・庇護・睡眠・性

外的環境
欲求充足の前提条件
自由・正義・秩序
挑発(刺激)

＊成長欲求はすべて同等の重要さをもつ(階層的ではない)

図 6.5 マズローの欲求階層 (Goble, 1970)

表 6.1 「しくじり効果」の実験デザイン

相手の能力 ミス	優　秀	平　凡
ミスする	優秀な人が ミスをする	平凡な人が ミスをする
	∨	∧
ミスしない	優秀な人が ミスをしない	平凡な人が ミスをしない

かを尋ねたところ,ほとんどの被験者が右を選択したとヘス(Hess, 1965)は報告している。2枚の写真の違いは見てわかるとおり目の違いだけである。右の写真は瞳孔が大きく開いている。人の瞳孔は,暗いところに行ったときばかりでなく,関心のあるものを見るときに開く。たとえば,興味のない相手と話しているときよりも,興味のある相手と話しているときのほうが瞳孔は開いており,いわゆるきらきらした目の表情になる。そして,そのような目で見つめられた人は,その目の表情を,非言語的行動からの有力な情報ととらえ,自分に関心をもってくれているという相手の好意を感じるのである。自分自身に対する他者の関心は,自尊感情を満足させる強化因となり,そして,その好意に対する返報として相手に対する対人魅力が高くなる(**好意の返報性**)。このような内部での情報処理過程を本人が自覚し,気づいていることは少なく,何度もこのような過程を経験するうちに,瞳孔を開いた表情に対する好意が反射的に形成されるようになり,そのことがこの2枚の写真の選択行動に影響を与えるようになったというのである。

ここでは,瞳孔のひらきを例に説明したが,同様のことは視線やうなずきなどの非言語行動についても多数報告されている(大坊, 1987 ; Siegman, 1976)。

3. ゲイン・ロス効果

アロンソンとリンダー(Aronson & Linder, 1965)の実験で明らかにされた**ゲイン・ロス効果**は,学習理論にもとづく対人魅力では説明のつかないものである。ゲイン効果とは,ずっと昔から好きでいてくれた人に対してよりも,以前は自分のことを嫌っていたが最近は好意的になってきた人に対してのほうが対人魅力が高くなるという効果である。ロス効果とはその逆で,ずっと昔から自分を嫌っていた人よりも,以前は好意的だったが最近非好意的になった人に対する対人魅力が低くなる効果である。具体的な例で説明しよう。**表6.2**の中でAさんはCさんのことを6期ともずっと好きだった。1期につきAさんがCさんに対して提供した好意を+1つで表すと,6期で+が6つ蓄積されたことになる。他方,Bさんは最初の3期までは,Cさんのことを嫌っていたが,何かのきっかけから,Cさんに対して好意をもつようになり後半の3期では+を3つ提供した。さて,6期を終えた段階でCさんに対する蓄積は,Aさんは+

図 6.6 拡大した瞳孔（左）と収縮した瞳孔（右）の女性の写真
(Hess, 1965)

表 6.2 ゲイン効果

	1期	2期	3期	4期	5期	6期	
Aさん	＋	＋	＋	＋	＋	＋	＋が6個
Bさん	－	－	－	＋	＋	＋	±0

6期時点でCさんはBさんのほうが好き

が6つ，Bさんは±0である。**強化理論**に従えば，報酬を多く提供してくれたAさんのほうが好かれることになるが，実験結果はそうではなかった。これは，**表6.3**のロス効果でも同様であった。掌を返すように非好意的になった，かつての親友に対する憎悪が大きいということは直感的にも理解しやすいであろう。ゲイン・ロス効果では，蓄積された報酬（あるいはマイナスの報酬）よりも，変化を重視しており，獲得（喪失）過程にこそ満足（不満）の源泉が存在し，その過程をもたらした他者に対する対人魅力は高くなる（低くなる）と考え，強化理論では説明できない対人関係の機微を説明している。

6.1.3 自己知覚理論と対人感情──助けた人を好きになる

認知的不協和理論では認知要素間の不協和を仮定しているが，**自己知覚理論**（Bem, 1967）はそのような概念を用いずに対人感情の生起を説明している。ここでは，援助することによって自分が援助した人のことを好きになる現象を，自己知覚理論によって説明する。

自分の窮地を救ってくれた人に対して好意的感情を抱くのはごく自然のこととして理解できるであろう。しかし，助けた人を好きになるというのはやや複雑な心理である。

レーナーとシモンズ（Lerner & Simmons, 1966）は，電気ショックを用いた実験によって，このことを実証している（**図6.7**）。実験では，被験者はランダムに6群に分けられた。電気ショックにかけられているモデル（実際には電気ショックはかけられておらず苦痛の演技をしている）を観察するというところまでは被験者全員が同一の体験をする。しかし，A群の被験者には「もし，あなたがあの人を電気ショックから救ってあげようと思うならば，手元の救済ボタンを押して下さい。あなたがたの多数決によって電気ショックが解除されるかどうかが決まります」という内容の教示が与えられ，実際には被験者のボタン選択にかかわらずすべてのケースで電気ショックを解除した。また，B群の被験者にも同様の教示を与えたが，B群の被験者にはモデルを救済できたかどうかを知らせなかった。C群では，A，B群のような教示も，救済ボタンも与えられず，ただ，電気ショックにかけられたモデルを観察する機会が与えられ

6.1 社会場面における感情

表6.3 ロス効果

	1期	2期	3期	4期	5期	6期	
Aさん	－	－	－	－	－	－	－が6個
Bさん	＋	＋	＋	－	－	－	±0

6期時点でCさんはBさんのほうが嫌い

図6.7 レーナーとシモンズ（1966）の実験イメージ図

ているだけであった。このような操作をしたうえで実験の最後に，モデルに対する対人魅力が質問紙によって測定された。その結果，もっとも高い対人魅力を示したのはA群の被験者であったのである（**表6.4**）。

たとえば，われわれはつねづねAさんに親切にしているBさんをみて，「ああ，BさんはAさんのことを好きなんだな」というように，Aさんの援助行動を手がかりにAさんのBさんに対する好意を推し量ることがある。これと同じような過程が自分自身の中でも生じていると自己知覚理論では考えている。つまり，Aさんに親切にしている自分の行動から，Aさんに対する好意的対人感情を推量してしまうというのである。これは，「好きだからこそ，その人に親切にする」という常識的過程を逆にした「親切にするからこそ，その人のことを好きになる」という過程もまた真でありうることを示している。

6.1.4　情動の2要因理論と対人感情

怒り，愛情，驚き，恐怖といった感情は何らかの刺激を手がかりとして，それぞれ固有の生起過程を経て特定の感情が成立するというようにずっと考えられてきた。たとえていえば，かわいがっていたペットが目の前で車にひき殺されたという出来事が悲しみ回路を活性化し，悲しみガスが充満している心の中の風船が割れて，心は悲しみで占有されるというようにである。ところが，シャクター（Schachter, 1964）はこのような考え方に異論を唱え，独自の理論を構築した。シャクターは，怒りも驚きも恐怖もすべての感情はそれぞれが固有の生起過程を有しているのではなく，成立過程の第1段階はまったく同一であると考えた。すなわち，ペットの死に遭遇したときも，宝くじの1等が当たったときも，好きな人を目の前にしたときも，そのときに経験する生理的喚起（physiological arousal）に質的な違いはなく，交感神経が活性化された結果，いわゆるドキドキした状態になると考えたのである。そして，その興奮状態に対して自分自身で無意識のうちに感情のラベルづけを行うことによってはじめてその人の中に恐怖や喜びなどの感情が成立すると仮定した。宝くじの1等当選を知って，ドキドキしだした人はそのドキドキの原因を宝くじ当選であるとし，これは喜びの感情だとラベルづけをすると考えたのである（**図6.8**）。

6.1 社会場面における感情

表 6.4 レーナーとシモンズ（1966）の実験結果

実験条件	対人魅力評定値
Martyr	−34.00
Mid point	−25.78
Reward decision	−25.18
End point	−12.85
Past event	−11.10
Reward	−5.07

Mid point 条件（本文中の C 群）の被験者は電気ショックにかけられているモデルを観察するだけであったが，Reward 条件（本文中の A 群）の被験者は投票により被験者を救出し，その結果を知らされた。Reward decision 条件（本文中の B 群）の被験者は投票はするが結果を知らされなかった。

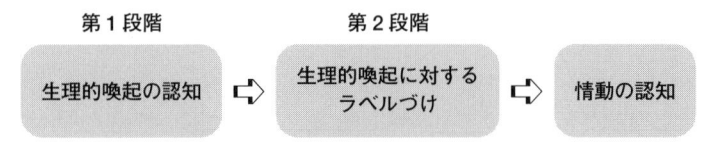

第 1 段階　生理的喚起の認知 ⇨　第 2 段階　生理的喚起に対するラベルづけ ⇨　情動の認知

図 6.8　シャクターの情動 2 要因理論

それまでの感情喚起過程の考えを覆すような，このきわめてユニークな仮説は注目を集め，その仮説を検証すべくさまざまな実験が行われた。なかでも，ダットンとアロン（Dutton & Aron, 1974）が行った吊り橋実験は，情動の2要因理論を実証した研究として多くの人々に知られている（**図 6.9**）。彼らは峡谷で次のようなフィールド実験を行った。被験者は男性ハイカーである。美人の実験者が一人歩きの男性ハイカーを呼び止め，「私は，○○心理学研究室の者ですが，簡単な調査にご協力いただけないでしょうか」と願い出る。そして，そのハイカーに TAT の図版（絵画投影法テスト 3GF 図版）を見せて物語を作らせる。最後に，「もし，後日この結果をお知りになりたければここへ連絡下さい」と，電話番号が記されたメモを手渡すのである。この実験では A，B 2つの条件が設定されていて，A 条件ではハイカーを呼び止める場所が吊り橋の上で，B 条件では固定の木の橋の上であった。この実験の結果，メモを受け取った男性のうちで後日電話をかけてきた者は，A 条件では 50％で，B 条件では 12.5％であった。A 条件と，B 条件の違いは地点だけである。A 条件の被験者は高い吊り橋というきわめて生理的にドキドキする状態下でインタビューを受けたのである。本来ならばそのドキドキには恐怖心というラベルがつけられてしかるべきだったのであるが，目の前の美人という顕在性の高い手がかりを用いてしまったために，「このドキドキはこの美人のためだ。これは，僕がこの人に対して好意的感情をもったからだろう」と錯覚してしまい，ラベルをつけ間違ったのである。A 条件の被験者のほうが同じ TAT 図版にもかかわらず性的な物語を作成したことからも，自分の生理的興奮を美人のために生じたものだと勘違いしていたことがうかがえる。また，同じ実験を美人実験者でなく男性実験者で行った場合には，A 条件と B 条件の間に違いは認められなかった（**表 6.5**）。

6.1.5 帰属理論と感情

6.1.3，6.1.4 で述べた事柄に共通しているのは，われわれ人間は自分自身のことについてさえも直接的に事実を把握しているのではなく，さまざまな刺激や情報を手がかりに内的な情報処理過程を経て，自分自身の感情状態を理解し

6.1 社会場面における感情

図 6.9 ダットンとアロン (1974) の実験現場

表 6.5 ダットンとアロンの吊り橋実験の結果
(Dutton & Aron, 1974)

面接者の性別	橋の形態	メモを受け取った人数	電話をしてきた人数	物語の性的傾向得点
女性	固定橋	16/22	2/16	1.41
	吊り橋	18/23	9/18	2.47
男性	固定橋	6/22	1/6	.61
	吊り橋	7/23	2/7	.80

たような気持ちになっているということである。この考え方は，何かの出来事や現象を手がかりにその原因を特定しようとする心の動きに注目した**帰属理論**に収斂する。そこで，以下，帰属理論研究がこれまでに扱ってきた感情の問題を，対人魅力の枠を越えて紹介したい。自分自身の感情の話の前に，まず，他人の感情について人がどのような帰属推論をするのかを説明しよう。

1. 他人の感情の推論

　忘れ物をした男の子に，クラスのある女の子が親切にしているという状況で，その男の子は，なぜその女の子が自分に親切にしてくれたのかを考えるだろう。たとえば，その女の子が学級委員だとすれば，その親切はその女の子の内的要因でなく，外的要因に帰属され，役目だから，あるいは先生から指示されているからやっているのだととらえられるかもしれない。しかし，学級委員でなかったら，その親切は内的要因に帰属され，ひょっとすると自分に対する好意かもしれないと期待することもある。ジョーンズとデーヴィス (Jones & Davis, 1965) の**対応的推論理論** (correspondent inference theory) によると，内的帰属の前提としてその行為者の意図が存在していなければならず，そのためにまず，意図の推論が行われると考えている。他に選択肢がない場合，強制されている場合，あるいは役割として行動している場合などは，意図の存在可能性は低くなり，行為者の内的要因への帰属は発動されない。しかし，その行為が意図的に行われたものであるということになった場合，内的要因への原因帰属が開始される。一般的には，この子は親切な人だというように，その行為者の属性への帰属が行われる。しかし，その子は，他の人にはそれほど親切でなく，とくに自分に対してだけ親切であり，また，そのようなことがしばしば起こるというようなことにでもなれば，単に親切な性格であるということではなく，自分に対する特定の感情を推論するようになろう（**図 6.10**）。

　ちなみに，帰属が内的か外的かということは帰属の中で大きな基軸となっており，対人認知のみならず成功・失敗の原因帰属でも中心的な役割を果たしている。

2. 自分の感情の推論

　他者の感情の推論の最後のところで述べた事柄はケリー (Kelley, 1967) の

表6.6 アダムス嬢に結婚を申し込んでいる3人の男性属性
(Jones & Davis, 1965)

	属　　性	Bagby	Caldwell	Dexter
a	財　　産	○	○	
b	社会的地位	○		
c	性的な楽しみ	○	○	○
d	子ど　も		○	
e	知的な刺激			○

Bagby が選ばれたら，アダムス嬢は財産や地位などを崇拝する女性で，Caldwell が選ばれたら，彼女は母性タイプで，Dexter が選ばれたら，彼女は知性派というように推論される。

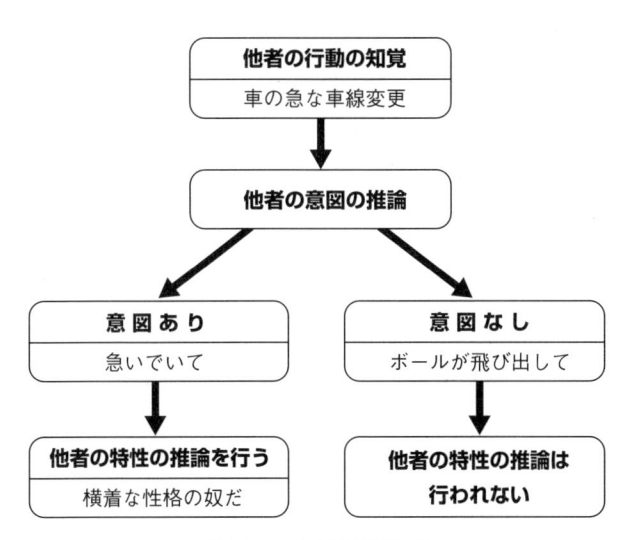

```
┌─────────────────┐
│ 他者の行動の知覚 │
│ 車の急な車線変更 │
└────────┬────────┘
         ↓
┌─────────────────┐
│ 他者の意図の推論 │
└────┬────────┬───┘
     ↓        ↓
┌─────────┐ ┌─────────┐
│ 意図あり │ │ 意図なし │
│ 急いでいて│ │ボールが飛び出して│
└────┬────┘ └────┬────┘
     ↓           ↓
┌──────────────┐ ┌──────────────┐
│他者の特性の推論│ │他者の特性の推論は│
│を行う         │ │行われない      │
│横着な性格の奴だ│ │              │
└──────────────┘ └──────────────┘
```

図6.10　対応的推論理論

ANOVA 理論の考え方を準用したものである。もともと，ANOVA 理論は現象の原因を特定の対象物に帰属させる過程に注目したものであり，それは，弁別性（distinctiveness），一貫性（consistency），合意性（consensus）の3つの要素から構成されている。ある女性を目の前にして，心臓がドキドキしてきたとして，それをその女性の魅力に帰属させるためには，弁別性が高く（他の女性ではそうはならず，その女性のときだけそうである），一貫性が高く（吊り橋の上だけでなく，学校でも街中でも，また，今日だけでなく昨日も一昨日もドキドキした），合意性が高い（自分だけでなく，他の多くの男友達もそうである）場合にはじめて，その女性の特性への帰属，つまり，その女性が客観的にみて非常に魅力的であるからドキドキしたのだという帰属が完成するのである。しかし，最後の合意性だけが欠如していた場合には，その女性に対する自分自身の特別な感情に帰属せざるを得なくなるであろう。すなわち，あばたもエクボかどうかはわからないが，俗にいう「惚れた」という自分自身の感情が推論されるのである。

3. 攻撃的感情

他者に攻撃的感情を抱くのは，相手が自分にとって好ましくない行動や態度をとった場合であるというのが一般的な考え方であろう。場合によっては八つ当たりのように，不満の原因を生み出した者以外の人物に対しても攻撃的になることがある。八つ当たりの場合は，攻撃的感情はすでに生起しており，その方向性が拡散したというだけのことである。しかし，ジルマン（Zillman, 1978）の**興奮転移理論**（excitation transfer）では，感情の同質性は問題としていない。ジルマンは直前に経験している単なる生理的興奮の残り火が，その後のまったく別の刺激によって喚起された感情のレベルを引き上げてしまうと考え，運動をさせた被験者が，他者から挑発的な行動をされた場合，運動をしていなかった被験者よりも攻撃反応が促進されることを実験によって実証している（図6.12）。

4. あがりの克服

人前で極度に緊張してしまい，とくに大勢の前で歌ったり話したりするのが苦手ないわゆる「あがり症」の人は，「自分はあがり症だ。これは，自分の性格

6.1 社会場面における感情　　　221

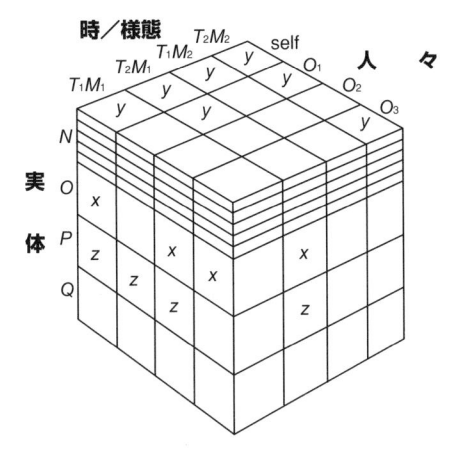

図 6.11　行為の結果を実体に帰属させる論拠（Kelley, 1967）
ある人がとった行動の原因を，その対象物（実体）の特性のためであると帰属するために，他の人々の動向（合意性），時／様態の変化（一貫性），実体によるちがい（弁別性）の3つの要因で検討している。

図 6.12　ジルマン（1978）の興奮転移理論イメージ図

に深く根ざしているのに違いない」と思い込むことによって,さらにあがる傾向を強め,深みにはまっていることが少なくない。このような場合,緊張の原因帰属の方向を,内部から外部に誘導してやることで改善がみられることもある。ブロットとジンバルドー(Brodt & Zimbardo, 1981)は,内気な女性を被験者にして男性と二人きりで話をさせる実験を行った。話し合いの前に特殊な周波数の音を聞かせ,その音を聞くと心拍数が増加してドキドキしてくると,偽の教示を受けた被験者群の女性は,男性と話をし始めたときに感じるドキドキを直前に聞いた音のせいにすることができたので,偽の教示を受けなかった被験者と異なり,一般的な女性と同じように活発に男性と話をすることができたという(図 6.13)。

6.2 産業場面における感情

ここでは労働者の感情に焦点をあてて説明する。生産性向上のために労働が体系化され組織化されていく過程で,さまざまな心の問題が労働者に発生する。そしてそのようなことは時代を越えて繰り返される。たとえば,道具と労働者の関わりを考えても,かつての工場の機械化と近年のOA(オフィスオートメーション)化は基本的には同質の問題を内包している。以下,そのような事柄も含めて,労働者の感情的側面を歴史的に概観したうえで最近の問題を展開する。

6.2.1 情動人(emotional man)としての労働者

かつて労働力が過剰でしかも労働者の力が弱かった時代には,使用者が労働者の感情を考慮することはほとんどなかった。仮に労働者が労働条件に対して強い不満を感じていたとしても,それを表明すれば暴力的制裁や経済的制裁が与えられるので労働者はじっと耐えるしかなかったのである。わが国では映画『ああ野麦峠』に描かれている「女工哀史」の世界がそのような時代であるが,このような時代は,現在先進資本主義諸国といわれているどの国の歴史の中にも存在した。その時代においては労働者は消耗品であり,たとえ過酷な労働の結果倒れたとしても,豊富な労働市場から簡単に次の労働者を調達すればそれ

6.2 産業場面における感情

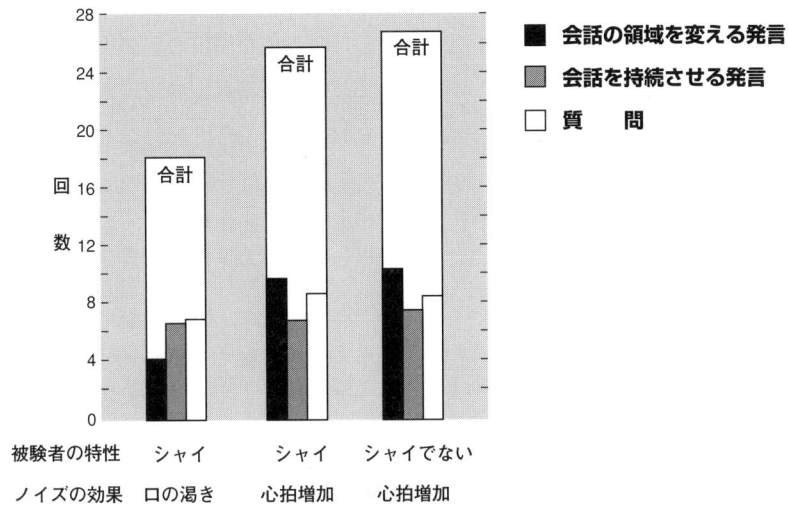

図 6.13 各群の被験者が行った3種類の発言の数
(Brodt & Zimbardo, 1981)

図 6.14 労働者を鞭で監理する監督者
洋の東西を問わずかつてはこのような酷い管理方法が一般的であり，労働者は過酷な条件の下で一方的に搾取されていた。

で問題は解決したのであった。しかし，近代化とともに生産活動が活発になり，労働力の価値が高まるにつれ，事態は変化した。自分たちの労働価値を自覚した労働者の意識の高まりもあって，それまでのような使用者側の一方的な搾取はいきづまりをみせた。そこで，使用者はムチによる労働者管理からアメによる管理へと管理方法をシフトさせた（**図 6.15**）。アメの代表的なものは経済的刺激で，その刺激をいかに効果的に呈示するかが当時の経営者の関心の中心であった。この時代の基本的な労働者観は，金を与えればその分やる気を出し，仕事をする人間を前提に成立していたといえよう。高賃金を確保するためには生産性を向上させなければならず，作業は分業化され，流れ作業化していった。しかしながら，それはチャップリンの映画『モダンタイムス』で風刺されているように，機械のペースによって労働者が管理される環境を作り出し，その結果，労働の非人間化をもたらし，強い労働疎外感を生み出したのであった。物理的な環境を整え，高賃金を与えていれば労働者の動機は高まるという考え方は修正を余儀なくされてきた。自動販売機は，きちんと設置して電源が入っていれば，120 円の投入に対しては 1 本の，240 円に対しては 2 本の缶ジュースを出してくるが，感情をもった生き物である人間ではそうは単純にいかなかったのである。このことが，はじめて科学的に明らかにされたのは**ホーソン実験**であった。

　AT & T（American Telephone Telegram）の傘下企業であるシカゴのウェスタン・エレクトリック社のホーソン工場で 1924 年から 1927 年まで全国学術研究協議会の協力を得て，大がかりな照明実験を行った。目的はコイル巻きの作業能率と照度の関係を明らかにすることであった。照度を上げる実験では，実験群では 24, 46, 76 燭光へと照度を上げたが，作業量に差は認められなかった。また，照度を下げる実験では，実験群では 10 燭光から作業対象を明視することさえ不可能な 3 燭光へと照度を下げたが，生産性は照度を一定にしたままの統制群と同じように上昇したのである。このように照度と作業能率の間には何ら相関が認められず，物理的変化と労働者の反応に単純な因果関係があると考えていたこの実験は失敗に終わった。この失敗の後に，1932 年までの長期にわたってメイヨー（Mayo, E.）らがホーソン工場を舞台にさまざまな実験や調

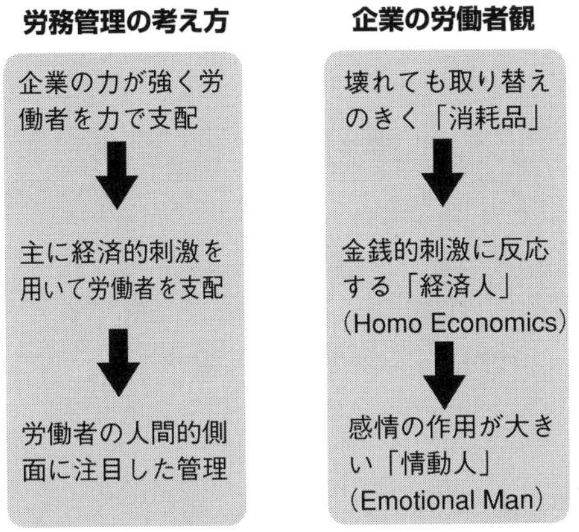

6.2 産業場面における感情

労務管理の考え方

企業の力が強く労働者を力で支配

↓

主に経済的刺激を用いて労働者を支配

↓

労働者の人間的側面に注目した管理

企業の労働者観

壊れても取り替えのきく「消耗品」

↓

金銭的刺激に反応する「経済人」（Homo Economics）

↓

感情の作用が大きい「情動人」（Emotional Man）

図 6.15　労務管理の考え方の変遷（岩本, 1995）

表 6.7　リレー組立作業テスト室の実験（Roethlisberger & Dickson, 1939）

期	実験条件の特徴	週間(週)	休憩の時間 午前	休憩の時間 午後	週労働時間
I	元の職場	2	なし	なし	48:00
II	テスト室へ移動	5	なし	なし	48:00
III	賃金支払い方法を変更	8	なし	なし	48:00
IV	5分休憩2回	5	10:00	2:00	47:05
V	10分休憩2回	4	10:00	2:00	46:10
VI	5分休憩6回	4	8:45, 10:00, 11:30	2:00, 3:15, 4:30	45:15
VII	午前15分，午後10分休憩（ただし，ランチを支給）	11	9:30	2:30	45:40
VIII	VIIに同じ（ただし，終業4時30分）	7	9:30	2:30	43:10
IX	VIIに同じ（ただし，終業4時）	4	9:30	2:30	40:40
X	VIIに同じ	12	9:30	2:30	45:40
XI	VIIに同じ（ただし，土曜休み）	9	9:30	2:30	41:40
XII	IIIに同じ（ただし，ランチ，休憩なし）	12	なし	なし	48:00
XIII	VIIに同じ（ただし，ランチなし）	31	9:30	2:30	45:40

査を行った。まず，彼らは継電器組立作業を対象に実験を行った。実験では指名された6名の女子作業員が被験者となり，休息や昼食などの労働条件が変化させられた（**表6.7**）。Ⅳ期からⅪ期までの生産性の向上は労働条件の改善にともなったものであり当然ともいえる結果であるが，しかし，Ⅻ期で以前の条件（Ⅲ期）に戻してもほんの少ししか生産性は衰えず，さらに続くⅩⅢ期では生産性は上昇したというのである。この結果は，照度と労働時間という質的な差があるとはいえ，本質的には照明実験の結果と符合しており，労働者が単純な機械的反応を示すわけではないという事実を再認することになった。労働者にとって，その物理的環境の変化がどのような人間的意味（human meanings）をもっているかが重要であり，それは労働者の感情というフィルターを通して解釈されるのである。継電器組立実験では，作業員には，特別に選考された者であるという喜びとプライドが発生し，観察記録者として参加した実験者との間には相談や助言を通してきわめて友好的で協力的な人間関係が形成されたのであった。そして，それらのことが作業者の労働意欲を喚起し，物理的に不利な環境をものともしない強固な作業集団を作り上げたと考察されたのである。労働意欲に及ぼす人間関係の影響の重大性に気がついたメイヨーらは，その後の面接調査やバンク巻線作業観察を通して，作業場面では物理的要因以上に人間的・社会的要因が強く働いていること，そして，その社会的人間関係の中で労働者は自分自身の行動を決定していることを発見した。この発見は，職場の人間関係や集団の性質が労働意欲の大きな決定要因になることを産業界に知らしめ，「人事相談制度」の確立を含む新しい人事管理の波を作り出した。

　このホーソン実験の発見から約40年ほど経過する間に先進資本主義諸国は飛躍的な経済成長を遂げたのであるが，1973年に世界経済をオイルショックが襲った。すでに先進国病（国民の生活が一定水準の豊かさに達すると人々の労働意欲が失われ，労働生産性が減退する現象）にかかっていたアメリカやイギリスは，オイルショックの激震によって深刻なリセッションに陥った。しかし，その中で日本だけが一人勝ちの活況を呈し，世界中がその秘密を日本的経営の中に見出そうと試みた。日本的雇用慣行や制度とともに，当時注目されたのがQC（quality control；品質管理）サークルという職場の小集団活動であった。

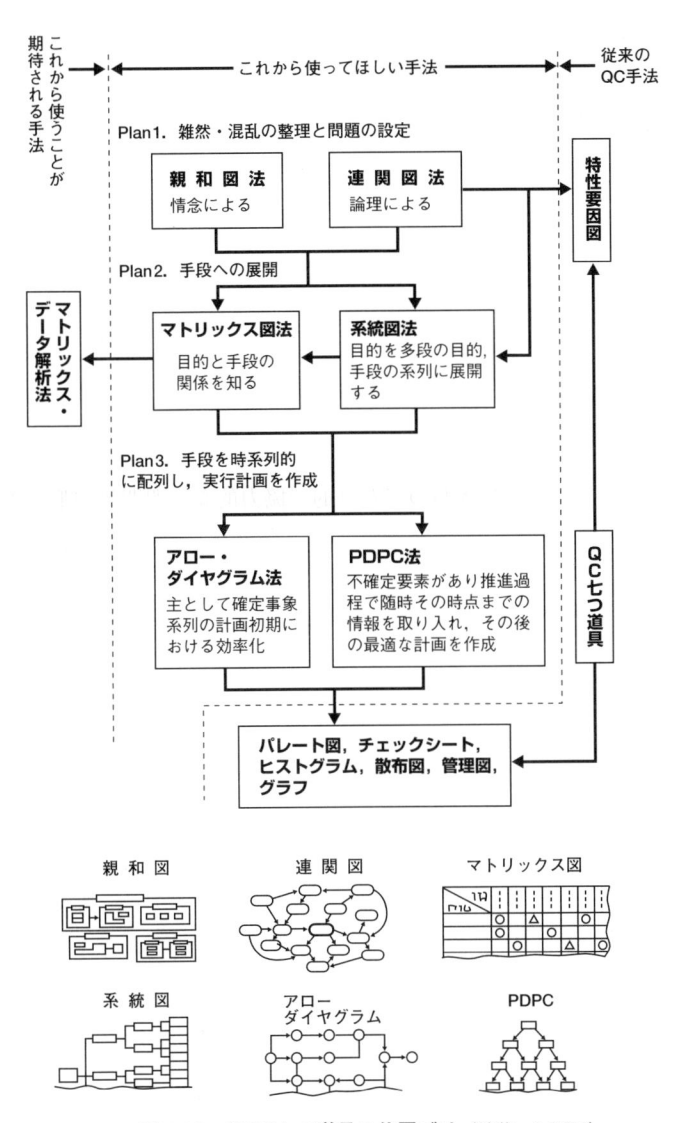

図 6.16 新QC七つ道具の位置づけ (納谷, 1987)

QCはもともと生産段階でのばらつきをなくすためにアメリカで開発された統計手法なのであるが，これを日本科学技術連盟が小集団活動とドッキングさせて日本で普及させたのである。日本におけるQCサークルは生産部門だけでなく，販売，事務部門にまで及び，TQC（全社的QC）という独自の発展を遂げたが，その成功のポイントは小集団活動であった。建て前上は仕事の一部ではなく，あくまでも任意のサークル活動として，しかしながら，業務の改善に役立つ事柄を主テーマに話し合うという展開手法そのものが心理的な意味をもっていた。インフォーマルな場で自由に意見を出し合うことだけでも，個人の会社に対するコミットメント（関与感）が生まれその集団のモラールは向上する。さらに，サークルの意見が表彰され，フォーマルな経営に採用されるようなことになれば，従業員一人ひとりの経営参加意識も高まることになる。組織的には組織の歯車にすぎない末端の従業員にまで，心理的には歯車感を抱かせない秘訣は小集団活動を通した参加意識の高揚にあったのである。日々の仕事に違いはなくても，感情をもった労働者は自分の仕事や役割をどのように認知するかで労働意欲に大きな違いをみせるのである（図6.16，図6.17）。

6.2.2 ストレスと労働者
1. メンタル・ヘルス

現代社会はストレス社会といわれ，多くの人々がストレスを抱えながら日々生活している。健康・体力づくり事業財団が1997年3月に実施した調査によると，調査前1カ月間で全体の54.6%の人々が何らかのストレスを感じていたという（図6.18）。ストレスとは，ストレスの原因となる外部の刺激（ストレッサー）とその人の心理的，認知的あるいは行動的特性との相互交換作用的な過程で生じたコーピング（ストレスに対する対処）の結果であると考えられている（Lazarus & Folkman, 1984）。言葉を知らない外国への突然の転勤命令のような状況に直面したとしても，それをどのようにとらえるか，また，どのように対処するかによってストレスの発生やその強度が異なってくるのである。図6.19は，男女別に各世代の抱えるストレスの内容を表しているが，これをみてわかるように，男性の20歳代から50歳代までと，女性の20歳代と40, 50

6.2 産業場面における感情

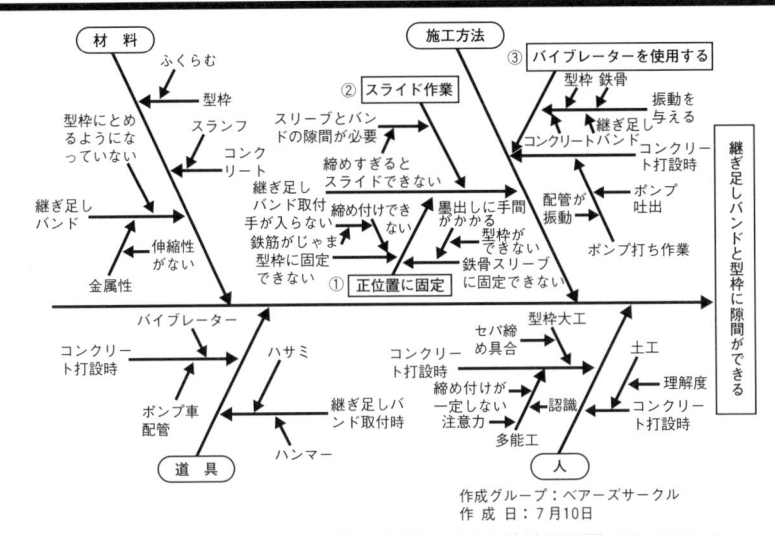

図 6.17 継ぎ足しバンドと型枠に隙間ができる特性要因図（鐵，1984）

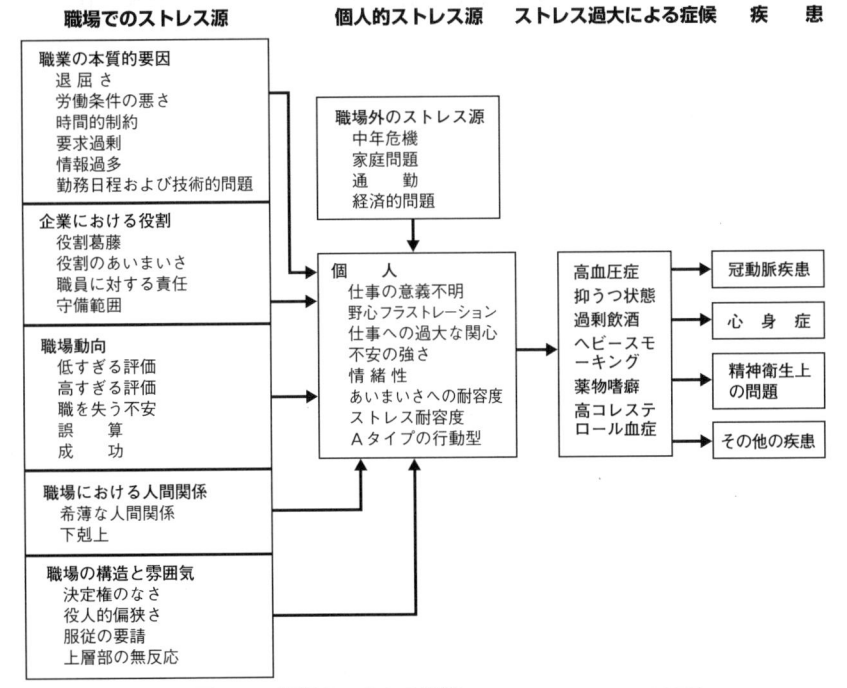

図 6.18 職場のストレス影響（Cooper & Marshall, 1976）

職場でのストレス源／個人的ストレス源／ストレス過大による症候／疾患

職業の本質的要因
- 退屈さ
- 労働条件の悪さ
- 時間的制約
- 要求過剰
- 情報過多
- 勤務日程および技術的問題

企業における役割
- 役割葛藤
- 役割のあいまいさ
- 職員に対する責任
- 守備範囲

職場動向
- 低すぎる評価
- 高すぎる評価
- 職を失う不安
- 誤算
- 成功

職場における人間関係
- 希薄な人間関係
- 下剋上

職場の構造と雰囲気
- 決定権のなさ
- 役人的偏狭さ
- 服従の要請
- 上層部の無反応

職場外のストレス源
- 中年危機
- 家庭問題
- 通勤
- 経済的問題

個人
- 仕事の意義不明
- 野心フラストレーション
- 仕事への過大な関心
- 不安の強さ
- 情緒性
- あいまいさへの耐容度
- ストレス耐容度
- Ａタイプの行動型

症候
- 高血圧症
- 抑うつ状態
- 過剰飲酒
- ヘビースモーキング
- 薬物嗜癖
- 高コレステロール血症

疾患
- 冠動脈疾患
- 心身症
- 精神衛生上の問題
- その他の疾患

歳代では「仕事のこと」が最大のストレスになっていることがわかる。男女ともに60歳代は多くの人々にとって仕事の第一線から退く時期であり，また，女性の30歳代は出産・育児と一時家庭内労働に専業することが多い時期であることを考えると，職場で働いている時期は何よりも仕事のことが一番のストレッサーになっていることがわかる。実際，日本生産性本部メンタル・ヘルス研究所が開発したJMI健康調査システムを利用した日本の大企業の従業員のうち，7％から13％の人たちが精神的に不安定気味の範囲に分布していて，平均で10％の人に精神的（メンタル）領域で，専門家に相談したらよいと思われている状態にある（久保田，1991）という指摘もある。また，一般的通説としては管理職の立場にあるほうがストレス状態に陥りやすいと考えられているが，今井・国吉（1995）は，ホワイトカラー，ブルーカラーのいずれにおいても，管理・監督的立場にいる者のほうがメンタル・ヘルス度が高いと報告しており（図6.20），メンタル・ヘルスは限られた少数の管理職のためのものでなく，大多数の一般社員にとってこそ急務の対策であると考えられる。さらに，現在のメンタル・ヘルスの動向が，診断・治療から予防・衛生へと変化を示していることを考え合わせると，もはやメンタル・ヘルスは全従業員の問題であると考えなければならない。メンタル・ヘルスの必要性が社会的にも認知されて，1988年には労働安全衛生法が改正され，心理相談員の制度が編入されたが，実状をみる限り，まだ十分な状況であるとはいえない。労働省が1995年に行った「労働安全衛生基本調査」において，労働者自身が健康管理を進めるうえで関心がある事項として「メンタル・ヘルス」に対する関心は35.3％（複数回答）で，「健康的な食生活情報」(60.1％)，「人間ドック・がん検診の情報」(38.8％)，「高齢化に供なう機能低下の予防」(36.5％) についで高いが，一方で，企業の健康管理制度の中にメンタル・ヘルス対策を組み込んでいるところは1994年時点で7.8％しかなく，ニーズとのギャップが著しい。今後さらに社会の変化速度が加速し，経済や産業の再編が進む中で心の健康を維持し続けるのは普通の人でも難しくなる。しかし，ストレッサーそのものに対するコントロールの方法を助言する上司や制度，あるいはストレスによって生じた心理生理的な反応をコントロールするためのリラクゼーション技法を教えてくれる心理相談員

6.2 産業場面における感情

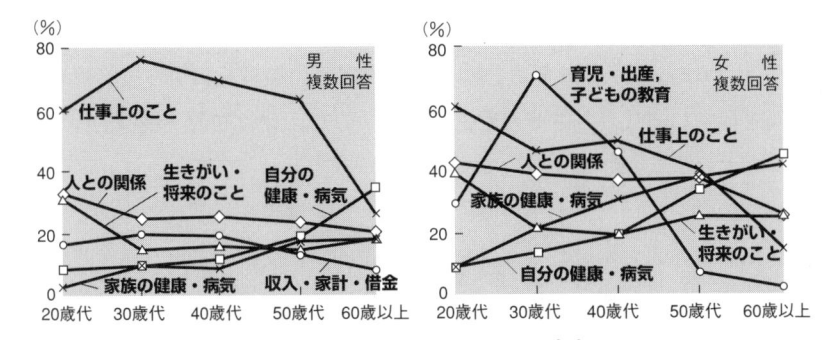

図 6.19 年齢階級別ストレスの内容
(財団法人健康・体力づくり事業財団「健康づくりに関する意識調査」, 1996)

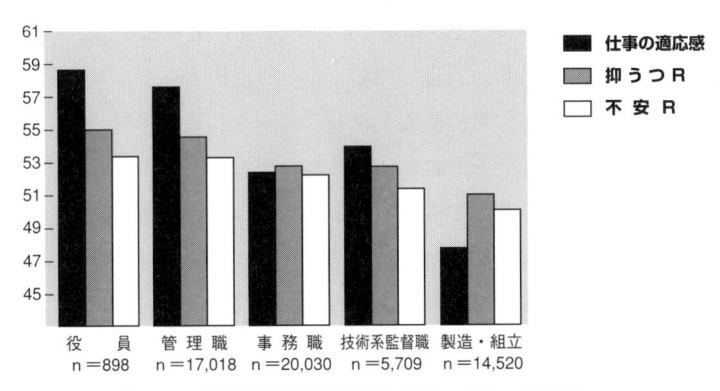

図 6.20 職種別の精神健康度 (今井・国吉, 1995)

や機関など，社会的支援 (social support) 体制が整備されれば，ストレスとうまくつき合う人々による健全なストレス社会の実現も夢ではない。

2. テクノストレス

職場でのストレスは人と人との関係に根ざすものが中心だと考えられてきたが，ME 技術の飛躍的な進歩によってコンピュータが職場に急速に普及した（**図 6.21**）。いわゆる OA 化である。かつて生産現場の機械化によって労働者は肉体労働を機械に肩代わりさせたが，事務作業の OA 化は知的・精神的作業をコンピュータに肩代わりさせた。

しかし，コンピュータを用いる作業のほとんどは現在対話式のものとなっており，作業者の入力に対してコンピュータが即座に反応や指示を示す点できわめて疑似的な対人コミュニケーションが成立している。これは人と機械の単なる仕事の分担ではなく，人と機械の相互作用的関わりの中に労働が位置づけられることを意味している。工場の機械化によって労働者が労働疎外感を感じるようになったことは前に述べたとおりであるが，新しい OA 機器によっても新たなストレスが労働者にもたらされ始めている。

墨岡 (1997) は，製造部門でのライン労働における精神的なストレスよりも，VDT 労働 (コンピュータの画面を見ながらの作業；**図 6.22**) は，はるかに強度の精神的緊張を生み出すと報告しており，その理由として，コンピュータ作業特有のメンタルな相互作用的要素とコンピュータ作業者の質 (高学歴な労働者) をあげている。作業そのものはメンタルな緊張をともなうものの，実際の単調作業に対して労働の意味を感じられないということがあるようだ。

また，現在のコンピュータはハードもソフトも人間工学的に十分なものであるとはいえず，その未成熟部分を使用者のほうで補完している状況である。そして，それがまたストレス発生の要因にもなっている。たとえば，コンピュータからのメッセージはコンピュータとの相互的コミュニケーションに不可欠な要素であり，メッセージの内容とタイミングいかんで，そのシステムにおけるヒューマン・マシン・インタフェースの完成度も変わってくる。濱 (1990) は，コンピュータからのエラー・メッセージを表現の優しさによって操作し (優しい条件，厳しい条件，統制条件)，それが作業に対する苦痛や作業者のコン

6.2 産業場面における感情

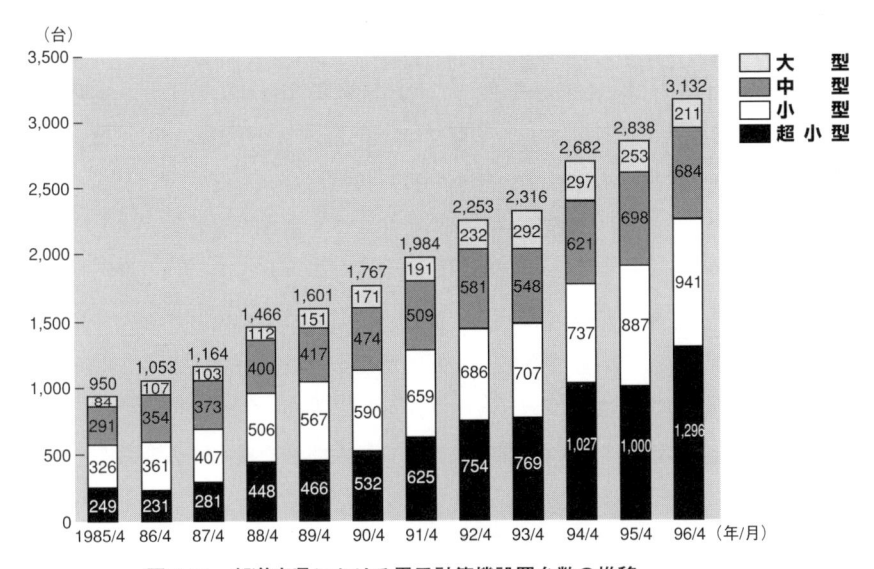

図 6.21 都道府県における電子計算機設置台数の推移
(自治大臣官房情報管理室「地方自治情報管理概要」, 1996)

図 6.22 不適応によるテクノストレス
これまでの経験や知識だけでは対処しきれないパソコン作業と格闘する管理職の姿。

ピュータに対する態度に及ぼす影響を検証する実験を行った。被験者に無意味な文字・記号列の入力作業をさせ，ミスなどをすれば**表6.8**のようなメッセージを条件に応じて画面に呈示した。それに対して被験者は，「スミマセン」か「ウルサイ」ボタンのどちらかを押して次の課題に進む。このような実験の結果，①厳しい条件下で作業をした被験者は，そのメッセージに対してはとげを感じたものの，作業中の辛さという点では，機械的なメッセージ（ビープ音と無言メッセージ）に終始する統制条件の被験者よりもまだましだと感じていた。また，厳しいメッセージが，より強い口調で繰り返されると，作業者の反応は攻撃的になる。②厳しいメッセージを受け，作業者はその内容にもかかわらずコンピュータに対して親近感を感じ友好的態度を形成した。ということが明らかとなった。このことは，コンピュータがもっと人間に近づけば（コンピュータの中身が人間に近づくという意味ではなく，人間との接点で人間らしく反応し，作業者にあたかも人間とコミュニケーションしているような錯覚を起こさせる程度に人間に近づくという意味），作業者のストレスが低減する可能性を示唆していよう。

3. テクノストレス症候群

ブロード（Broad, C.）は，コンピュータと関わりのある人々にみられる病理現象をテクノストレスとよんだはじめての心理学者であるが，ブロード（1984, 1989）は，テクノストレスをさらに**テクノ不安症**（technoanxious）と**テクノ依存症**（technocentered）に大別している。わが国でも1980年代に入ってからコンピュータ作業従事者は急増したが（**図6.23**），必ずしもみんなが喜んでコンピュータを受け入れているわけでない。とくにOLの中には，命令でやむなくコンピュータを使わせられている者が多く，そのような者の中にはコンピュータへの拒否感や恐怖感をもち，作業中の身体不調（眼精疲労，頭痛，倦怠感など）や日常生活での食欲不振，不眠などの抑うつ症状を訴えるテクノ不安症に陥っている者も少なくない。他方，コンピュータにのめり込んでしまうほどの過剰反応を示すテクノ依存症の者も増えている。ひと昔前はコンピュータに詳しい者はごく少数で「コンピュータおたく」などとよばれていたが，今ではごく普通の人々もコンピュータを扱うようになってきており，テクノ依存症も特

6.2 産業場面における感情

表 6.8 コンピュータからのメッセージ（濱, 1990）

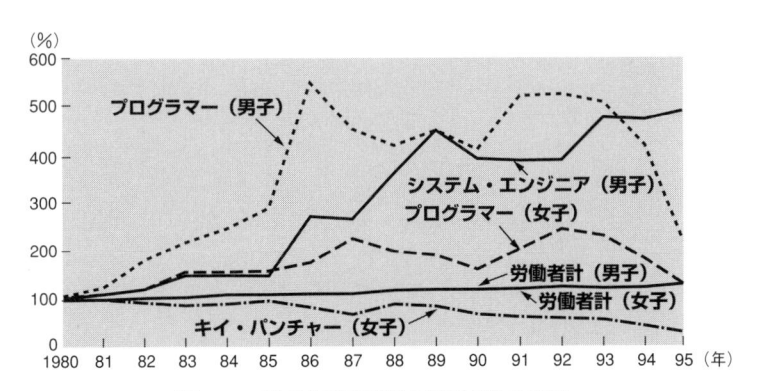

エラー＼条件	優しい条件	厳しい条件	統制条件
時間超過 （2回目まで）	少し遅いですね。 頑張ってください。	もっと速くしなさい。	……!!
時間超過 （3回目以降）	もう少し速くして下さい。	なぜこんなに遅いのですか。 愚図愚図しないでください。	……!!
HELPキーの使用 （2回目まで）	わかりました。	わかりました。 でも、そんなに難しいですか。	……!!
HELPキーの使用 （3回目以降）	わかりました。わからない。 ときはいつでもどうぞ。	またですか。 いい加減にしてください。	……!!
SHIFTキーエラー （2回目まで）	SHIFTを押してください。	SHIFTを押さないとだめです。	……!!
SHIFTキーエラー （3回目以降）	またSHIFTを忘れましたね。 落ちついてどうぞ。	SHIFTを押しなさいと言ったでしょう。 何回言えばわかるのですか。	……!!
カナキーエラー （2回目まで）	カナを押してください。	カナを押さないとだめです。	……!!
カナキーエラー （3回目以降）	またカナを忘れましたね。 落ちついてどうぞ。	カナを押しなさいと言ったでしょう。 何回言えばわかるのですか。	……!!
他の入力エラー （2回目まで）	間違っていますよ。	これではだめです。	……!!
他の入力エラー （3回目以降）	また間違っていますよ。 落ちついてやってください。	まちがっていると言ったでしょう。 何回言えばわかるのですか。	……!!

図 6.23 情報化関連職種の雇用者数の推移
（労働省「賃金構造基本統計調査」, 1997）
1980年を100とした。また, 労働者計は男女ともほぼ同じ値を示している。

定の人々のものでなくなった。テクノ依存症はテクノ不安症と異なり，自覚症状のないままに進行することが多く，周囲の人々の注意が必要である。テクノ不安症についてもテクノ依存症についても症状や診断の研究は進んでいるが，予防についてはこれといった決め手はなく，休息や，適度な運動，人づきあいのすすめなど常識的な範疇を出ていない。今後の研究が期待されるところである。

[参 考 図 書]

社会場面における感情については，
大坊郁夫・奥田秀宇（編）　1996　対人行動学研究シリーズ3──親密な対人関係の科学　誠信書房
社会的感情の中でとくに恋愛感情については，
松井　豊　1993　恋ごころの科学　セレクション社会心理学12巻　サイエンス社
産業場面における問題全般については，
西川一廉・森下高治・北川睦彦・田井中秀嗣・三戸秀樹・島田　修・田尾雅夫・足立明久　1990　新しい産業心理──21世紀のライフ・スタイルを求めて　福村出版
産業場面の中でとくにメンタル・ヘルスの実際については，
今井保次・国吉　空　1995　メンタル・ヘルスのすすめ──健康な組織成長する組織　生産性出版
がそれぞれ参考となる。

表 6.9　テクノストレス症候群の症状（春日，1997）

テクノ不安症の症状

- コンピュータに対する忌避感・嫌悪感が生じる。
- 短気になり，すぐにいらいらするようになる。
- 悪夢を見るようになる。
- 自信喪失，強い絶望感といったものを示す。
- いつも不安でうつ的な表情を示すようになる。

テクノ依存症の症状

- いつもコンピュータのことが頭を離れずその話題しかしない。
- コンピュータ以外の話には興味を示さない。
- 他人や家族への思いやりが欠如して見下すようになる。
- 人の反応を鈍く感じ，いらいらするようになる。
- 仕事が好きで限界を認めようとしない。
- コンピュータ作業環境から休息への切替えが困難になる。
- 心理的な葛藤や苦痛がない（自覚症状がない）。

付表目次

A．135の感情の階層的クラスター分析の結果 ················· 240
B．ストループ・テスト（Stroop Color-Word Test）記録用紙 ·········· 241
C．心理的イメージに関する質問紙 ····························· 242

付表A ● 135の感情の階層的クラスター分析の結果

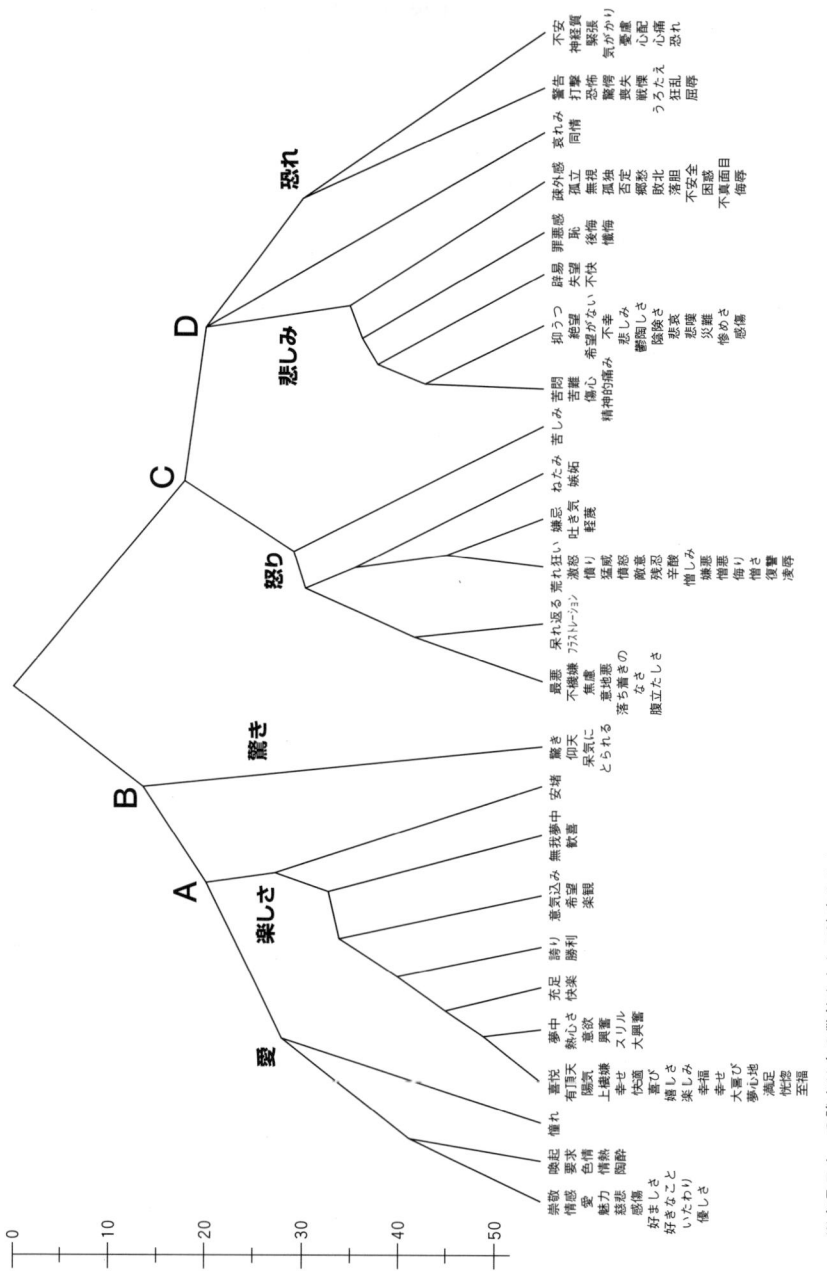

※クラスターの強さは左の数値をもとに決定された。

付　表

付表Ｂ ●ストループ・テスト記録用紙

氏名＿＿＿＿＿＿＿＿＿　年齢＿＿＿＿　性別＿＿＿＿　検査日＿＿＿＿＿

Ａ カード　　　　　　　　　　　　　　　　　　　　　　　　　時　間

きいろ　あか　あお　きいろ　みどり　あか　あお　あか　あお　きいろ（　　　）
あお　きいろ　きいろ　あお　あか　あお　きいろ　みどり　みどり　あか（　　　）
あか　みどり　みどり　あか　みどり　みどり　みどり　きいろ　あか　みどり（　　　）
みどり　あお　あお　きいろ　きいろ　きいろ　あか　あか　きいろ　みどり（　　　）
きいろ　あか　みどり　きいろ　あお　みどり　あか　みどり　みどり　あお（　　　）
あお　みどり　あか　あか　みどり　あか　みどり　あお　きいろ　きいろ（　　　）
あか　きいろ　きいろ　あか　あか　あお　あか　きいろ　みどり　みどり（　　　）
きいろ　あお　あか　あお　みどり　みどり　きいろ　あお　あお　あか（　　　）
みどり　あか　きいろ　あお　きいろ　あお　あか　みどり　あか　あお（　　　）
あお　あか　あお　みどり　あか　きいろ　あお　あお　きいろ　あか（　　　）

Ｂ カード　　　　　　　　　　　　　　　　　　　　　　　　　時　間

あお　みどり　あか　あお　きいろ　みどり　きいろ　あお　きいろ　あか（　　　）
みどり　あお　みどり　あか　みどり　きいろ　あお　あか　あお　きいろ（　　　）
あお　あか　あお　みどり　あか　きいろ　あお　あか　みどり　きいろ（　　　）
あか　きいろ　あか　あお　みどり　あお　みどり　きいろ　あお　きいろ（　　　）
あか　あお　きいろ　あか　みどり　あお　きいろ　あか　あお　きいろ（　　　）
みどり　あか　きいろ　あお　きいろ　みどり　あか　きいろ　みどり　あお（　　　）
みどり　あお　あか　きいろ　みどり　あか　みどり　あお　あか　きいろ（　　　）
あお　きいろ　みどり　きいろ　あお　あか　あお　みどり　あか　あお（　　　）
あか　あお　みどり　あか　あお　あか　きいろ　あか　みどり　きいろ（　　　）
みどり　きいろ　みどり　きいろ　あお　あか　きいろ　みどり　あか　あお（　　　）

Ｃ カード　　　　　　　　　　　　　　　　　　　　　　　　　時　間

あお　みどり　あか　あお　きいろ　みどり　きいろ　あお　きいろ　あか（　　　）
みどり　あお　みどり　あか　みどり　きいろ　あお　あか　あお　きいろ（　　　）
あお　あか　あお　みどり　あか　きいろ　あお　あか　みどり　きいろ（　　　）
あか　きいろ　あか　あお　みどり　あお　みどり　きいろ　あお　きいろ（　　　）
あか　あお　きいろ　あか　みどり　あお　きいろ　あか　あお　きいろ（　　　）
みどり　あか　きいろ　あお　きいろ　みどり　あか　きいろ　みどり　あお（　　　）
みどり　あお　あか　きいろ　みどり　あか　みどり　あお　あか　きいろ（　　　）
あお　きいろ　みどり　きいろ　あお　あか　あお　みどり　あか　あお（　　　）
あか　あお　みどり　あか　あお　みどり　きいろ　あか　みどり　きいろ（　　　）
みどり　きいろ　みどり　きいろ　あお　あか　きいろ　みどり　あか　あお（　　　）

付表C ●心理的イメージに関する質問紙
(QMI ; Questionnaire upon Mental Imagery)
(Betts, 1909：浜　治世訳)

視覚イメージ

I．けさ，あなたが朝食をとった時のテーブルのことを思い浮かべてください。あなたの目に浮かぶ光景に注意してみてください。そして，そのイメージに関する各質問に，1〜7の数字で答えてください。

1. 非常に明確で，実際に起こったことのように鮮明
2. かなり明確で，実際に起こったことと同じくらいに鮮明
3. やや明確で鮮明
4. 明確でも鮮明でもないが，存在することはわかる
5. あいまいでぼんやりしている
6. かなりあいまいでぼんやりしていて，存在するかどうかもわかりにくい
7. 全然イメージが浮かばない。何か，ものについて考えていることだけがわかる

A．輪郭・形・大きさについて
　1．ひと目で見渡したテーブル全体の様子……………………（　）
　2．いろいろな皿，コップなど……………………………………（　）
　3．スプーン，ナイフ，フォーク，はし……………………………（　）
　4．いろいろな食べ物（トースト・ごはん・サラダ）……………（　）

B．色について
　5．食卓の色………………………………………………………（　）

付　表

　　6．茶碗や皿の色……………………………………………（　）
　　7．スプーンやフォークなどの金属食器の色と輝き…………（　）
　　8．食べ物（たとえば，トースト，果物，みそ汁など）の色…（　）

Ⅱ．あなたがよく会う身近な人か，友人のことを思い浮かべてください。
　　あなたの目に浮かぶ光景に注意してみてください。そして，そのイメージに関する各質問に，1〜7 の数字で答えてください。

　1．非常に明確で，実際に起こったことのように鮮明
　2．かなり明確で，実際に起こったことと同じくらいに鮮明
　3．やや明確で鮮明
　4．明確で鮮明
　5．あいまいでぼんやりしている
　6．かなりあいまいでぼんやりしていて，存在するかどうかもわかりにくい
　7．全然イメージが浮かばない。何か，ものについて考えていることだけがわかる

　A．形，特徴などについて
　　9．顔，頭，肩，体型の正確な輪郭……………………………（　）
　　10．頭の向きや，体の姿勢など………………………………（　）
　　11．歩いている時の足の動き，歩幅…………………………（　）
　　12．服装の形，襟（えり），ネクタイ，帽子，靴のスタイル…（　）

　B．色について
　　13．皮膚の色と明るさ，顔色…………………………………（　）
　　14．何枚かの似通った服装の中で色の異なるもの……………（　）
　　15．髪の毛の色…………………………………………………（　）
　　16．目の色………………………………………………………（　）

Ⅲ. あなたが最近見た風景を思い浮かべてください。

あなたの目に浮かぶ光景に注意してみてください。そして，そのイメージに関する各質問に，1〜7の数字で答えてください。

1. 非常に明確で，実際に起こったことのように鮮明
2. かなり明確で，実際に起こったことと同じくらいに鮮明
3. やや明確で鮮明
4. 明確でも鮮明でもないが，存在することはわかる
5. あいまいでぼんやりしている
6. かなりあいまいでぼんやりしていて，存在するかどうかもわかりにくい
7. 全然イメージが浮かばない。何か，ものについて考えていることだけがわかる

A. 距離，大きさについて

17. 風景の全体像，あるいは実際の大きさ，距離……………（ ）
18. 木々や山や丘など特定のものの位置………………………（ ）
19. 特定の木々や家の大きさや形………………………………（ ）
20. ものが近くにある場合と，遠くにある場合の，各々の細かいところの見え具合の違い……………………………（ ）

B. 明るさと色について

21. 周辺の明るさ…………………………………………………（ ）
22. （光線のかげんで変化する）空や雲の濃淡………………（ ）
23. 何か特定のもののはっきりした色…………………………（ ）
24. 草の緑色や，雲の色の濃淡のちがい………………………（ ）

Ⅳ. 以下の文を入念に読んでください。

「暗殺者はこっそりと，犠牲者が寝ている寝台へ忍び寄った。そして，彼は一瞬立ちどまり，ためらいを感じた。穏やかで，安らかな白い顔が，やわらかな月光に照らし出されて気品を漂わせているのを見て，思わず恐ろしくなったのだ。いや，迷ってはならない！ 彼が振り上げた短剣は，キラッとひらめき，しばしのためらいの後，振りおろされた。犠牲者のけいれんが始まり，赤いしみが，ゆっくりと白いシーツを染めながら，床の上にしたたり落ちる。暗殺者は夜の闇に紛れて消え，犠牲者の冷たくなった身体が，徐々に硬直して行く。」

あなたの目に浮かぶ光景に注意してみてください。そして，そのイメージに関する各質問に，1～7の数字で答えてください。

1. 非常に明確で，実際に起こったことのように鮮明
2. かなり明確で，実際に起こったことと同じくらいに鮮明
3. やや明確で鮮明
4. 明確でも鮮明でもないが，存在することはわかる
5. あいまいでぼんやりしている
6. かなりあいまいでぼんやりしていて，存在するかどうかもわかりにくい
7. 全然イメージが浮かばない。何か，ものについて考えていることだけがわかる

A. 形と動きについて
25. 寝台に近づく暗殺者の姿と動き ………………………… ( )
26. 短剣を振りかざす前の暗殺者の位置と姿勢 ……………… ( )
27. 短剣を振りおろした時の様子 …………………………… ( )
28. 短剣を突き刺された時の犠牲者の動き ………………… ( )

B. 色と光について

29. 部屋の明るさの程度 …………………………………… (　)
30. 短剣のひらめき …………………………………………… (　)
31. 犠牲者の寝顔の色………………………………………… (　)
32. 血の色 ……………………………………………………… (　)

V. 以下の風景を思い浮かべてください。
　　そして，そのイメージに関する各質問に，1～7の数字で答えてください。

1. 非常に明確で，実際に起こったことのように鮮明
2. かなり明確で，実際に起こったことと同じくらいに鮮明
3. やや明確で鮮明
4. 明確でも鮮明でもないが，存在することはわかる
5. あいまいでぼんやりしている
6. かなりあいまいでぼんやりしていて，存在するかどうかもわかりにくい
7. 全然イメージが浮かばない。何か，ものについて考えていることだけがわかる

33. 地平線の向こうで稲妻がおこって明るくなる ………… (　)
34. 闇夜に，稲妻によって照りかえされた光景 …………… (　)
35. 地平線に落ちていく夕陽 ………………………………… (　)
36. 稲妻のかたち（枝分れして光る様子）………………… (　)
37. 澄んだ水の中を泳ぐ魚 …………………………………… (　)
38. 澄みきった冬の夜空に輝く星 …………………………… (　)
39. 暗闇にまたたく街の明かり ……………………………… (　)
40. 呼び出しのカードに印刷されたあなた自身の名前 …… (　)

付　表

聴覚イメージ

I．○○教授が授業の終わりに「次回は第5章をやります」と言ったところを頭に描いてください。
　　あなたの心の耳に響くその声に注意をこらしてください。そして，そのイメージに関する各質問に，1〜7の数字で答えてください。

1. 非常に明確で，実際に起こったことのように鮮明
2. かなり明確で，実際に起こったことと同じくらいに鮮明
3. やや明確で鮮明
4. 明確でも鮮明でもないが，存在することはわかる
5. あいまいでぼんやりしている
6. かなりあいまいでぼんやりしていて，存在するかどうかもわかりにくい
7. 全然イメージが浮かばない。何か，ものについて考えていることだけがわかる

1. 他の人とはまったく異なる声の特徴……………………（　）
2. 特徴のある発音の仕方………………………………………（　）
3. 声の大きさ……………………………………………………（　）
4. 声の高さ（ピッチ）…………………………………………（　）

II．よく聞く音を思い浮かべてください。
　　あなたの耳に響くその音に注意をこらしてください。そして，そのイメージに関する各質問に，1〜7の数字で答えてください。

1. 非常に明確で，実際に起こったことのように鮮明
2. かなり明確で，実際に起こったことと同じくらいに鮮明
3. やや明確で鮮明
4. 明確でも鮮明でもないが，存在することはわかる
5. あいまいでぼんやりしている
6. かなりあいまいでぼんやりしていて，存在するかどうかもわかりにくい
7. 全然イメージが浮かばない。何か，ものについて考えていることだけがわかる

   5. ピアノの演奏……………………………………………………（ ）
   6. 友人の歌う声……………………………………………………（ ）
   7. あなた自身が歌う声……………………………………………（ ）
   8. バイオリンの演奏………………………………………………（ ）

Ⅲ. 以下の音を思い浮かべてください。

   あなたの耳に響くその音に注意をこらしてください。そして，そのイメージに関する各質問に，1～7 の数字で答えてください。

1. 非常に明確で，実際に起こったことのように鮮明
2. かなり明確で，実際に起こったことと同じくらいに鮮明
3. やや明確で鮮明
4. 明確でも鮮明でもないが，存在することはわかる
5. あいまいでぼんやりしている
6. かなりあいまいでぼんやりしていて，存在するかどうかもわかりにくい
7. 全然イメージが浮かばない。何か，ものについて考えていることだけがわかる

   9. 窓をたたく雨音……………………………………………………（ ）

10. 汽車の汽笛……………………………………………（　）
11. ガラスが触れ合ってチリンとなる音………………（　）
12. ドアが，バタンと閉まる音…………………………（　）
13. 自動車の警笛…………………………………………（　）
14. ネコの鳴き声 …………………………………………（　）
15. 蒸気がでる音…………………………………………（　）
16. 拍手の音………………………………………………（　）
17. 新聞紙をめくる時のカサカサいう音………………（　）
18. 絹のドレスのすれる音………………………………（　）
19. 柱時計が時をうつ音…………………………………（　）
20. 蚊のブーンという羽音 ………………………………（　）

皮膚感覚イメージ

以下の「感じ」または感触を思い浮かべてください。
あなたの頭のなかの感触のイメージに注意をこらしてください。そして，そのイメージに関する各質問に，1～7の数字で答えてください。

1. 非常に明確で，実際に起こったことのように鮮明
2. かなり明確で，実際に起こったことと同じくらいに鮮明
3. やや明確で鮮明
4. 明確でも鮮明でもないが，存在することはわかる
5. あいまいでぼんやりしている
6. かなりあいまいでぼんやりしていて，存在するかどうかもわかりにくい
7. 全然イメージが浮かばない。何か，ものについて考えていることだけがわかる

  1. ビロード……………………………………………（ ）
  2. 絹……………………………………………………（ ）
  3. 濡れた石鹸…………………………………………（ ）
  4. 砂……………………………………………………（ ）
  5. 乾ききった枯葉……………………………………（ ）
  6. すべすべしたドアの取っ手………………………（ ）
  7. 毛糸の手袋…………………………………………（ ）
  8. 麻……………………………………………………（ ）
  9. 婦人用の毛皮のマフラー…………………………（ ）
  10. 握手…………………………………………………（ ）
  11. 他人の髪をさわる時の手の感触…………………（ ）
  12. やわらかく，心地よい寝台………………………（ ）

13. 針がチクッと刺さったときの感じ……………………………（ ）
14. 風呂に入って暖かい湯につかったときの感じ ……………（ ）
15. 顔につきささるような冷気…………………………………（ ）
16. 鼻のあたりで，ハエが飛んできてまとわりつく時………（ ）
17. とがったものでひっかいた時の痛み………………………（ ）
18. 火傷（やけど）の痛み………………………………………（ ）
19. 照りつける太陽光線の熱……………………………………（ ）
20. 風が強い日，顔にあたる風 …………………………………（ ）

運動感覚イメージ

以下の行為を行うことを思い浮かべてください。
あなたの頭の中に浮かぶ腕や足や唇に生じるイメージ（ただし，そのイメージを，なにか行動を起こす際の最初の筋肉の動きに結びついたことがらと混同しないでください）を注意深く思い浮かべてください。そして，そのイメージに関する各質問に，1～7の数字で答えてください。

1. 非常に明確で，実際に起こったことのように鮮明
2. かなり明確で，実際に起こったことと同じくらいに鮮明
3. やや明確で鮮明
4. 明確でも鮮明でもないが，存在することはわかる
5. あいまいでぼんやりしている
6. かなりあいまいでぼんやりしていて，存在するかどうかもわかりにくい
7. 全然イメージが浮かばない。何か，ものについて考えていることだけがわかる

  1. 階段を駆けあがる……………………………………（　）
  2. 溝を飛びこえる………………………………………（　）
  3. 紙の上に円を書く……………………………………（　）
  4. 自分の名前を書く……………………………………（　）
  5. 重いものを持ちあげる………………………………（　）
  6. 車に乗り遅れないように懸命に走る………………（　）
  7. 高い棚に手をのばす…………………………………（　）
  8. うっとうしいハエをたたく…………………………（　）
  9. 同意してうなづく……………………………………（　）
  10. 低い椅子から急に立ちあがる………………………（　）

付　表

11. 重いハンドバッグを持つ……………………………………（　）
12. 友達に向かって手をふる…………………………………（　）
13. できるだけ早く，口に出して10 までかぞえる …………（　）
14. ボールを投げる　……………………………………………（　）
15. 道の外へ何かものを蹴り出す………………………………（　）
16. 靴ひもを結ぶために身をかがめる…………………………（　）
17. 両手で体重を支える…………………………………………（　）
18. バットでボールをたたく……………………………………（　）
19. テーブルで重い皿を受け渡しする…………………………（　）
20. 頭上にある物体を見るために，頭を後に傾ける …………（　）

味覚イメージ

以下の味覚を思い浮かべてください。
あなたの頭に浮かぶ，口に生じるイメージを注意深く思い浮かべてください。
そして，そのイメージに関する各質問に，1〜7の数字で答えてください。

1. 非常に明確で，実際に起こったことのように鮮明
2. かなり明確で，実際に起こったことと同じくらいに鮮明
3. やや明確で鮮明
4. 明確でも鮮明でもないが，存在することはわかる
5. あいまいでぼんやりしている
6. かなりあいまいでぼんやりしていて，存在するかどうかもわかりにくい
7. 全然イメージが浮かばない。何か，ものについて考えていることだけがわかる

1. 塩……………………（ ）
2. 苦い食べもの………（ ）
3. グラニュー糖………（ ）
4. レモン………………（ ）
5. オレンジ……………（ ）
6. チョコレート………（ ）
7. ゼリー………………（ ）
8. 大根…………………（ ）
9. 酢……………………（ ）
10. 胡椒（こしょう）…（ ）
11. チーズ………………（ ）
12. あなたの好きなスープ…（ ）
13. コーヒー……………（ ）
14. お茶づけ……………（ ）
15. ビーフステーキ……（ ）
16. 目玉焼き……………（ ）
17. ピーナッツ…………（ ）
18. あなたの好きなキャンディ（ ）
19. 西瓜（すいか）……（ ）
20. パイナップル………（ ）

嗅覚イメージ

以下のにおいを思い浮かべてください。
あなたの頭に浮かぶ，においのイメージを注意深く思い浮かべてください。
そして，そのイメージに関する各質問に，1〜7の数字で答えてください。

1. 非常に明確で，実際に起こったことのように鮮明
2. かなり明確で，実際に起こったことと同じくらいに鮮明
3. やや明確で鮮明
4. 明確でも鮮明でもないが，存在することはわかる
5. あいまいでぼんやりしている
6. かなりあいまいでぼんやりしていて，存在するかどうかもわかりにくい
7. 全然イメージが浮かばない。何か，ものについて考えていることだけがわかる

1. バラの花……………（ ）
2. たまねぎ……………（ ）
3. 換気の悪い部屋………（ ）
4. 煙草の煙……………（ ）
5. コーヒー……………（ ）
6. いためたキャベツ……（ ）
7. あなたの好きな香り……（ ）
8. 火や灯油が燃えつきたときの匂い………（ ）
9. 汽車の煙……………（ ）
10. ローストビーフ………（ ）
11. 毛皮のコート…………（ ）
12. ナフタリン（樟脳）……（ ）
13. 新品のペンキ…………（ ）
14. あなたが嫌いな香り（匂い）………（ ）
15. 紅茶…………………（ ）
16. 金木犀(キンモクセイ)…………（ ）
17. 刈りとったばかりの芝生（ ）
18. 焼肉…………………（ ）
19. 新品の皮……………（ ）
20. チーズ………………（ ）

内臓感覚イメージ

以下に示された各々の感覚を思い浮かべてください。
あなたの頭に浮かぶイメージを注意深く思い浮かべてください。そして，そのイメージに関する各質問に，1〜7の数字で答えてください。

1. 非常に明確で，実際に起こったことのように鮮明
2. かなり明確で，実際に起こったことと同じくらいに鮮明
3. やや明確で鮮明
4. 明確でも鮮明でもないが，存在することはわかる
5. あいまいでぼんやりしている
6. かなりあいまいでぼんやりしていて，存在するかどうかもわかりにくい
7. 全然イメージが浮かばない。何か，ものについて考えていることだけがわかる。

1. 頭痛………………………………………………………… (　)
2. 疲労………………………………………………………… (　)
3. 空腹感……………………………………………………… (　)
4. のどの痛み………………………………………………… (　)
5. 健康で活力とバイタリティーにあふれた感じ………… (　)
6. うとうとした感じ………………………………………… (　)
7. 鼻かぜ……………………………………………………… (　)
8. のどの渇き………………………………………………… (　)
9. 吐き気……………………………………………………… (　)
10. 満腹感……………………………………………………… (　)

引用文献

【第1章】

Arnold, M.B. 1945 Physiological differentiation of emotional states. *Psychological Review*, **52**, 35-48.
Arnold, M.B. 1960 *Emotion and personality* (2vols). New York: Columbia University Press.
Arnold, M.B. 1970 *Feelings and emotions*. New York: Academic Press.
Arnold, M.B., & Gasson, J.A. 1954 Feelings and emotions as dynamic factors in personality integration. In M.B. Arnold & J.A. Gasson (Eds.), *The human person*. New York: Ronald.
Averill, J.R. 1980 A constructive view of emotion. In R.Plutchik & H.Kellerman (Eds.), *Emotion: Theory, research, and experience*. Vol.1. *Theories of emotion*. New York: Academic Press. Pp.305-339.
Ax, A.F. 1953 The physiological differentiation between fear and anger in humans. *Psychosomatic Medicine*, **15**, 433-442.
Bard, P. 1928 A diencephalic mechanism for the expression of rage with special reference to the sympathetic nervous system. *American Journal of Physiology*, **84**, 490-515.
Bell, C. 1806 *Anatomy and philosophy of expression*. Longmans.
Buck, R.W. 1985 Prime theory: An integrated view of motivatio and emotion. *Psychological Review*, **92**, 389-413.
Buck, R.W. 2000 *Motivation, emotion, and cognition: A developmental-interactionist view*. Presentaion at Doshisha University.
Cacioppo, J.T., Kleon, D., Berntson, G.G., & Hatfield, E. 1993 The psychophysiology of emotion. In M.Lewis & J.M. Haviland (Eds.), *Handbook of emotions*. New York: The Guilford Press. Pp.119-142.
Cannon, W.B. 1915 *Bodily changes in pain, hunger, fear and rage* (2nd ed. 1929). New York: Appleton-Century.
Cannon, W.B. 1927 The James-Lange theory of emotions: A critical examation and an alternative theory. *American Journal of Psychology*, **39**, 106-124.
Cannon, W.B. 1931 Again the James-Lange and the thalamic theories of emotions. *Psychological Review*, **38**, 281-295.
Cannon, W.B. 1932 *The wisdom of the body* (2nd ed. 1939). New York: Norton.
Conelius, R.R. 1996 *The science of emotion: Research and tradition in the psychology of emotion*. NJ, Upper Saddle River: Prentice-Hall.
Dollard, J., & Miller, N. E. 1950 *Personality and psychotherapy; an analysis in terms of learning, thinking, and culture*. NY: Mcgraw-Hill.
Darwin, C. 1965 *The expression of the emotions in man and animals*. Chicago:University of Chicago Press (Original work Published 1872).
Davidson, R.J., & Fox, N.A. 1982 A symmetrical brain activity discriminates between positive versus negative affective stimuli in human infants. *Science*, **218**, 1235-1237.
Daviz, J.R. 1969 *The language of emotions*. New York: McGraw-Hill.
Ekman, P. 1972 Universals and cultural differences in facial expressions of emotion. In J.Cole (Ed.), *Nebraska Symposium on Motivation*. Vol.19, Lincoln: University of Nebraska Press. Pp.207-283.

Ekman, P.　1982　*Emotion in the human face.* 2nd ed. Cambridge: Cambridge University Press.
Ekman, P.　1992　An argument for basic emotions. *Cognition and Emotions*, **6**, 169-200.
Ekman, P., & Friesen, W.V.　1974　Detecting deception from the body or face. *Journal of Personality and Social Psychology*, **29**, 288-298.
Ekman, P., & Friesen, W.V.　1975　*Unmasking the face.* Englewood, NJ: Prentice Hall.
Ekman, P., & Friesen, W.V.　1976　*Picture of facial affect.* Palo Alto, CA: Consulting Psychologist Press.
Ekman, P., & Friesen, W.V.　1978　*The facial action coding system: A technique for the measurement of facial action.* Palo Alto, CA: Consulting Psychologist Press.
Ekman, P., Friesen, W.V., O'Sullivan, M., Diacoyanni-Tarlatzis, I., Krause, R., Pitcairn, T., Scherer, K., Chan, A., Heider, K., LeCompte, W.A., Ricci-Bitti, P.E., Tomita, M., & Tzavaras, A.　1987　Universals and cultureal differences in the judgments of facial expressions of emotion. *Journal of Personality and Social Psychology*, **53**, 712-717.
遠藤利彦　1996　喜怒哀楽の起源――情動の進化論・文化論　岩波科学ライブラリ　岩波書店
Fridlund, A.J.　1991　Sociality of solitary smiling: Potentiation by an implicit audience. *Journal of Personality and Social Psychology*, **60**, 229-240.
Fridlund, A.J.　1994　*Human facial expression: An evolutionary view.* London: Academic Press.
Frijda, N.　1986　*The emotions.* Cambridge, Englamd: Cambridge University Press.
福井康之　1990　感情の心理学　川島書店
Gardiner, H.G., Metcalf, R.G., & Beebe-Center, J.G.　1937　*Feeling and emotion.* NY: American Book.　矢田部達郎・秋重義治（訳）1964　感情心理学史　理想社
Gary, J.A.　1982　*The neuropsychology, of anxiety: An enquiry into the functions of the Septo-hippocampal System.* Oxford: Oxford University Press.
浜　治世（編）　1981　動機・情緒・人格　現代基礎心理学8　東京大学出版会
Hoisington, L.B.　1928　Pleasantness and unpleasantness as modes of bodily experience. *Feelings and emotions: The Witterberg Symposium.* Worcester, Mass.: Clark University Press. Pp. 236-246.
伊藤正男　1997　脳の不思議　岩波科学ライブラリ　岩波書店
Izard, C.　1971　*The face of emotion.* New York: Appleton-Century-Crofts.
Izard, C.　1977　*Human emotions.* New York: Plenum Press.
James, W.　1884　What is emotions? *Mind*, **4**, 188-204.
James, W.　1890　*The principle of psychology.* Henry, Holt.
Johnson-Laird, P.N., & Oatley, K.　1989　The language of emotions: An analysis of a semantic field. *Cognition and Emotion,* **3**, 81-123.
Krainess, S.H.　1953　Emotions: A physiological process. *Psychosomatic*, **4**. 313-324.
Lange, C.G.　1885　Uber Gemuthsbewegungen. Lipzig: Thomas. In K.Dunlop (Ed.),　1992　*The emotions: A psychophysiological study.* New York: Hafner Publishing. Pp. 33-90.
Lanzetta, J.T., Cartwright-Smith, J., & Kleck, R.E.　1976　Effects of nonverbal dissimulation on emotional experience and autonomic arousal. *Journal of Personality and Social Psychology*, **33**, 354-370.
Larsen, R.J., & Diener, E.　1992　Promises and problems with the circumplex model of emotion. In M.S. Clark (Ed), *Emotion. Review of personality and social psychology,* No. 13. (pp. 25-59). Thousand Oaks, CA, US: Sage Publications.
Lazarus, R.S.　1966　*Psychological stress and the coping process.* New York: McGraw-Hill.
Lazarus, R.S.　1984　On the primacy of cognition. *American Psychologist*, **39**, 124-129.
Lazarus, R.S.　1968　*Emotions and adaptation: Conceptual and emprical relations.* Nebraska

symposium on motivation. Lincoln: University of Nebraska Press.
Lazarus, R.S., & Alfert, E. 1964 Short-circuiting of threat by experimentally altering cognitive appraisal. *Journal of Abnormal and Social Psychology*, **69**, 195-205.
LeDoux, J.E. 1987 Emotion. In F.Plum (Ed.), *Handbook of Physiology: Section I. The nervous system*. Vol.5. *Higher functions of the brain*. Bethesda, MD: American Physiological Society. Pp.419-460.
Lehmann, A. 1892 *Hauptgesetze des menschlichen Gefühlselbens*. Reisland.
Levenson, R.W., Ekman, P., & Friesen, W.V. 1990 Voluntary facial action generates emotion-specific autonomic nervous system activity. *Psychophysiology*, **27**, 363-384.
Lewis, M. 1993 The emergence of human emotions. In M.Lewis & J.M. Haviland (Eds.), *Handbook of emotions*. New York: The Guilford Press. Pp. 223-235.
MacLean, P.D. 1968 Psychosomatic disease and the "visceral brain"; recent developments bearing on the Papez theory of emotion. *Psychosomatic Medicine*, **11**, 338-353.
MacLean, P.D. 1990 *The triune brain in evolution: Role in paleocerebral functions*. New York: Plenum Press.
松山義則・浜 治世 1974 感情心理学1 誠信書房
McDougall, W. 1926 The hypothesis of inhibition by drainage. *Psychological Review*, **33**, 370-374.
Mandler, G. 1975 *Mind and emotion*. New York: Wiley.
Millenson, J.R. 1967 *Principles of behavioural analysis*. New York: Macmillan.
Miller, N.E. 1969 Learning of visceral and glandular responses. *Science*, **163**, 434-445.
Miller, N.E. 1988 *Medical psychology. The Neesima Lectures*. Doshisha University Press.
Mowere, O.H. 1960 *Learning theory and behavior*. New York: Wiley.
Murphy, S.T., & Zajonc, R.B. 1993 Affect, cognition, and awareness: Affective priming with optimal and suboptimal stimulus exposures. *Journal of Personality and Social Psychology*, **64**, 723-739.
Murray, E. J. 1964 *Motivation and emotion*. Prentice-Hall. 八木 冕（訳） 1966 動機と情緒 岩波書店
Nafe, J. P. 1924 An experimental study of affective qualities. *American Journal of Psychology*, **35**, 507-544.
Nafe, J. P. 1927 The psychology of felt experience. *American Journal of Psychology*, **39**, 367-389.
中村 真 1996 表情とコミュニケーション 線維消費者科学雑誌, **37**, 4-9.
小川時洋・鈴木直人 1998 閾下感情的プライミング効果の検討 感情心理学研究, **5**, 70-77.
Oatley, K., & Johnson-Laird, P. 1987 Towards a cognitive theory of emotions. *Cognition and Emotion*, **1**, 29-50.
Oatley, K., & Jenkins, J.M. 1996 *Understanding emotions*. Blackwell.
Oatley, K., & Turner, T.J. 1990 What's basic about basic emotions? *Psychological Review*, **97**, 315-331.
Ortony, A., Clore, G., & Collins, A. 1988 *The cognitive structure of emotions*. Cambridge, England: Cambridge University Press.
大山 正（編）1986 学術用語集 心理学編 日本学術振興会
Panksepp, J. 1982 Toward a general psychobiological theory of emotions. *Behavioral and Brain Sciences*, **5**, 407-467.
Papez, J.W. 1937 A proposed mechanism of emotion. *Archives of Neurology and Psychiatry*, **38**, 725-743.

Plutchik, R. 1980 *Emotions: A psychoevolutionary synthesis*. New York: Harper & Row.
Ribot, T. 1896 *La psychologie des sentiments*. Paris: Alcan.
Roseman, I.J. 1984 Cognitive determinants of emotions: A structural theory. In P. Shaver (Ed.), *Review of personality and social psychology: Emotions, relationships, and health*, Vol.5. Beverly Hills, CA: Sage. Pp.11-36.
Ruckmick, C.A. 1936 *Psychology of feeling and emotion*. New York: McGraw-Hill.
Russell, J.A. 1980 A circumplex model of affect. *Journal of Personality and Social Psychology*, **39**, 1161-1178.
Russell, J.A. 1991 Culture and the categorization of emotions. *Psychological Bulletin*, **110**, 426-450.
Russell, J.A. 1997 Reading emotions from and into faces. In J.A. Russell & J.M. Fernandez-Dols (Eds.), *The psychology of facial expression*. Paris: Cambridge University Press. Pp. 295-320.
Russell, J.A., & Bullock, M. 1985 Multidimensional scaling of emotional facial expressions: Similarity from preschoolers to adults. *Journal of Personality and Social Psychology*, **48**, 1290-1298.
Russell, J.A., & Lanius, U.F. 1984 Adaptation level and the affective appraisal of environments. *Journal of Environmental Psychology*, **4**, 119-135.
Russell, J.A., Suzuki, N., & Ishida, N. 1993 Canadian, Greek, and Japanese freely produced emotion labels for facial expressions. *Motivation and Emotion*, **17**, 337-354.
Saarni, C. 1982 Social and affective functions of nonverbal behavior. In R.S. Feldman (Ed.), *Development of nonverbal behavior in children*. New York: Springer-Verlag.
Schacter, S., & Singer, W.B. 1962 Cognitive, social, and psychological determinants of emotional state. *Psychological Review*, **69**, 379-399.
Scherer, K.R. 1992 Emotions are biologically and socially constituted: A response to Greenwood. *New Ideas in Psychology*, **10**, 19-22.
Scherer, K.R. 1995 In defense of a nomothetic approach to studying emotion-antecedent appraisal. *Psychological Inquiry*, **6**, 241-248.
Schlosberg, H. 1952 The description of facial expression in terms of two dimensions. *Journal of Experimental Psychology*, **44**, 229-237.
Schlosberg, H. 1954 Three dimensions of emotion. *Psychological Review*, **61**, 80-81.
Schwartz, G.E. 1972 Voluntary control of human cardiovascular integration and differentiation through feedback and reward. *Science*, **175**, 90-93.
Shapiro, D., Crider, A., & Tursky, B. 1968 Classical conditioning and incubation of human diastolic blood pressure. *Conditional Reflex*, **3**, 132-133.
Shapiro, D., & Schwartz, G.E. 1972 Biofeedback and visceral learning: Clinical applications. *Seminars in Psychiatry*, **4**, 171-184.
Shaver, P., Schwartz, J., Kirson, D., & O'Connor, C. 1987 Emotion knowledge: Further exploration of a prototype approach. *Journal of Personality and Social Psychology*, **52**, 1061-1086.
Shaver, P., Wu, S., & Schwartz, J.C. 1992 Cross-cultural similarities and differences in emotion and its representation: A prototype approach. In M.S. Clark(Ed.), *Emotion*. Newbury Park, CA: Sage. Pp. 175-212.
Skinner, B.F. 1990 感情の科学のアウトライン 松山義則・浜 治世 (監訳) E.A. ブレックマン (編) 家族の感情心理学 北大路書房 (Blechman, E.A. 1990 *Emotions and the family -For better or for worse-* . Lawrence Erlbaum Association.)

Sorenson, E.R. 1976 *The edge of the forest: Land, childhood and change in a New Guineaprotoagricultural society*. Washington, DC: Smithsonian Institution Press.
Spencer, H. 1870 *The principle of psychology*, 2nd ed.
Strongman, K.T. 1995 Theories of anxiety. *New Zealand Journal of Psychology*, **24**, 4-10.
田中吉資 1998 重心の前後変化を指標とした感情のラテラリティ 日本心理学会第62回大会発表論文集, 613.
Titchener, E. B. 1899 Zur kritik der Wundtchen Gefühlslehre. *Zeitschrift für Psychology*, **19**, 321-326.
Titchener, E. B. 1908 *Lectures on the elementary psychology of feelings and affection*. New York: MacMillan.
Titchener, E. B. 1920 Notes from the psychological laboratory of Cornell University. *American Journal of Psychology*, **31**, 212-214.
Tolman, E.C. 1923 Mr. Mursell's Concept of Sensation. *Journal of Philosophy*, **20**, 271-272.
Tomkins, S.S. 1962 *Affect, imagery, and consciousness:* Vol.1. *The positive affects*. New York: Springer.
Tomkins, S.S. 1963 *Affect, imagery, and consciousness:* Vol.2. *The negative affects*. New York: Springer.
Tourangeu, R., & Ellsworth, P.C. 1979 The role of facial response in the experience of emotion. *Journal of Personality and Social Psychology*, **37**, 1519-1531.
Valins, S. 1966 Cognitive effects of false heart-rate feedback. *Journal of Personality and Social Psychology*, **4**, 100-108.
Watson, J.B. 1913 Psychology as the behaviorist views it. *Psychological Review*, **20**, 158-177.
Watson, J.B. 1930 *Behaviorism* (revised ed.). Chicago: University of Chicago Press. 安田一郎（訳）行動主義の心理学 河出書房
Watson, J.B., & Rayner, R. 1920 Conditioned emotional reactions. *Journal of Experimental Psychology*, **3**, 1-14.
Waynbaum, I. 1907 *La physionomie humanie: Son mécanisme et son rôle social*. Paris: Alcan. Cited in R.B. Zajonc 1985 Emotion and facial efference: A theory reclaimed. *Science*, **228**, 15-21.
Weiner, B. 1984 Psychological colloquia as exercises in impression management. *American Psychologist*, **39**, 926.
Woodworth, R.S. 1938 *Experimental Psychology*. Holt.
Witvliet, C.vanO., & Vrana, S.R. 1995 Psychophysiological responses as indices of affective dimension. *Psychophysiology*, **32**, 436-443.
Wundt, W. M. 1874 *Grudzuger der physiologischen Psychologie*. Engelmann.
Wundt, W. 1896 *Grundriss der Psychologie*. Engelmann.
Wundt, W. 1904 *Völkerpsychologie: Eine Untersuchung der Entwicklungsgesetze*. Engelmann.
Wundt, W. 1910 *Grundzüge der physiologischen Psychologie*, 6th ed. Engelmann.
八木冕 1966 動機と情緒 現代心理学入門3 岩波書店
Zajonc, R.B. 1980 Feeling and thinking: Preferences need no inferences. *American Psychologist*, **35**, 151-175.
Zajonc, R.B. 1984 On the primacy of affect. *American Psychologist*, **39**, 117-123.
Zajonc, R.B., Murphy, S., & Inglehart, M. 1989 Feeling and facial efference: Implications of the vascular theory of emotion. *Psychological Review*, **96**, 395-416.

【第2章】

Betts, G. H. 1909 The distribution and function of mental imagery. *Contribution to Education*. Columbia University, **26**, 1-48.
Buck, L., & Kates, S. L. 1963 Perceptual categorizations of love and anger cues in schizophrenics. *Journal of Abnormal and Social Psychology*, **67**, 480-490.
榎本百合子・林　朋子・井澤知子・村井清美　1980　音声産出における情動の意味次元および非言語的情報の分析　同志社心理, **27**, 25-35.
Frey, M. v. 1927 Eine Bemerkung uber den sogenannten Vibrationssinn. *Zeitschrift für Biologie*, **85**, 539-541.
Frey, M. v. 1929 Zur Theorie der Temperaturempfindung. *American Journal of Physiology*, **90**, 351.
藤田啓子　1970　触覚および味覚が Affection に及ぼす効果——正常者と精神分裂病者を対象に　同志社心理, **18**, 31-46.
浜　治世　1992　愛の心理学的研究　文化学年報, **41**, 12-55.
浜　治世　1997　触感の研究—— bright pressure と dull pressure および乳癌患者のロールシャッハ濃淡反応　文京女子大学紀要（人間学部）, **1**, 109-138.
浜　治世（編）　1981　現代基礎心理学5　動機・情緒・人格　東京大学出版会
浜　治世・橋本惠以子　1985　Stroop Color-Word Test によるコンフリクトの発達的研究　心理学研究, **56**, 175-179.
浜　治世・日比野英子　1986　視覚心像及び聴覚心像の鮮明さとロールシャッハ反応　日本心理学会第49回大会発表論文集, 308.
浜　治世・日比野英子　1987　心像の鮮明さとロールシャッハ反応　日本心理学会第50回大会発表論文集, 293.
浜　治世・日比野英子　1988　心像の鮮明さとロールシャッハ反応　日本心理学会第51回大会発表論文集, 330.
浜　治世・松山義則・三根久代・三根　浩　1982　感情喚起刺激が感情生起過程に及ぼす効果（XX）——性的感情と瞳孔反応　日本心理学会第46回大会予稿集, 218.
Hama, H., Mine, H., & Matsuyama, Y. 1981 Cross-modality validation of affective arousal by texture. *Japanese Psychological Research*, **23**, 196-202.
浜　治世・三根　浩・片岡　朗　1978　粗さの異なる触覚刺激によって喚起される感情の評価　関西心理学会第90回大会発表論文集
浜　治世・三根久代　1995　痒みに関する実験心理学的および臨床心理学的研究　心理学モノグラフ, 24.
浜　治世・三根久代・松山義則・三根　浩　1982　感情喚起刺激が感情生起過程に及ぼす効果（XXI）——長芋による痒みの生起　日本心理学会第46回大会予稿集
浜　治世・宮崎良文　1998　照度の違いとにおい物質の吸入が生体に及ぼす影響——不安尺度の違いによる影響の変化　日本感情心理学会第6回大会発表要旨
浜　治世・斉木久代・三根　浩　1980　感情喚起刺激が感情生起過程に及ぼす効果（XVII）——視覚的図形刺激を用いて　関西心理学会第92回大会発表論文集
浜　治世・鈴木直人・田辺毅彦　1984　痒みの実験心理学的研究——視覚的・聴覚的刺激を用いて　関西心理学会第96回大会論文集
浜　治世・田辺毅彦　1984　感情に伴う身体変化の局所性（I）——刺激に関する基礎的研究　日本心理学会第48回大会発表論文集, 296.
Hama, H., Yogo, M., & Matsuyama, Y. 1996 Effects of stroking horses on both humans' and horses' heart rate responses. *Japanese Psychological Research*, **38**, 66-73.

引用文献

濱　保久・三根　浩・松山義則　1979　性的語に含まれる感情的情動的意味　心理学研究, **50**, 110-112.

Hess, E. H.　1965　Attitude and pupil size. *Scientific American*, **212**, 46-54.

日比野英子・浦田　洋・津田兼六・松山義則　1984　感情に伴う身体的変化の局所性（III）——怒り・恐れのイメージを用いて　日本心理学会第48回大会発表論文集, 298.

Hilgard, E. R., & Hilgard, J. R.　1975　*Hypnosis in the relief of pain*. William Kaufman.

平野佐敏・蒲田幸雄　1974　性の感情評価に関する一考察——音声および色刺激を用いて　同志社心理, **21**, 9-14.

廣田昭久　1992　イメージ時の心拍, 呼吸, 前頭筋EMG, 末梢皮膚温に及ぼす意味情報の効果　心理学研究, **63**, 38-41.

Hoisington, L. B.　1928　*Pleasantness and unpleasantness as modes of bodily experience. Feelings and emotions: The Witterberg Symposium.* Worcester, Mass.: Clark University Press, 236-246.

Kappauf, W. E., Burright, R. G., & DeMarco, W.　1963　Sucrose-quinine mixture which are isohedonic for the rat. *Journal of Comparative and Physiological Psychology*, **56**, 133-143.

城戸幡太郎・吉田正吉　1937　嗅覚における様相通有性について　心理学研究, **12**, 95-111.

Lang, P. J.　1979　A bio-informational theory of emotional imagery. *Psychophysiology*, **16**, 495-512.

松山義則　1981　現代の心理学7　人間のモチベーション　培風館

松山義則・浜　治世　1974　感情心理学　第1巻　誠信書房

松山義則・浜　治世・川村安子・三根　浩・森田久美子　1975　感情喚起刺激が感情喚起過程に及ぼす効果（III）——ロールシャッハFc反応と感情喚起　日本心理学会第41回大会発表論文集, 434-435.

松山義則・浜　治世・三根久代　1983　文学作品における愛情表出　日本心理学会第47回大会発表論文集

松山義則・浜　治世・中井英子・佐藤　豪　1977　感情喚起刺激が感情生起過程に及ぼす効果（VI）——温度刺激を用いて　関西心理学会第89回大会発表論文集, 31.

松山義則・浜　治世・真田利用　1972　運動手がかりによる情動判断　正常者および精神分裂病者を用いて　日本心理学会第36回大会発表論文集, 182.

松山義則・荘厳舜哉　1972　言語表出による情動伝達と人格要因（MAS）の効果　日本心理学会第36回大会発表論文集

本宮弥兵衛　1935　日本語母音のフォルマントに就いて　心理学研究, **10**, 137-143.

Nafe, J. P.　1924　An experimental study of affective qualities. *The American Journal of Psychology*, **35**, 507-544.

Nafe, J. P.　1927　The psychology of felt experience. *American Journal of Psychology*, **39**, 367-389.

大山　正　1994　色彩心理学入門——ニュートンとゲーテの流れを追って　中央公論社

Oyama, T., Tanaka, Y., & Chiba, Y.　1962　Affective dimensions of colors: a cross-cultural study. *Japanese Psychological Research*, **4**, 78-91.

斉木久代・渡辺由季子　1979　冷水刺激が痛み生起過程に及ぼす効果　同志社心理, **26**, 43-48.

佐久間　鼎　1920a　言葉調子と感情の表出（上）　心理研究, **99**, 131-244.

佐久間　鼎　1920b　言葉調子と感情の表出（下）　心理研究, **99**, 245-141.

志方比呂基　2000　「おいしさ」を測る　TASC, 4, 293, 4-8.

田辺毅彦・日比野英子・浜　治世・松山義則　1988　イメージの鮮明さの測定——QMI日本語版標準化の試み　日本心理学会第51回大会発表論文集, 382.

田辺毅彦・日比野英子　1986　イメージの鮮明さの測定——QMI日本語版の検討　同志社心

理, 33.

田辺毅彦・鈴木直人・浜　治世　1985　痒みの実験心理学的研究 II ——痒み感と掻く行動について　関西心理学会第 97 回大会論文集

Templer, D. I., et al.　1981　The construction of a Pet Attitude Scale. *Psychological Record*, **31**, 343-348.

Titchener, E. B.　1908　The tridimensional theory of feeling. *The American Journal of Psychology*, 19, **213**, 213-231.

Tokaji, A., & Hama, H.　1998　A study on the relationship between experimental conflict and degree of conflict in individuals. *Japanese Psychological Research*, **35**, 140-147.

津田兼六・田辺毅彦・大久保純一郎・鈴木直人　1984　感情に伴う身体的変化の局所性（II）——喜び・悲しみのイメージを用いて　日本心理学会第 48 回大会発表論文集

辻敬一郎・奥田達也・高橋啓介・伊藤哲司　1996　刺激文によって喚起される不快感情の分析——感覚モダリティと性の要因の効果　感情心理学研究, **3**, 64-70.

梅本堯夫・辻　斉・菅　千索　1983　同期反応によるリズム理解の研究　日本心理学会第 47 回発表論文集

Vormbrock, J. K., & Grossberg, J. M.　1988　Cardiovascular effects of human-pet dog interactions. *Journal of Behavioral Medicine*, **11**, 509-517.

Yogo, Y., Hama, H., Yogo, M., & Matsuyama, Y.　1995　A study of physiological response during emotional imaging. *Perceptual and Motor Skills*, **81**, 43-49.

吉田正昭　1965　触覚に関する資料（1）　人間工学資料, **2**, 1-23.

吉田正昭　1967　八木　冕（編）　心理学　培風館

Young, P. T.　1961　*Motivation and emotion*. New York : Wiley.

Young, P. T.　1967　Affective arousal: Some implications. *American Psychologist*, **22**, 32-40.

Young, P. T.　1978　Discrepancy and the affective processes: A critique of professor Stagner's theory of motivation. *Motivation and Emotion*, **2**, 35-44.

Young, P. T., & Madren, C.H. Jr.　1963　Individual isohedons in sucrose-sodium chloride and sucrose-sacharin gustatory areas. *Journal of Comparative and Physiological Psychoplogy*, **506**, 903-909.

Young, P. T., & Schulte, R. H.　1963　Isohedonic contours and tongue activity in thirst gustatory areas of the rat. *Journal of Comparative and Physiological Psychology*, **58**, 468-475.

Young, P. T., & Trafton, C. L.　1964　Activity contour maps as related to preference in four gustatory stimulus areas of the rat. *Journal of Comparative and Physiological Psychology*, **58**, 68-75.

【第 3 章】

Alexander, F.　1950　*Psychosomatic medicine: The principles and applications*. New York: Norton.

Anderson, N.B.　1989　Racial differences in stress-induced cardiovascular reactivity and hypertension: Current status and substantive issue. *Psychological Bulletin*, **105**, 89-105.

Ax, A.F.　1953　The physiological differentiation between fear and anger in humans. *Psychosomatic Medicine*, **15**, 433 442.

Barefoot, J.C., Dahlstrom, W.G., & Williams, R.B.　1983　Hostility, CHD incidence, and total mortality: A 25 years follow-up study of 255 physicians. *Psychosomatic Medicine*, **45**, 59-63.

Booth-Kewley, S., & Friedman, H.S.　1987　Psychological predictors of heart disease: A quantitative review. *Psychological Bulletin*, **101**, 343-362.

引用文献

Buck, R.W. 1979 Individual differences in nonverbal sending accuracy and electrodermal responding: The externalizing-internalizing dimension. In R. Rosenthal (Ed.), *Skill in nonverbal communication*. Cambridge, MA:Oelgeschlarger, Gunn & Hain. Pp.140-170.

Cacioppo, J.T., Klein, D.J., Berntson, G.G., & Hatfield, E. 1993 The psychophysiology of emotion. In M. Lewis & J.M. Haviland (Eds.), *Handbook of emotion*. New York: The Guilford Press. Pp. 119-142.

Cacioppo, J.T., Uchino, B.N., Crites, S.L., Snydersmith, Z.M.A., Smith, G., & Berntson, G.G. 1992 Relationship between facial expressiveness and sympathetic activation in emotion: A critical review, with emphasis on modeling underlying mechanisms and individual differences. *Journal of Personality and Social Psychology*, **62**, 110-128.

Cannon, W.B. 1927 The James-Lange theory of emotions: A critical examination and an alternative theory. *American Journal of Psychology*, **39**, 106-124.

Cannon, W.B. 1929 Hunger and thirst. In C.Murchison (Ed.), *Foundation of experimental psychology*. Clark University Press.

Davidson, R.J. 1984 Affect, cognition and hemispheric specialization. In C.E.Izard, J.Kagan, & R.B.Zajonc(Eds.), *Emotions, cognition and behavior*. New York, NY: Cambridge University Press. Pp. 320-365.

Davidson, R.J., Ekman, P., Saron, C.D., Senulis, J.A., & Friesen, W.V. 1990 Approach-withdrawal and cerebral asymmetry: Emotional expression and brain physiology. I. *Journal of Personality and Social Psychology*, **58**, 330-341.

Davidson, R.J., & Fox, N.A. 1982 A symmetrical brain activity discriminates between positive and negative affective stimuli in human infants. *Science*, **218**, 1235-1237.

Day, M.E. 1964 An eye movement phenomenon relating to attention, thought and anxiety. *Perceptual and Motor Skills*, **19**, 443-446.

Denny-Brown, D., Mayer, S.T., & Horenstein, S. 1952 The significance of perceptual rivalry resulting from partial lesion. *Brain*, **75**, 433-471.

Duffy, E. 1957 The psychological significance of the concept of "arousal" or "activation". *Psychological Review*, **64**, 264-275.

Duffy, E. 1962 *Activation and behavior*. New York: Wiley.

Ekman, P., Levenson, R.W., & Friesen, W.V. 1983 Autonomic nervous system activity distinguishes among emotions. *Science*, **221**, 1208-1210.

Ehrlichman, H., Weiner, S.L., & Bakar, A.H. 1974 Effects of verbal and spatial questions on initial gaze shifts. *Neuropsychologia*, **12**, 265-277.

Eysenck, H.J. 1967 *The biological basis of personality*. Springfield, IL: Charles C Thomas.

Fredickson, B.L., & Levenson, R.W. 1998 Positive emotions speed recovery from the cardiovascular sequelae of negative emotions. *Cognition and Emotion*, **12**, 191-220.

Frijda, N.H. 1986 *The emotions*. Cambridge: Cambridge University Press.

Goldstein, K. 1948 *The organism*. New York: American Books.

畑山俊輝・Antonides, G.・松岡和生・丸山欣也 1994 アラウザルチェックリスト (GACL) から見た顔のマッサージの心理的緊張感低減効果 応用心理学研究, **19**, 11-19.

Heilman, K.M., Scholers, R., & Watson, R.T. 1975 Auditory affective agnosia: Disturbed comprehension of affective speech. *Journal of Neurology, Neurosurgery and Psychiatry*, **38**, 69-72.

堀 哲郎 1991 脳と情動——感情のメカニズム 共立出版

今村護郎 1978 行動と脳——心理学と生理学 東京：東京大学出版会

Jackson, J.H. 1878 On the affections of speech from disease of the brain. *Brain*, **1**, 304-330.

Jerison, H.J. 1973 *Evolution of the brain and intelligence*. New York: Academic Press.
Jones, H.E. 1930 The galvanic skin reflex in infancy. *Child Development*, **1**.
Jones, H.E. 1935 The galvanic skin response as related to overt emotional expression. *American Journal of Psychology*, **47**, 241-251.
Jones, H.E. 1950 The study of patterns of emotional expression. In M.L.Reymart (Ed.), *Feeling and emotion*. New York: McGraw-Hill. Pp. 161-168.
Jones, H.E. 1960 The longitudinal method in the study of personality. In I. Iscoe & H.W. Stevenson (Eds.), *Personality development in children*. Austin: University of Texas Press. Pp. 3-27.
Kolb, B., & Taylor, L. 1990 Neocortical substrates of emotional behavior. In N.L.Stein, B.Leventhal, & T.Trabasso(Eds.), *Psychological and biological approach of emotion*. Hills dale, NJ: Lawrence Erlbaum Associates. Pp. 115-144.
Lang, P.J., Bradley, M.M., & Cuthbert, B.N. 1990 Emotion, attention, and the startle reflex. *Psychological Review*, **97**, 377-395.
Lazarus, R.J. 1991 *Emotion and adaptation*. Cambridge, UK: Cambridge University Press.
Levenson, R.W., Ekman, P., & Friesen, W.V. 1990 Voluntary facial action generates emotion-specific autonomic nervous system activity. *Psychophysiology*, **27**, 363-384.
Lindsley, D.B. 1952 Psychological phenomena and the electroencephalogram. *Electroencephalography and Clinical Neurophysiology*, **4**, 443-456.
Lindsley, D.B. 1957 Psychophysiology and motivation. In M.R. Jones (Ed), *Nebraska Symposium on Motivation*. Lincoln: Nebraska University Press. Pp. 44- 105.
Luria, A.R. 1973 *The working brain*. New York: Basic Books.
Malmo, R.B. 1957 Anxiety and behavioral arousal. *Psychological Review*, **64**, 276-287.
Malmo, R.B. 1959 Activation: A neurophysiological dimension. *Psychological Review*, **66**, 367-383.
Mandler, G. 1975 *Mind and emotion*. New York:Wiley.
Mayne, T.J. 1999 Negative affect and health: The importance of being earnest. *Cognition and Emotion*, **13**, 601-635.
Mayne, T.J., Vittinghoff, E., Chesney, M., Barrett, D., & Coates, T. 1996 Depressive affect and survival among gay and bisexual men infected with the human immunodeficiency virus. *Archives of Internal Medicine*, 156, 2233-2238.
門地里絵・鈴木直人 1998 緊張解消過程における主観的情動変化 健康心理学研究, **11**, 57-63.
門地里絵・鈴木直人 1999a 安堵感とリラクセーションの共通点・相違点 同志社心理, **45**, 7-13.
門地里絵・鈴木直人 1999b 標的追跡課題からの感情的および生理的回復に関する検討 心理学研究, **70**, 339-345.
門地里絵・鈴木直人 1999c イメージされた"緊張からの解放状況"と"安らぎ状況"において喚起された安堵感に付随する生理反応 感情心理学研究, **6**, 70-82.
門地里絵・鈴木直人 2000 状況から見た安堵感の因子構造――緊張からの解放と安らぎ 心理学研究, **71**, 42-50.
Morris, M., Bradley, M., Bowers, D., Lang, P., & Heilman, K. 1991 Valence-specific hypoarousal following right temporal lobectomy. Paper presented at the annual meeting of the International Neuropsychological Society. San Antonio, TX.
Notarius, C.I., & Levenson, R.W. 1979 Expressive tendencies and physiological response to stress. *Journal of Personality and Social Psychology*, **37**, 1204-1210.

引用文献

Notarius, C.I., Wemple, C., Ingraham, L.J., Burns, T.J., & Kollar, E. 1982 Multichannel responses to an interpersonal stressor: Interrelationships among facial display, heart rate, self-report of emotion, and threat appraisal. *Journal of Personality and Social Psychology*, **43**, 400-408.

Pascoe, J.P., & Kapp, B.S. 1985 Electrophysiological characteristics of amygdaloid central nucleus neurons during Pavlovian fear conditioning in the rabbit. *Behavioral Brain Research*, **16**, 117-133.

Pennenbeker, J.W. 1982 *The psychology of physical symptoms*. New York: Springer-Verlag.

Reeve, J. 1992 *Understanding motivation and emotion*. Fort Worth, TX: Harcourt Brace College Publishers.

Reiman, E.M., Raichel, M.E., Butler, F.K., Hercovitch, P., & Robins, E. 1984 A focal brain abnormality in panic disorder, a severe from of anxiety. *Nature*, **310**, 683-685.

Reuter-Lorenz, P., & Davidson, R.J. 1981 Differential contributions of the two cerebral hemispheres to the perception of happy and sad face. *Neuropsychologia*, **19**, 609-613.

Reuter-Lorenz, P., Givis, R.P., & Moscovitch, M. 1983 Hemispheric specialization and the perception of emotion: Evidence from right-handers and from inverted and non-inverted left-handers. *Neuropsychologia*, **21**, 687-692.

Robinson, R. G., Kubos, K.L., Starr, L.B., Rao, K., & Price, T.R. 1984 Mood disorders in stroke patients: Importance of location of lesion. *Brain*, **107**, 81-93.

Sackeim, H.A., Greenberg, M.S., Weiman, A.L., Gur, R., Hungerbuhler, J.P., & Geshwind, N. 1982 Hemispheric asymmetry in the expression of positive and negative emotions. *Archives of Neurology*, **39**, 210-218.

Sackeim, H.A., Gur, R.C., & Saucy, M.C. 1978 Emotions are expressed more intensely on the left side of the face. *Science*, **202**, 434-435.

Safer, M.A., & Leventhal, H. 1977 Ear differences in evaluating emotional tones of voice and verbal content. *Journal of Experimental Psychology: Human Perception and Performance*, **3**, 75-82.

Schacter, S., & Singer, J.E. 1962 Cognitive, social, and physiological determinants of emotional state. *Psychological Review*, **69**, 379-390.

Schwartz, G.E., Ahern, G.L., & Brown, S.L. 1979 Lateralized facial muscle response to positive and negative emotional stimuli. *Psychophysiology*, **16**, 561-571.

Schwartz, G.E., Davidson, R.J., & Maer, F. 1975 Right hemisphere lateralization for emotion in human brain: Interactions with cognition. *Science*, **190**, 286-288.

Silverman, A.J., Cohen, S.I., & Shmavonian, B.M. 1959 Investigation of psychophysiologic relationships with skin resistance measures. *Journal of Psychosomatic Research*, **4**, 65-87.

Smith, T.W. 1992 Hostility and health: Current status of a psychosomatic hypothesis. *Health Psychology*, **11**, 139-150.

Sokolov, E.N. 1963 *Perception and the conditioned reflex*. Macmillan.

Solomon, R.L., & Corbit, J.D. 1974 An opponent-process theory of motivation; I. Temporal dynamics of affect. *Psychological Review*, **81**, 119-145.

Sperry, R.W., Gazzaniga, M.S., & Bogen, J.E. 1969 Interhemispheric relationships: The neocortical commissures; syndromes of hemisphere disconnection. In P.O. Vinken & G.W. Bruyn (Eds.), *Handbook of clinical Neurology*, Vol4. Amsterdam: North Holland Publishing Company.

Suberi, M., & McKeeber, W.F. 1977 Differential right hemispherie memory storage of emotional and nonemotional faces. *Neuropsychologia*, **15**, 757-768.

鈴木直人 1993 前頭葉における感情の側性化は存在するか 日本感情心理学会第1回大会プログラム・予稿集, 11.
鈴木直人 1995 感情と行動 岡市広成（編）行動の生理心理学 ソフィア Pp.207-227.
Temeshock, L., Heller, B.W., Sagebiel, R.W., Bolis, M.S., Sweet, D.M., DiClemente, R.J., & Gold, M.L. 1985 The relationship of psychosocial factors to prognostic indicators in cutaneous malignant melanoma. *Journal of Psychosomatic Research*, **29**, 139-154.
Thayer, R.E. 1978 Toward a psychological theory of multidimensional activation (arousal). *Motivation and Emotion*, **12**, 1-34.
Tucker, D.M. 1981 Lateral brain function, emotion, and conceptualization. *Psychological Bulletin*, **89**, 19-46.
Tucker, D.M., Watson, R.G., & Heilman.K.M. 1976 Affective discrimination and svocation in patients with right parietal disease. *Neurology*, **26**, 354.
津田兼六・鈴木直人 1990 主観的興味が瞬目率と体動揺の生起頻度に及ぼす影響──見本評定法による主観的興味の統制 生理心理学と精神生理学, **8**, 31-37.
Watson, D., Clark, L.A., & Tellegen, A. 1988 Development and validation of brief measures of positive and negative affect: The PANAS scale. *Journal of Personality and Social Psychology*, **54**, 1063-1070.
Weinberger, D.A., Schwartz, G.E., & Davidson, R.J. 1979 Low-anxious, high-anxious, and repressive coping styles: Psychometric patterns and behavioral and physiological responses to stress. *Journal of Abnormal Psychology*, **88**, 369-380.
Young, G., Segalowitz, S.J., Misek, P., Alp, I.E., & Boulet, R. 1983 Is early reaching left-handed? Review of manual specialization research. In G.Young, S.J.Segalowitz, C.M.Corter, & S.E.Trehub (Eds.), *Manual specialization and the developing brain.* London: Academic Press. Pp.13-32.
Zuckerman, M. 1979 *Sensation seeking.* hillsdale, NJ: Erlbaum.
Zuckerman, M., Klorman, R., LarranceD.T., & Spiegel, N.H. 1981 Facial, autonomic, and subjective components of emotion: The facial feedback hypothesis versus the externalizer-internalizer distinction. *Journal of Personality and Social Psychology*, **41**, 929-944.

【第4章】

Birdwhistell, R.L. 1963 The kinesic level in the invistigation of emotions. In P.H. Knapp (Ed.), *Expression of the emotions in man.* New York: International University Press.Pp.123-139.
Birdwhistell, R.L. 1970 *Kinetics and context: Essays on body motion communication.* Philadelphia: University of Pennsylvania Press.
Bull, P. 1983 *Body movement and interpersonal communication.* New York: Wiley.
Carroll, M.J., & Russell, J.A. 1997 Facial expressions in Hollywood's portrayal of emotion. *Journal of Personality and Social Psychology*, **72**, 164-176.
Collier, G.H. 1985 Satiety: An ecological perspective. *Brain Research Bulletin*, **14**, 693-700.
Cowan, M. 1936 Pitch and intensity characteristics of stage speech. *Archives of Speech, Supplement to December issue.*
Darwin, C. 1965 *The expression of the emotions in man and animals.* Chicago:University of Chicago Press. (Original work published 1872)
Davis, M. 1979 The state of the art: past and present trends in body movement research. In A. Wolfgang(Ed.), *Nonverbal behavior: applications and cultural implications.* New York:

Academic Press. Pp. 55-66.
Davitz, J.R. 1964 *The communication of emotional meaning.* New York:Mcgraw Hill.
Davitz, J.R., & Davitz, L.J. 1959 The communication of feeling by content-free speech. *Journal of Communication*, **9**, 6-13.
Duchenne de Boulongne, G.B. 1990 *The mechanism of human facial expression.* R.A.Cuthbertson (Ed. and Trans.). Cambridge: Cambridge University Press. (Original work published 1862)
Duclos, S., Laird, J.D., Schneider, E., Sexter, M., Stern, L., & Van Lighten, O. 1989 Emotion-specific effects of facial expressions and postures on emotional experience. *Journal of Personality and Social Psychology*, **57**, 100-108.
Duncan, G.F.Jr., & Fiske, D.W. 1985 *Interaction structure and strategy.* Cambridge: Cambridge University Press.
Eibl-Eibesfeldt, I. 1972 Similarities and differences between culutures in expressive movements. In R.A. Hinde(Ed.), *Nonverbal communication.* Cambridge: Cambridge University Press.
Ekman, P. 1965 Differential communication of affect by head and body cue. *Journal of Personality and Social Psychology*, **2**, 725-735.
Ekman, P., & Friesen, W.V. 1967 Head and body cues in the judgment of emotion:A reformulation. *Perceptual and Motor Skills*, **24**, 711-724.
Ekman, P., & Friesen, W.V. 1969a The repertoire of nonverbal behavior: Origins, usage, and coding. *Semiotica*, **1**, 49-98.
Ekman, P., & Friesen, W.V. 1969b Nonverbal leakage and clues to deception. *Psychiatry*, **32**, 88-105.
Ekman, P., & Friesen, W.V. 1975 *Unmasking the face.* Englewood Cliffs, NJ: Prentice-Hall.
Ekman, P., & Friesen, W.V. 1976 *Pictures of facial affect.* Palo Alto, CA: Consulting Psychologists Press.
Ekman, P., & Friesen, W.V. 1978 *Facial Action Coding System: A technique for the measurement of facial movement.* Palo Alto, CA: Consulting Psychologists Press.
Ekman, P., Friesen, W.V., & Ellsworth, P. 1982 Conceptual ambiguities. In P.Ekman (Ed.), *Emotion in human face.* 2nd ed. Cambridge: Cambridge University Press. Pp.98-110.
Espenak, L. 1972 Body-dynamics and dance in individual psychotherapy. In F. Donelan (Ed.), *Writings on body movement and communication.* Columbia: American Dance Therapy Association. Pp. 111-127.
Fairbanks, G., & Hoaglin, L.W. 1941 An experimental study of the durational characteristics of the voice during the expression of emotion. *Speech Monographs*, **8**, 85-90.
Fairbanks, G., & Pronovost, W. 1939 An experimental study of the pitch characteristics of the voice during the expression of emotion. *Speech Monogram*, **6**, 87-104.
Fonagy, I. 1978 A new method of investigating the perception of prosodic features. *Language and Speech*, **21**, 34-49.
Fridlund, A.J., & Cacioppo, J.T. 1986 Guidelines for human electromyographic research. *Psychophysiology*, **23**, 567-589.
Gifford, R. 1983 Individual and setting differences in kinesic activities during conversations. *Journal of Human Movement Studies*, **9**, 47-54.
Gifford, R., & O'Connor, B. 1987 The interpersonal circumplex as a behavior map. *Journal of Personality and Social Psychology*, **53**, 1019-1026.
Hall, J.A. 1984 *Nonverbal sex differences: Communication accuracy and expressive style.* Baltimore:

Johns Hopkins University Press.
Haper, R.G., Wines, A.N., & Matarazzo, J.D. 1987 *Nonverbal communication : The state of the art*. New York: Wiley.
伊藤哲司 1991 ノンバーバル行動の基本的な表出次元の検討 実験社会心理学研究, **1**, 1-11.
伊藤哲司 1994 対面コミュニケーション研究の問題と展望——"符号のやりとり"と"場の共有"をめぐって 茨城大学人文学部紀要（人文学科論集）, **27**, 1-22.
Izard, C. 1979 *The maximally discriminative facial movement coding system (MAX)*. Newark: Instructional Resources Center, University of Delaware.
James, W.T. 1932 A study of expression of bodily posture. *Journal of General Psychology*, **7**, 405-437.
Kappas, A., Hess, U., & Scherer, K.R. 1991 Voice and emotion. In R.S. Feldman & B.Rime(Eds.), *Fundamentals of nonverbal behavior*. New York: Cambridge University Press. Pp. 200-238.
小片 保 1951 筋活動電流による直立姿勢の研究 人類学雑誌, **62**, 61-72.
Lang, P.J., Greenwald, M.K., Bradley, M.M., & Hamm, A.O. 1993 Looking at pictures: Affective, facial, visceral, and behavioral reactions. *Psychophysiology*, **30**, 261-273.
Liberman, P., & Michaels, S.B. 1962 Some aspects of fundamental frequency and envelope amplitude as related to the emotional content of speech. *Journal of Acoustical Society of America*, **34**, 922-927.
Mehrabian, A. 1972 *Nonverbal communication*. New York: Aldine-Atherton.
Mehrabian, A. 1981 *Silence messages*. Belmont: Wadsworth.
Murray, I.R., & Arnott, J.L. 1993 Toward the stimulation of emotion in synthetic speech: A review of the literature on human vocal emotion. *Journal of Acoustical Society of America*, **93**, 1097-1108.
Nishisato, S., & Nishisato, I. 1994 *Dual scaling in a nutshell*. Tronto: Microstats.
越智淳三 1995 分冊解剖学アトラス1——運動器 第4版 文光堂
小田 亮 1999 サルのことば——比較行動学からみた言語の進化 生態学ライブラリ2 京都大学学術出版会 Pp.111.
Ogawa, T., & Suzuki, N. 1999 Response differentiation to facial expression of emotion as increaseing exposure duration. *Perceptural and Motor Skills*, **89**, 557-563.
Ogawa, T., & Suzuki, N. 2000 Emotion space as a predictor of binocular rivalry. *Perceptural and Motor Skills*, **90**, 291-298.
Ogawa, T., Takehara, T., Monchi, R., Fukui, Y., & Suzuki, N. 1999 Emotion space under conditions of perceptural ambiguity. *Perceptural and Motor Skills*, **88**, 1379-1383.
Ortleb, R. 1937 An objective study of emphasis in oral reading of emotional and unemotional material. *Speech Monographs*, **4**, 56-68.
Oster, A., & Risberg, A. 1986 The identification of the mood of a speaker by hearing impediment listeners. Speech Transmission Laboratory-Q, Progress of STAT Report 4/1986, 79-90.
Rinn, W.E. 1989 Neuropsychology of facial expression. In R.S. Feldman & B.Rime (Eds.), *Fundamentals of nonverbal behavior*. Cambridge: Cambridge University Press.Pp.3-30.
Rossberg-Gempton, I.E., & Poole, G.D. 1992 The relationship between body movement and affect from historical and current perspectives. *The Arts in Psychotherapy*, **19**, 39-46.
Rossberg-Gempton, I.E., Dickinson, Kristeansen, & Allin, 1993 The effect of open and closed postures on pleasant and unpleasant emotion. *The Arts in Psychotherapy*, **20**, 75-82.
催 昌石・岡崎 透・原島 博・武部 幹 1989 3次元構造モデルを用いた顔画像の中割り

第20回画像工学コンファレンス, 1-6.
Saitz, R.L., & Cervenka, E.J. 1972 *Handbook of gestures: Colimbia and the United States*. The Hague: Mouton.
Scherer, K.R. 1982 Method of research on vocal communication: Paradigms and parameters. In K.R. Scherer & P.Ekman (Eds.), *Handbook of methods in nonverbal behavior research*. New York: Cambridge University Press. Pp. 136-198.
Scherer, K.R. 1986 Vocal affect expression: A review and model for future research. *Psychological Bulletin*, **99**, 143-165.
Schlosberg, H. 1954 Three dimensions of emotion. *Psychological Review*, **61**, 80-81.
Schouwstra, S.J., & Hoogstraten, J. 1995 Head position and spinal position as determinants of perceived emotional state. *Perceptual and Motor Skills*, **81**, 673-674.
Skinner, E.R. 1935 A calibrated recording and analysis of the pitch, force and quality of vocal tones expressing happiness and sadness; and a determination of the pitch and force of the subjective concepts of ordinary, soft and loud tones. *Speech Monographs*, **2**, 81-137.
荘厳舜哉 1975 人格要因が音声表出による情動伝達に及ぼす効果 心理学研究, **46**, 247-254.
角辻 豊 1978 情動の表出 金子仁郎・菱川康夫・志水 彰（編）精神生理学 IV.情動の生理学 東京：金原出版 Pp.196-209.
鈴木直人 1994 無意識的な表情の非対称性——顔面金筋電図を用いて 感情心理学研究, **2**, 29-30.
鈴木直人 1997 問題行動解決場面におけるノンバーバル行動の図式化 文化学年報(同志社大学), **46**, 41-64.
Suzuki, N., Tuda, K., & Matsuyama, Y. 1991 An attempt to measure facial expressions using image processing analysis. In B.Wilpert, H.Motoaki, & J.Misumi (Eds.), *General Psychology and Environmental Psychology*. Vol.2. Lawrence Erlbaum Associates. Pp.148-150.
Takehara, T., & Suzuki, N. 1997 Morphed images of basic emotional expressions: Ratings on Russell's bipolar field. *Perceptural and Motor Skills*, **85**, 1003-1010.
田中吉資 1998 重心の前後変化を指標とした感情のラテラリティ 日本心理学会第62回大会発表論文集, 613.
宇津木成介 1993 音声による情動表出と非言語的な弁別手がかり 異常行動研究会（編）ノンバーバル行動の実験的研究 東京：川島書店 Pp.201-217.
Wiggers, M. 1982 Judgements of facial expressions of emotion predicted from facial behavior. *Journal of Nonverbal Behavior*, **7**, 101-116.
Wiggins, J.S. 1979 A psychological taxonomy of trait-descriptive terms: The interpersonal domain. *Journal of Personality and Social Psychology*, **37**, 395-412.
Williams, C.E., & Steavens, K.N. 1972 Emotions and speech: Some acoustical correlates. *Journal of Acoustical Society of America*, **52**, 1238-1250.
Witvliet, C.van O.Y., & Vrana, S.R. 1995 Psychological responses as indicies of affective dimension. *Psychophysiology*, **32**, 436-443.

【第5章】

Ainsworth, M. S., Blehar, M. C., Waters, E., & Wall, S. 1978 *Patterns of attachment: A psychological study of the strange situation.* Hillsdale: Erlbaum.

Azuma, H. 1986 Why study child development in Japan? In H. W. Stevenson, H. Azuma, & K.Hakuta (Eds.), *Child development and education in Japan.* New York: W. H. Freeman.

Baughman, E. E., & Welsh, G. S. 1962 *Personality : A behavioral science.* Prentice-Hall. New Jersey.

Blackwelder, D. E., & Passman, R. H. 1986 Grandmothers' and mothers' disciplining in three-generational families: The role of social responsibility in rewarding and punishing grandchildren. *Journal of Personality and Social Psychology*, **50**, 80-86.

Bornstein, M. H, Miyake, K., Azuma, H., Tamis-LeMonde, C. S., & Toda, S. 1989 Responsiveness in japanese mothers: consequences and characteristics. *Research and Clinical Center for Child Development*, **12**, 15-26.

Bornstein, M. H., Azuma, H., Tamis-LeMonda, C. S., & Ogino, M. 1990 Mother and infant activity and interaction in Japan and in the United States: I. A comparative macroanalysis of naturalistic exchanges. *International Journal of Behavioral Development*, **13**, 267-287.

Bornstein, M. H., Tal, J., Rahn, C., Galpein, C. Z., Pecheux, M-G., Lamour, M., Toda, S., Azuma, H., Ogino, M., & Tamis-LeMonda, C. S. 1992 Functional analysis of the contents of maternal speech to infants of 5 and 13 months in four cultures: Argentina, France, Japan, and the United States. *Developmental Psychology*, **28**, 593-603.

Bowlby, J. 1951 *Maternal care and mental health.* World Health Organization Monograph Series, 2, 179. 黒田実郎（訳）　1962　乳幼児の精神衛生　岩崎学術出版社

Bowlby, J. 1958 The nature of the child's tie to his mother. *International Journal of Psycho Analysis*, **39**, 350-373.

Bowlby, J. 1969 *Attachment and loss.* Vol.1 : *Attachment.* Hogarth. 黒田実郎他（訳）　1976　母子関係の理論——愛着行動　岩崎学術出版社

Bridges, K. M. B. 1930 A genetic theory of the emotions. *Journal of Genetic Psychology*, **37**, 514-527.

Bridges, K. M. B. 1931 *The social and emotional development of the pre-school child.* London, Kegan Paul.

Bridges, K. M. B. 1932 Emotional development in early infancy. *Child Development*, **3**, 324-341.

Bühler, C. 1937 Theoretische Grundprobleme der Kinderpsychologie. *Zeitschrift für Psychologie*, **140**, 139-164.

Campos, J. J. 1976 Heart rate : A sensitive fool for the study of emotional development in the infant. In L. P. Lipsitt (Ed.), *Developmental psychology : The significance of infancy.* Erlbaum.

Campos, J. J., Barrett, K. C., Lamb, M. E., Goldsmith, H. H., & Stenberg, C. 1983 Socioemotional development. In P. H. Mussen (Ed.), *Handbook of child psychology.* 4th ed., Vol. 2. John Wiley.

Campos, J. J., Langer, A., & Krowitz, A. 1970 Cardiac responses on the visual cliff in prelocomotor human infants. *Science*, **170**, 196-197.

Camras, L. A., Oster, H., Campos, J. J., Miyake, K., & Bradshaw, D. 1992 Japanese and American infants' responses to arm restraint. *Developmental Psychology*, **28**, 578-583.

Camras, L. A., Oster, H., Campos, J., Campos, R., Ujiie, T., Miyake, K., Lei, W., & Zhaolan,

M. 1997 Observer judgments of emotion in American, Japanese, and Chinese infants. In B. Caplovitz (Eds), *The communication of emotion: Current research from diverse perspectives. New directions for child development*, No. 77. San Francisco: Jossey-Bass.

Caudill, W. A., & Schooler, C. 1973 Child behavior and child rearing in Japan and the United States: An interim report. *Journal of Nervous and Mental Disease*, **157**, 323-338.

Darwin, C. 1872 *The expression of the emotions in man and animals.* 浜中浜太郎（訳） 1931 人及び動物の表情について 岩波書店

土居健郎 1980 「甘え」の構造 弘文堂

Eisenberg, N., Fabes, R. A., Carlo, G., Speer, A. L., Switzer, G., Karbon, M., & Troyer, D. 1993 The relations of empathy-related emotions and maternal practices to children's comforting behavior. *Journal of Experimental Child Psychology*, **55**(2), 131-150.

Ekman, P. 1972 Universals and cultural differences in facial expressions of emotion. In J. Cole (Ed.), *Nebraska symposium on motivation*. University of Nebraska Press.

Ekman, P. 1991 *Telling lies: Clues to deceit in the marketplace, politics, and marriage.* W. W. Norton.

Ekman, P. 1994 Strong evidence for universals in facial expressions: A reply to Russell's mistaken critique. *Psychological Bulletin*, **115**, 268-287.

Ekman, P., & Friesen, W. V. 1972 Constants across cultures in the face and emotion. *Journal of Personality and Social Psychology*, **117**, 124-129.

Ekman, P., Friesen, W. V., & Ellsworth, P. C. 1982 What are the similarities and differences in facial behavior across cultures? In P. Ekman (Eds.), *Emotion in the human face.* 2nd ed. Cambridge University Press.

Fischer, K. W., Shauer, P. R., & Carnochan, P. 1989 A skill approach to emotional development : From basic - to subordinate - category emotions. In W. Damon (Ed.), *Child development today and tomorrow.* Jossay-Bass.

Gesell, A., & Amatwda, C. S. 1941 *Developmental diagnosis : Normal and abnormal child development.* 新井清三郎（訳） 1958 発達診断学 日本小児医事出版

Gesell, A., & Thompson, H. 1929 Learning and growth in identical infant twins. *Genetic Psychology Monographs*, **6**, 1-123.

Gibson, E. J., & Walk, R. D. 1960 The "visual cliff". *Scientific American*, **202**, 64-71.

Goldsmith, H. H., & Campos, J. J. 1990 The structure of temperamental fear and pleasure in infants: A psychometric perspective. *Child Development*, **61**, 1944-1964.

Hall, G. S. 1923 *Life and confessions of a psychologist.* Appleton Century-Crofts.

Halpern, F. 1953 *A clinical approach to children's Rorschachs.* NY: Grune and Stratton. 冨田正利・松本忠久（訳） 1971 児童臨床のためのロールシャッハ診断 実務教育出版

浜 治世 1993 三世代同居家族における祖母―母親―子どもの感情的相互作用に関する実験的研究 感情心理学研究, **1**, 26-47.

浜 治世 1985 感情の世界 心の科学, **4**, 131-136.

Harlow, H. F. 1959 Love in infant monkeys. *Scientific American*, **200**, 68-74.

Hiatt, S., Campos, J., & Emde, R. 1979 Facial patterning and infant emotional expression: Happiness, surprise, and fear. *Child Development*, **50**, 1020-1035.

Izard, C. E. 1960 Personality similarity, positive affect, and interpersonal attraction. *Journal of Abnormal and Social Psychology*, **61**, 484-485.

Izard, C. E. 1977 *Human emotions.* Plenum.

Izard, C. E. 1978 On the ontogenesis of emotions and emotion-cognition relationships in infancy. In M. Lewis & L. Rosenblum (Eds.), *The development of affect.* Plenum.

Izard, C. E. 1989 The structure and functions of emotions: Implications for cognition, motivation, and personality. In S. Cohen (Ed.), *The G. Stanley Hall lecture series*, Vol. 9. Washington: American Psychological Association.

Izard, C. E. , Huebnor, R. R., Risser, D., McGinnes, G. C., & Dougherly, L. M. 1980 The young infant's ability to produce discrete emotion expressions. *Developmental Psychology*, **16**, 132-140.

Izard, C. E., Hembree, E. A., Dougherty, L. M., & Spizzirri, C. C. 1983 Changes in facial expressions of 2- to 19-month-old infants following acute pain. *Developmental Psychology*, **19**, 418-426.

Jones, M. C. 1933 Emotional development. In C. Murchison (Ed.), *A handbook of child psychology*. 2nd ed. Clark University Press.

Kagan, J. 1971 *Change and continuity in infancy*. John Wiley.

Kagan, J., Keasley, R., & Zelaz, P. R. 1978 *Infancy: Its place in humen development*. Harvard University Press.

Kagan, J., Reznic, J., & Gibbons, J. 1989 Inhibited and uninhibited types of children. *Child Development*, **60**, 830-845.

Kivett, V. R. 1991 Centrality of the grandfather role among older rural Black and White men. *Journals of Gerontology*, **46**, S250-S258.

松山義則・浜　治世　1974　感情心理学　第1巻　誠信書房

村田孝次　1990　児童発達心理学　培風館

Miyake, K. 1993 Temperament, Mother-Infant Interaction, and Early Emotional Development. 感情心理学研究 , **1**, 48-55.

Mussen, P. H., & Eisenberg-Berg, N. 1979 *Roots of caring, sharing, and helping: The development of prosocial behavior in children*. Freeman. 菊池章夫（訳）　1980　思いやりの発達心理　金子書房

興津真理子・浜　治世　1997　母親による子どもの賞罰に及ぼす父方祖母・母方祖母の影響　心理学研究, **68**, 281-289.

Okitsu, M., Hama, H., & Suzuki, N. 1998 *Preschool children's Behavioral responses to emotional expressions of other children and babies: grandparents' influence*. Proceedings of the Xth Conference of the International Society for Research on Emotions.

Piaget, J. 1964 *Six etudes de psychologie*. Gonthier. 滝沢武久（訳）　ピアジェの思考心理学　みすず書房

Piaget, J. 1970 Piaget's theory. In P. H. Mussen (Ed.), *Carmichael's manual of child psychology*. 3rd ed., Vol. 1. John Wiley.

Piaget, J., & Inhelder, B. 1966 *La psychologie de l'enfant*. P. U. F. 波多野完治他（訳）　1969　新しい児童心理学　ク・セジュ文庫　白水社

Plutchik, R. 1966 Multiple rating scales for the measurement of affective states. *Journal of Clinical Psychology*, **22**, 423-425.

Rothbart, M. K. 1981 Measurement of temperament in infancy. *Child Development*, **52**, 569-578.

Russell, J. A. 1987 "Can we say ...?" Children's understanding of intensionality. *Cognition*, **25**, 289-308.

Russell, J. A. 1991 Culture and the categorization of emotions. *Psychological Bulletin*, **110**, 426-450.

Russell, J. A., & Ridgeway, D. 1983 Dimensions underlying children's emotion concepts. *Developmental Psychology*, **19**, 795-804.

Shirley, M. M.　1931　*The first two years: A study of twenty-five babies*. Vol. 2. University of Minnesota Press.
品川不二郎・品川孝子　1958　田研式親子関係診断テストの手引き　日本文化科学社
Sroufe, L. A.　1979　The coherence of individual development: Early care, attachment, and subsequent developmental issues. *American Psychologist*, **34**, 834-841.
Stroop, J. R.　1935a　Studies of interference in serial verbal reactions. *Journal of Experimental Psychology*, **18**, 643-661.
Stroop, J. R.　1935b　The basis of Ligon's theory. *American Journal of Psychology*, **17**, 499-504.
Szinovacz, M. E.　1998　*Handbook on Grandparenthood*. Westport: Greenwood Press.
Thurstone, L. L.　1944　A factorial study of perception. Chicago: University of Chicago Press.
Tomlin, A. M., & Passman, R. H.　1989　Grandmothers' responsibility in raising two-year olds facilitates their grandchildren's adaptive behavior: A preliminary intrafamilial investigation of mothers' and maternal grandmothers' effects. *Psychology and Aging*, **4**, 119-121.
Tomlin, A. M., & Passman, R. H.　1991　Grandmothers' advice about disciplining grandchildren: Is it accepted by mothers, and does its rejection influence grandmothers' subsequent guidance? *Psychology and Aging*, **6**, 182-189.
Vogel, E. F., & Suzanne, H.　1961　Family security, personal immaturity, and emotional health in a Japanese sample. *Marriage and Family Living*, **23**, 161-166.

【第6章】

蘭　千壽・外山みどり（編）　1991　帰属過程の心理学　ナカニシヤ出版
Aronson, E., Willerman, B., & Floyd, J.　1966　The effect of pratfall on increasing interpersonal attractiveness. *Psychonomic Science*, **4**(6), 227-228.
Aronson, E., & Linder, D.　1965　Gain and loss of esteem as determinants of interpersonal atractiveness. *Journal of Experimental Social Psychology*, **1**, 156-172.
Bem, D.J.　1967　Self-perception:An alternative interpretation of cognitive dissonance phenomena. *Psychological Bulletin*, **74**(3), 183-200.
Broad, C.　1984　*Technostress*. Addison-Wesley.
Brod, C.　野田正彰（監訳）　1989　マインドスケイプ――現代の不安, OAストレス症候群　集英社
Brodt, S.E., & Zimbardo, P.　1981　Modifying shyness-related social behavior through sysptom misattribution. *Journal of Personality and Social Psychology*, **41**(3), 437-449.
Cooper, G.L., & Marshall, J.　1976　Occupational sources of stress : A review of the literature rating to coronary heart disease and mental ill health. *Journal of Occupational Psychology*, **49**(1), 11-28.
大坊郁夫　1987　視線の有無によるコミュニケーション行動の変化　日本グループ・ダイナミックス学会　第35回大会発表論文集, 1-2.
大坊郁夫・奥田秀宇（編）　1996　対人行動学研究シリーズ3　親密な対人関係の科学　誠信書房
Dutton, D.G., & Aron, A.P.　1974　Some evidence for heightened sexual attraction under conditions of high anxiety. *Journal of Personality and Social Psychology*, **30**(4), 510-517.
Festinger, L.　1957　*A theory of cognitive dissonance*. Peterson.　末永俊郎（監訳）1965　認知的不協和理論　誠信書房

Griffitt, W. 1970 Environmental effects on interpersonal affective behavior : Ambient effective temperature and attraction. *Journal of Personality and Social Psychology*, **15**(3), 240-244.

Goble, F. 1970 *The psychology of Abraham Maslow*. 小口忠彦（監訳） マズローの心理学 産業能率大学出版

濱　保久　1990　コンピュータからのImpoliteなメッセージが作業者に与える効果 心理学研究, **61**(1), 40-46.

Heider, F. 1946 Attitudes and cognitive organization. *Journal of Psychology*, **21**(1), 107-112.

Hess, E.H. 1965 Attitude and puple size. *Scientific American*, **212**, 46-54.

今井保次・国吉　空　1995　メンタル・ヘルスのすすめ——健康な組織成長する組織　生産性出版

井上　博　日本情報処理開発協会（編）　1997　情報化白書1997　コンピュータ・エージ社

岩本隆茂　1995　現代心理学の基礎と応用　培風館

Jones, E.E., & Davis, K, E. 1965 From acts to dispositions :The attribution process in person perception. In L.Berkowits (Ed.), *Advances in experimental social psychology*. Vol.2. Pp.219-266.

春日伸予　1997　テクノストレス症候群について　*Technical Survey*, **80**(3), 240-243.

Kelly, H. H. 1967 Attribution theory in social psychology. In D.Levine(Ed.), *Nebraska symposium on motivation*. Vol.15. University of Nebraska Press. Pp.192-238.

厚生省（編）　1997　厚生白書——「健康」と「生活の質」の向上をめざして〈平成9年版〉厚生問題研究会

久保田浩也　1991　メンタル・ヘルス——職場活性化の決め手　日本生産性本部

Lazarus, R.S., & Folkman, S. 1984 *Stress, appraisal and coping*. New York: Springer. 本明寛・春木　豊・織田正美（監訳）1991 ストレスの心理学　実務教育出版

Lerner, M., & Simmons, C. 1966 Observer's reaction to the innocent victim:Compassion or rejection? *Journal of Peraonality and Social Psychology*, **4**(2), 203-210.

Lott, A.J., & Lott, B.E.1974 The role of reward in the formation of positive interparsonal attitudes. In T.L. Huston(Ed.), *Foundations of interpersonal attraction*. Academic Press. Pp.171-192.

Maslow, A.H. 1954 *Motivation and personality*. Harper.

森清善行・長山泰久（編）　1981　心理学8　産業心理　有斐閣

納谷嘉信（編）　1987　おはなし新QC七つ道具　日本規格協会

西川一廉・森下高治・北川睦彦・田井中秀嗣・三戸秀樹・島田　修・田尾雅夫・足立明久　1990　新しい産業心理　福村出版

労働省（編）　1997　労働白書　平成9年版　日本労働研究機構

Rothlisberger, F.J., & Dickson, W.I. 1939 *Management and the worker*. Harvard University Press.

齊藤　勇（編）　1987　対人社会心理学重要研究集2　対人魅力と対人欲求の心理　誠信書房

Schachter, S. 1964 The interaction of cognitive and physiological determinanats of emotional state. In L.Berkowitz (Ed.), *Advance in expermental social psychology*. Academic Press. Pp. 49-80.

Siegman, A.W. 1976 Do noncontingent interviewer mm-hmms facilitate interviewee productivity? *Journal of Consulting and Clinical Psychology*, **44**(2), 171-182.

墨岡　孝　1997　精神科からみたテクノストレス　日本医師会雑誌, **117**(6), 879-884.

鐵　健司　1984　QC人間講座——TQCとその進め方　日本規格協会

吉森　護（編著）　1991　人間関係の心理学ハンディブック　北大路書房

Zillman, D. 1978 Attribution and misattribution of excitatory reactions. In J.H.Harvey, W.K.Ickes, & R.F.Kidd (Eds.), *New directions in attribution reserch*. Vol.2. Hillsdale, NJ:Erlbaum.

人名索引

ア 行

アーノルド (Arnold, M. B.) 30, 54
アイゼンク (Eysenck, H. J.) 128
アイゼンバーグ (Eisenberg, N.) 176, 200
アイブル-アイベスフェルト (Eibl-Eibesfeldt, I.) 170
アインスワース (Ainsworth, M. S.) 176
東 洋 184
アックス (Ax, A. F.) 8, 116
アルファート (Alfert, E.) 56
アレキサンダー (Alexander, F.) 126
アロン (Aron, A. P.) 216
アロンソン (Aronson, E.) 210
イザード (Izard, C.) 1, 6, 24, 144, 175, 176, 180
伊藤哲司 137
伊藤正男 60
ヴォームブロック (Vormbrock, J. K.) 82
ヴント (Wundt, W.) 1, 12, 42, 94, 176
ウィガーズ (Wiggers, M.) 144
ウィギンス (Wiggins, J. S.) 172
ウィトブリート (Witvliet, C. van O.) 50, 148
ウェルニッケ (Wernicke, C.) 130
ウォーク (Walk, R. D.) 190

宇津木成介 154
ウッドワース (Woodworth, R. S.) 46
梅本堯夫 94
エイプリル (Averill, J. R.) 30, 58
エクマン (Ekman, P.) 1, 6, 24, 36, 116, 138, 168, 176
エスペナック (Espenak, L.) 164
遠藤利彦 38, 40
オートニー (Ortony, K.) 8
オートレイ (Oatley, K.) 58
オートレブ (Ortleb, R.) 158
大山 正 14
オコナー (O'Connor, B.) 172
小田 亮 156

カ 行

カービット (Corbit, J. D.) 118
カチオッポ (Cacioppo, J. T.) 120, 122, 146, 148
カッパス (Kappas, A.) 154
ギフォード (Gifford, R.) 172
ギブソン (Gibson, E. J.) 190
キャノン (Cannon, W. B.) 22, 114, 124
キャムラス (Camras, L. A.) 182
キャロル (Carroll, M. J.) 162
キャンポス (Campos, J. J.) 176, 188
グリフィット (Griffitt, W.)
グロスバーグ (Grossberg, J.

M.) 82
ケイツ (Kates, S. L.) 86
ケーガン (Kagan, J.) 176
ゲゼル (Gesell, A.) 176
ケリー (Kelley, H. H.) 218
コーディル (Caudill, W. A.) 184
ゴールドスタイン (Goldstein, K.) 132
ゴールドスミス (Goldsmith, H. H.) 188

サ 行

サーストン (Thurston, L. L.) 182
サーベリ (Suberi, M.) 133
催 昌石 150
ザイアンス (Zajonc, R. B.) 4, 22, 56
佐久間 鼎 94
サッカイム (Sackeim, H. A.) 132
ジェームズ (James, W.) 1, 16, 17, 164, 176
シェーラー (Scherer, K. R.) 60, 156
志方比呂基 98
シャーリー (Shirley, M. M.) 176
シャクター (Shachter, S.) 8, 52, 122, 214
シャピロ (Shapiro, D.) 45
シュウォルツ (Schwartz, G. E.) 45, 133, 148
シュールツ (Schulte, R. H.) 96
シュロスバーグ (Schlosberg, H.) 46 160
ショウストラ (Schouwstra, S. J.) 166

人名索引

ジョーンズ (Jones, M. C.) 126, 176
ジョーンズ (Jones, E. E.) 218
ジルマン (Zillman, D.) 220
シンガー (Singer, W. B.) 8, 52, 122
スキナー (Skinner, B. F.) 45
スクーラー (Schooler, C.) 184
ストループ (Stroop, J. R.) 180
ストロングマン (Strongman, K. T.) 44
スペリー (Sperry, R. W.) 130
スペンサー (Spencer, H.) 16
スロウフ (Sroufe, L. A.) 178
セイファー (Safer, M. A.) 132
セイヤー (Thayer, R. E.) 129
ソコロフ (Sokolov, E. N.) 112
ソロモン (Solomon, R. L.) 118

タ　行

ダーウィン (Darwin, C.) 16, 24, 154, 176
ターナー (Turner, T. J.) 58
ダクロス (Duclos, S.) 164
タッカー (Tucker, D. M.) 132
ダットン (Dutton, D. G.) 216
ダッフィ (Duffy, E.) 124
田中吉資 166
辻 敬一郎 100
ツッカーマン (Zuckerman, M.) 128
角辻 豊 148

ディーナー (Diener, E.) 51
ティチナー (Titchener, E. B.) 1, 12, 66, 176
デイビッツ (Davitz, J. R.) 160
デイビッツ (Davitz, L. J.) 160
デーヴィス (Davis, K. E.) 137, 218
デニー-ブラウン (Denny-Brown, D.) 132
デビッドソン (Davidson, R. J.) 6, 133, 134
テンプラー (Templer, D. I.) 82
土居健郎 186
ドゥシェンヌ (Duchenne de Boulongne, G. B.) 142
トールマン (Tolman, E. C.) 45
トムキンス (Tomkins, S. S.) 6, 24
トラフトン (Trafton, C. L.) 96

ナ　行

ネイフ (Nafe, J. P.) 14
ノタリウス (Notarius, C. I.)

ハ　行

バード (Bard, P.) 22
バードウィスル (Birdwhistell, R. L.) 154, 168
パーペッツ (Papez, J. W.) 28
ハーロウ (Harlow, H. F.) 176
ハイアット (Hiatt, S.) 188
ハイダー (Heider, F.) 204
畑山俊輝 129
バック (Buck, R. W.) 26, 32, 128
バック (Buck, L.) 86
パブロフ (Pavlov, I. P.) 112
ビューラー (Bühler, C.) 176
フィッシャー (Fischer, K. W.) 178
プール (Poole, G. D.) 164
フェアバンクス (Fairbanks, G.) 158
フェスティンガー (Festinger, L.) 204
フォックス (Fox, N. A.) 134
フライダ (Frijda, N.) 26, 41, 122
ブラナ (Vrana, S. R.) 50, 148
フリーセン (Friesen, W. V.) 138, 168
ブリッジス (Bridges, K. M. B.) 52, 175, 176, 178
フリドルンド (Fridlund, A. J.) 8, 146
プルチック (Plutchik, R.) 24, 34
フレイ (Frey, M. v.) 66
フレディクソン (Fredickson, B. L.) 118
フロイト (Freud, S.) 126
ブローカ (Broca, P. P.) 130
ブロード (Broad, C.) 234
プロノヴォスト (Pronovost, W.) 158
ヘイルマン (Heilman, K. M.) 132
ヘス (Hess, E. H.) 210
ベッツ (Betts, G. H.) 102
ベム (Bem, D. J.) 212
ベル (Bell, C.) 24
ペンネンベーカー (Pennenbaker, J. W.) 126
ホイジングトン (Hoisington, L. B.) 14, 68
ボーゲル (Vogel, E. F.) 184
ホール (Hall, G.S.) 176
ボーンスタイン (Bornstein, M. H.) 184

人名索引

ホッグストラテン (Hoogstraten, J.) 166
堀口純一郎 14
堀 哲郎 116

マ 行
マーフィ (Murphy, S. T.) 4
マイネ (Mayne, T. J.) 118
マクドゥガル (McDougall, W.) 26
マクリーン (MacLean, P. D.) 28
マズロー (Maslow, A. H.) 206
マッキーバー (McKeeber, W. F.) 133
マツモト (Matsumoto, D.) 40
マドレン (Madren, C. H. Jr.) 96
マルモ (Malmo, R. B.) 124
マンドラー (Mandler, G.) 8, 124
ミッシェルズ (Michaels, S. B.) 160
三宅和夫 185
宮崎良文 98
ミラー (Miller, N. E.) 1, 45
ミレンソン (Millenson, J. R.) 44

ムッセン (Mussen, P. H.) 176
村田孝次 178
メイヨー (Mayo, E.) 224
メーラビアン (Mehrabian, A.) 52, 154, 170
モーリス (Morris, M.) 133
本宮弥兵衛 94

ヤ 行
八木 晃 2
ヤング (Young, P. T.) 64, 96
吉田正昭 96
吉田倫幸 134

ラ 行
ラーセン (Larsen, R. J.) 51
ラザラス (Lazarus, R. S.) 1, 6, 56, 118
ラックミック (Ruckmick, C. A.) 2
ラッセル (Russell, J. A.) 48, 162, 186
ラング (Lang, P. J.) 50, 100, 122
ランゲ (Lange, C. G.) 16
リーブ (Reeve, J.) 108
リバーマン (Liberman, P.) 160
リボー (Ribot, T.) 2, 18

リン (Rinn, W. E.) 142
リンズレイ (Lindsley, D. B.) 124
ルドゥ (LeDoux, J. E.) 28
ルリア (Luria, A. R.) 132
レイマン (Reiman, E. M.) 133
レーナー (Lerner, M.) 212
レーマン (Lehmann, A.) 12
レベンソン (Levenson, R. W.) 116, 118, 126
レベンタール (Leventhal, H.) 132
ロイター-ローレンツ (Reuter-Lorenz, P.) 133
ロースバート (Rothbart, M. K.) 188
ロスバーグ-ゲンプトン (Rossberg-Gempton, I. E.) 164
ロビンソン (Robinson, R. G.) 132

ワ 行
ワインバーガー (Weinberger, D. A.) 128
ワインバウム (Waynbaum, I.) 20
ワトソン (Watson, J. B.) 1, 42, 118, 176

事項索引

ア 行

愛情　104
明るい圧　14, 66
アクション・ユニット　38, 142
アドレナリン　114
アニメーション　86, 89
ANOVA 理論　220
α 波　98

医学的心理学　45
痛み　72
1 次的評価　55
一貫性　220
一般化者　127
異文化間研究　182, 184
インターパーソナル・サークル　172

円環 (circumplex) 構造　36
円環モデル　48
円錐モデル　48
エンベロープ　156

頤筋　148
温水　74
音声　154
音声刺激　92, 200
温度刺激　75

カ 行

外在化者　126
開姿勢　164
快の感情　102
快―不快　48, 50
香り　98, 99
覚醒―眠気　50
拡張期血圧　194
画像解析法　148
活動傾向理論　41

痒み　74
感覚モダリティ　101
感情　2
感情喚起　194
感情血流理論　20
感情状態　4
感情自律理論　18
感情体験　4
感情の位相　4
感情の対処説　26
感情の 2 経路説　28
感情の呼び出しモデル　32
感情の力動説　26
感情表出　4
感情プライミング　6
感情誘意性モデル　134
顔面筋　50, 140
顔面筋電図 (fEMG)　146
顔面神経　142
眼輪筋　148

気質　188
帰着理論　26
気分　2, 3
気分尺度　193
基本感情　32
基本周波数　156
キャノン―バード説　22, 28
QC (quality control ; 品質管理) サークル　226
強化―感情モデル　206
驚愕反応　112
強化理論　212
起痒刺激　76
強制選択法　150
緊急反応説　114
緊張―睡眠　48

ゲイン・ロス効果　210
化粧療法　98

血管運動理論　18

合意性　220
好意の返報性　210
構音　156
口角下制筋　148
交感神経系　112
合成顔　138
喉頭原音　154
行動主義　45
行動的尺度　10
行動の原型 (prototype)　36
行動の図式化　172
行動の適切性　110
行動抑制　115
興奮転移理論　220
口輪筋　50
コーピング　228
克服・対処　56
混合感情　36
コンパニオンアニマル　80

サ 行

三叉神経　142
三世代同居家族　190, 196
三方向説　14
三位一体説　28

ジェームズ―ランゲ説　18, 26
視覚的絶壁　190
しぐさ　168
しくじり効果　208
次元説　44
自己アダプター　169
自己知覚理論　212
視床下部　114
視床説　22
社会構成主義　58
自由回答法　152

事項索引

収縮期血圧　194
皺眉筋　50, 148
順応水準　48
笑筋　148
条件性情動反応　43, 44
畳語　102
上唇挙筋　148
情操　2
情緒　2
象徴　169
情緒の分化　179
情緒分化発達説　178
情動　2
情動行動　108
情動人　222
情動の2要因理論　214
情動発射理論　126
情動反応　108
情熱　2
小脳チップス　61
触ピラミッド　14, 15
女性ヌード刺激　93
触覚　14, 64
触覚刺激　78
自律神経系　112
人格特性　3
神経症者　70
神経文化説　36
新行動主義　45
心理生理学的覚醒理論　124
身体運動　164
身体部位　75
心拍　190, 194
心進化説　34
心理生理的尺度　10
心理的尺度　10
心料説　16

錐体外路　142
錐体路　142
数量化III類　150
スピーチレート　156
精神分裂病者　70, 78
性的語　102
声門加圧　154

世間体　185
説明者 (illustrators)　169
前頭筋外側部　148
前部誘意性モデル　166

騒音　98
双生児　188
相反過程理論　118
側性化　130
祖母　190, 193, 196

タ 行

対応的推論理論　218
大頬骨筋　50, 148
第5脳神経　142
対人形容詞尺度　172
対人魅力　204
態度　204
第7脳神経　142
代理母親　177
田研式親子関係テスト　198
他者アダプター　169
男性ヌード刺激　93

父方祖母　196
注目―拒否　48
調整機能　169

定位反応　112
適応系　61
テクノ依存症　234
テクノストレス症候群　234
テクノ不安症　234

瞳孔　93
動作目印　169
闘争か逃走　114

ナ 行

内在化者　126
泣き声　200

2次的評価　55
二世代同居家族　192, 194, 196
鈍い圧　14, 66

乳児行動質問紙　190
乳児の情緒表出　182
2要因情動説　52
2要因理論　26
認知的一貫性理論　204
認知的評価　56
認知的不協和理論　204
認知―動機づけ関係理論　30

ネガティブ感情　51

脳波　98

ハ 行

パーペッツ説　28
バイオフィードバック　45
八分割モデル　51
発声　154
母親　190, 193
母方祖母　196
バランス理論　204

非言語的行動　162
非対称性　130
ピッチ　156
表示規則　8, 40
表情筋　140
評定尺度法　150

フェイシャル・フィードバック
　仮説　24
フォルマント　156
副交感神経系　112
フラストレーション　188
フリージング反応　115
不連続発達説　180
プロフィール法　150
文学作品　104
分化情動理論　38

閉姿勢　164
平凡反応　198
ペット効果　82
扁桃体　28
弁別性　220

防御反応　112
ポーズ　156
ホーソン実験　224
ポジティブ感情　51
本能論　26

マ　行

孫　190

無関　102
無声音　156

メンタル・ヘルス　228

元通り効果　118
物アダプター　169

ヤ　行

ヤーキース-ダッドソンの法則　110

有声音　156

養育態度　198
欲求階層説　206
呼び出し動作　32

ラ　行

ラザラス―ザイアンス論争　6

リッカート法　150
リラクセーション　98

冷水　72
恋愛　104

ロールシャッハ・テスト　192
ロールシャッハ反応　102

ワ　行

ワイヤーフレームモデル　150
笑い声　200

英　字

AFFEX　144
air picture(kinesic demonstrator)　169
AU　38, 142
Dd反応　198
DUALIII　150
F0　156
FACS(Facial Action Coding System)　38, 144
IAS(Interpersonal Adjective Scales)　172
JACFEE　40
Max(Maximally Discriminative Facial Coding System)　144
MDS　152
PFA(Pictures of Facial Affects)　38, 144
P-O-Xモデル　204
QMI　102

執筆者紹介

濱　治世（はま　はるよ）　【第1章，第2章，第5章】

1951 年　同志社大学文学部文化学科心理学専攻卒業
1963 年　ノースキャロライナ大学心理学部大学院修了（MA 取得）
現　在　同志社大学名誉教授　文学博士

主要編著書

『実験異常心理学』（誠信書房　1969）
『感情心理学　理論と臨床』（松山義則と共著）（誠信書房　1974）
『動機・情緒・人格』（編）（現代基礎心理学8　八木　晃監修　東京大学出版会　1981）

鈴木直人（すずき　なおと）　【第1章，第3章，第4章】

1971 年　同志社大学文学部文化学科心理学専攻卒業
1973 年　同志社大学大学院文学研究科心理学専攻修士課程修了
1974 年　同志社大学大学院文学研究科心理学専攻博士課程中退
現　在　同志社大学文学部教授　医学博士

主要著書

『行動の生理心理学』（分担執筆）（ソフィア　1995）
『学ぶ，教える，かかわる』（分担執筆）（北大路書房　1995）
『新生理心理学Ⅰ』（分担執筆）（北大路書房　1998）

濱　保久（はま　やすひさ）　【第6章】

1976 年　同志社大学経済学部卒業
1981 年　同志社大学大学院文学研究科心理学専攻博士課程前期課程修了
現　在　北星学園大学社会福祉学部教授

主要著書・論文

『産業心理学への招待』（分担執筆）（有斐閣　1996）
『消費行動の社会心理学』（分担執筆）（北大路書房　2000）
「Shopping behaviors as a coping behavior for stress.」（*Japanese Psychological Research* 2001）

新心理学ライブラリ＝17
感情心理学への招待
——感情・情緒へのアプローチ——

2001年12月10日　ⓒ　　　　　初版発行

著　者　濱　　治　世　　　発行者　森　平　勇　三
　　　　鈴　木　直　人　　　印刷者　篠　倉　正　信
　　　　濱　　保　久　　　　製本者　金　野　　　明

発行所　　株式会社　サイエンス社

〒151-0051 東京都渋谷区千駄ヶ谷1丁目3番25号
〔営業〕☎(03)5474-8500(代) 振替 00170-7-2387
〔編集〕☎(03)5474-8700(代)
FAX　　☎(03)5474-8900

印刷　株式会社ディグ　　　　製本　積信堂

《検印省略》

本書の内容を無断で複写複製することは，著作者および出版者の権利を侵害することがありますので，その場合にはあらかじめ小社あて許諾をお求め下さい。

ISBN4-7819-1003-3

PRINTED IN JAPAN

サイエンス社のホームページのご案内
http://www.saiensu.co.jp
ご意見・ご要望は
jinbun@saiensu.co.jp　まで．